*Das Buch*
Gemeinsam haben sich die Brüder Seebacher in ihr Haus am Ufer des Starnberger Sees zurückgezogen. Klaus, der jüngere, war erfolgreicher Architekt, und nach einem Seitensprung zuviel hat seine Frau ihn verlassen. Franz, Inhaber eines alteingesessenen Münchner Unternehmens, hat die Geschäftsführung abgegeben; sein Leben wird überschattet vom Tod seiner Frau und von der Enttäuschung, die er mit seinem Sohn Georg erlebte. Der hatte seiner Leidenschaft für das Glücksspiel nicht widerstehen können und war schließlich mit seiner jungen Frau Eva nach Amerika gegangen, wo das junge Paar ein neues Leben beginnen wollte.

An einem sonnigen Tag im Mai wird der abgeklärte Alltag der Brüder durch einen Brief aus Las Vegas durcheinandergewirbelt. Georg ist dort gestorben, und seine Witwe kündigt ihren Besuch an. Als sie auftaucht, kommt es zu dramatischen Überraschungen und Veränderungen. Doch der Magie ihrer Erscheinung und ihrem Charme können die Brüder sich nicht entziehen. Gefühlsstürme, die sie längst vergessen glaubten, treten wieder in den Vordergrund.

*Die Autorin*
Utta Danella ist in Berlin aufgewachsen. Sie begann ihre schriftstellerische Laufbahn mit Arbeiten für Presse und Radio. 1956 veröffentlichte sie ihren ersten Roman, *Alle Sterne vom Himmel*, dem viele weitere Bestseller folgten. Heute liegt ein umfangreiches Romanwerk der beliebten Autorin vor. Fast alle Titel sind im Wilhelm Heyne Verlag lieferbar.

UTTA DANELLA

# DIE ANDERE EVA

Roman

WILHELM HEYNE VERLAG

MÜNCHEN

HEYNE ALLGEMEINE REIHE
Nr. 01/13012

*Umwelthinweis:*
Dieses Buch wurde auf
chlor- und säurefreiem Papier gedruckt.

4. Auflage

Taschenbucherstausgabe 2/2000
Copyright © 1998 by Autor und
Autoren- und Verlagsagentur GmbH, München-Breitbrunn
Wilhelm Heyne Verlag GmbH & Co. KG, München
Printed in Germany 2000
Umschlagillustration: IFA Bilderteam/W. Laver
Umschlaggestaltung: Nele Schütz Design, München
Satz: Leingärtner, Nabburg
Druck und Bindung: Ebner Ulm

ISBN 3-453-16080-0

http://www.heyne.de

## Die Sache mit dem Euro

Sorgfältig kratzt Franz den Rest vom Ei aus der Schale. Früher hat er zum Frühstück immer zwei Eier im Glas gegessen, aber ein Ei in ein Glas zu kippen findet Alma unsinnig, da bleibe ja mehr am Glas kleben, als man essen könne. Daß er nur noch ein Ei zum Frühstück bekommt, hat sein Bruder angeordnet.

»Denk doch an dein Cholesterin!«

»So ein Schmarrn«, hatte Franz erwidert. »Früher hat man gar nicht gewußt, was Cholesterin ist.«

»Aber jetzt weiß man es.«

Alma schenkt ihm die zweite Tasse Kaffee ein, und er zündet sich eine Zigarette an. Das geschieht auch gegen den Wunsch seines Bruders.

»Hör endlich mit dem Rauchen auf!«

»Ich bin so alt damit geworden, jetzt kommt es auch nicht mehr darauf an.«

»Doch. Gerade. Du sollst möglichst alt werden.«

»Wer will das schon?«

»Ich.«

Heute ist Klaus schon früh mit seinem Boot ausgefahren, der Wind sei gut, hatte er verkündet, als er bei Franz am Bett erschienen war.

Also frühstückt Franz allein und raucht mit Genuß seine Morgenzigarette.

Dann nimmt er wieder die Zeitung zur Hand.

Sein Leben lang ist er um halb sieben aufgestanden, spätestens um acht war er in der Firma.

Ein Leben ohne Arbeit findet er eigentlich langweilig, das einzig Gute daran ist, daß man in Ruhe frühstücken und die Zeitung lesen kann.

Während Alma abräumt, blickt sie ihm über die Schulter.

»Da steht schon wieder dieser Quatsch vom Euro drin«, sagt sie.

»Hm«, macht Franz.

»Mein Schwiegersohn sagt, das ist der größte Blödsinn, den man sich vorstellen kann. Jetzt haben wir schon so viele Sorgen mit den ganzen Arbeitslosen, und nun machen sie auch noch unser Geld kaputt.«

»Hm«, wiederholt Franz.

»Was halten denn Sie davon?« will sie wissen.

»Ja, mei«, sagt Franz.

»Ich mein, daß sie unser Geld kaputtmachen. Mein Schwiegersohn sagt, wir werden alle dafür blechen müssen. Unsre Mark ist futsch, und die anderen kassieren uns ab.«

»Das sagt er?«

»Freilich. Das sagt er. Wer versteht denn das alles mit dem Maschtricht und das? Verstehen Sie's vielleicht, Herr Seebacher?«

Sie spricht ihn mit vollem Namen an, da hilft kein Brummlaut mehr. Franz läßt die Zeitung sinken und blickt zu seiner Haushälterin auf.

»Auch nicht so genau«, tut er ihr den Gefallen. »Aber ich bin so alt, mir kanns wurscht sein.«

»Sehngs, das is es. Sie haben ja Geld genug. Aber der Bub ist grad geboren, und bis er groß ist, gibt's keine anständige Mark mehr.«

»Bis der Bub sechzehn ist, wird er sich an den Euro gewöhnt haben. Er wird gar nicht mehr wissen, was eine Mark ist.«

Das verblüfft Alma so, daß sie stehenbleibt, die Kaffeekanne in der Hand.

»Da is noch a Schluckerl drin. Mögen's das?« fragt sie nach einem kurzen Schweigen.

»Bitte.«

»Er wird nicht mehr wissen, was eine Mark ist?« murmelt sie dann. »Ja, gibt's denn des aa.«

Der Bub ist ihr erster Enkelsohn, dessen Taufe am nächsten Tag bevorsteht.

»Die deutsche Mark gibt es schon immer«, spricht sie sodann feierlich.

»Die gibt es seit 1948, das müßten Sie eigentlich noch wissen.«

»So alt bin ich noch nicht«, sagt sie beleidigt. »Da war ich noch ganz klein.«

»Vorher gab es die Reichsmark, seit 1923. Da war ich grad geboren.« Er stutzt, überlegt. »Halt! Stimmt nicht. Die Reichsmark gab es erst 1924. Erst hieß sie Rentenmark, nach dem Ende der Inflation, also im November '23. Dann nannte man sie Reichsmark. Die Mark als Währung gibt es grad seit hundert Jahren, bisserl später vielleicht. Muß ich mal im Lexikon nachschauen. Vorher gab es Gulden und Taler und Kreuzer und was weiß ich noch.«

Das ist schon fast ein Vortrag, Alma steht an der Tür, die leere Kaffeekanne in der Hand, sie hat andächtig gelauscht.

»Das muß ich meinem Schwiegersohn erzählen.«

»Ein kluger Mann, wie Ihr Schwiegersohn, der ja Geschäftsmann ist, weiß das bestimmt.«

Sie verschwindet mit der Kaffeekanne, und Franz behält das letzte Wort, was ihm selten bei Alma gelingt.

Er grinst vor sich hin. Wehe, der Schwiegersohn weiß das nicht, dann bekommt er was zu hören.

Ist eigentlich ganz interessant, darüber nachzudenken. Er muß wirklich mal ins Lexikon schauen und nachlesen, wann man die Mark eingeführt hat, gleich '71 oder später. Goldmark nannte die sich.

Franz blickt hinaus auf den See, der im Sonnenlicht schimmert. Es ist ein warmer Tag, Ende Mai.

Alma verschwindet heute früher als sonst, für die Taufe werden eine Menge Gäste erwartet. Die Familie der Kindsmutter, die Familie vom Schwiegersohn, ein Cousin, als Taufpate auserwählt, der ist Oberstudienrat in Regensburg, Mathematik, wie Franz bekannt ist. Der müßte das eigentlich genau wissen, das mit der Mark und dem Euro.

Als Alma sich verabschiedet, drückt Franz ihr ein Couvert mit dreihundert Mark in die Hand. Das erscheint ihm vernünftiger als ein silberner Löffel oder was man sonst einem Täufling schenkt.

»Herzliche Grüße an alle«, sagt er, »und viel Glück für den Buben.«

Ganz sicher ist er aber nicht, ob die Zeit noch einmal so rosig sein wird, wie sie seiner Generation, jedenfalls in der zweiten Hälfte ihres Lebens, beschert worden ist. Unwillkürlich denkt er an die Taufe seines Sohnes. Das war 1949 und, richtig, da war die D-Mark noch ganz jung, aber sie bewährte sich schon. Schlecht war es ihnen auch vorher nicht gegangen, sein Vater hatte genügend Ware gehortet, die sich auf dem Schwarzen Markt gut verkaufen ließ. Aber das wichtigste war, sie hatten den Krieg heil überstanden, sein Bruder und er. Und er liebte Maria, seine junge Frau, die er kurz nach Kriegsende geheiratet hatte, und nun also war ein Sohn geboren worden. Er bekam den Namen Georg. Ein gesundes Baby, ein hübscher Bub, später allerdings gab es Ärger, Sorgen, Enttäuschungen. Wie das so oft ist, wenn Kinder heranwachsen.

Doch an seinen Sohn will er jetzt nicht denken, er hat seit drei Jahren nichts von ihm gehört, dafür reicht der Begriff Enttäuschung nicht aus, das verursacht Schmerz und Bitterkeit, auch Zorn.

Nein, keine schlechten Gedanken an einem sonnigen Morgen im Mai.

Franz steht auf, reckt und streckt sich, und der Hund, der vorn auf der Veranda liegt, tut das gleiche.

»Gehn wir mal runter zum See, Jacko«, sagt Franz. »Schaun wir mal, ob wir die Yacht von unserem Seefahrer entdecken. Wie der allerdings heute segeln will, ist mir ein Rätsel, keine Spur von Wind, nicht die kleinste Brise. Oder spürst du was?«

Der Hund schüttelt sich, streckt sich nochmal und trabt dann mit Franz die Stufen hinunter zum Garten.

Der Hund heißt Jacko, eigentlich Jacquino, und genau genommen heißt er gar nicht.

Klaus hat ihn aus Italien mitgebracht, das war, nachdem sie sich entschlossen hatten, an den Starnberger See hinauszuziehen, für ganz.

Klaus hatte ein bißchen gemauert, damals. So alt sei er noch nicht, daß er sich schon in Vaters Haus zur Ruhe setzen müßte. Doch der kleine Herzinfarkt vor zwei Jahren war nicht wegzudiskutieren, und Franz hatte gesagt: »Soll ich vielleicht allein da draußen herumlungern? Du willst ja partout, daß ich aufhöre zu arbeiten.«

»Du hast genug in deinem Leben gearbeitet. Früher hast du immer gesagt, du freust dich darauf, draußen am See leben zu können, Sommer wie Winter, und nicht nur mal am Wochenende kurz vorbeischaun. Und wo ich das Haus nun so schön umgebaut und erweitert habe...«

Daraufhin hatte Franz geschwiegen. Daß sie draußen am See leben würden, ohne die Fron der täglichen Arbeit, das war Marieles Wunsch gewesen. Sie stammte aus Bernried, sie liebte nicht nur den See, auch die nahen Berge, die man bei schönem Wetter und erst recht bei Föhn sehen kann.

Umbau und Erweiterung des Hauses waren ihre Idee gewesen, und Klaus, der Architekt, hatte umgebaut, wie Mariele es sich gewünscht hatte.

Doch dann war Maria Seebacher gestorben, und Franz hatte nicht mehr den Wunsch, am See zu leben. Klaus hatte es verstanden, auch ihm war das schön hergerichtete Haus für einige Zeit verleidet gewesen. Obwohl er ein Segelboot besaß und draußen am und auf dem See oft seine Zeit verbrachte.

Die Brüder sprachen nicht über Marieles Tod, aber sie dachten beide das gleiche: daß es nicht zuletzt der Kummer um den verschwundenen Sohn, ihr einziges Kind, gewesen war, der Maria die Krankheit und den frühen Tod gebracht hatte.

# *Jacko*

Ehe sie also ihren Altersruhesitz bezogen, wie Klaus es spöttisch nannte, begab er sich auf eine Italienreise, in Begleitung einer jungen Dame, in die er sich verliebt hatte. Wieder einmal, wie so oft in seinem Leben.

Von dieser Reise brachte er den Hund mit.

In Siena auf dem Markt war es, dort hatte er gesehen, wie ein altes, fettes Weib mit einem Stock auf einen jungen Schäferhund eindrosch, der zusammengesunken, fast zusammengeschrumpft, auf dem Boden lag und nicht einmal mehr ein Winseln herausbrachte.

Mit zwei Schritten war Klaus da, mit der einen Hand riß er dem Weib die Leine aus der Hand, mit der anderen einen Hunderttausend-Lireschein aus der Hosentasche. Er hielt ihn der Alten hin.

»Per il cane«, sagte er. Und ging dann eilig mit dem Hund davon, der kaum laufen konnte, so schmerzte ihn jeder Knochen.

Seine junge Freundin folgte ihm, zunächst sprachlos, dann sagte sie: »Sag mal, spinnst du? Was willst du denn mit dem verlausten Köter?«

»Ich habe ihn gekauft, das hast du ja gesehen. Ich nehme ihn mit.«

»Du nimmst ihn mit? Wohin denn?«

»Zu mir nach Hause. Wohin denn sonst?«

»Der kann ja kaum mehr kriechen, der ist total hin. Am besten läßt du ihn hier liegen, der verreckt sowieso gleich.«

Klaus gab ihr nur einen kurzen Blick, zog den Hund hinter sich her.

Beim Hotel angekommen, wollte er den Hund in sein

Auto bugsieren, doch der hatte sich soweit erholt, daß er sich wehrte und nach Klaus schnappte.

»Das geschieht dir recht«, sagte die junge Dame.

»Es beweist, daß er doch nicht total hin ist. Na, komm! Komm, Jacquino. Sei brav. Keiner tut dir was.«

Der Hund wich zurück und hob die Lefzen.

»Das gönn ich dir aber, wenn er dich beißt«, so sie.

»Halt die Klappe«, so er.

Das war das Ende einer ganz hübsch begonnenen Liebesaffäre. Es dauerte eine Weile, bis es Klaus gelang, mit leisen, liebevollen Lauten, den Hund soweit zu beruhigen, daß er sich anfassen ließ. Er senkte tief den Kopf, blickte von unten herauf mit ängstlichen Augen nach der Hand, die nicht nach ihm schlug, die ihn sacht streichelte.

Er winselte, als Klaus ihn hochhob und eine Weile auf dem Arm hielt. Der Hund war klapperdürr, und er roch wirklich nicht gut.

»Mach die hintere Tür auf«, befahl Klaus. Die junge Dame gehorchte, wenn auch kopfschüttelnd. Dann lag der Hund auf dem Rücksitz des BMW.

»Und nun?« fragte sie. »Soll er hier übernachten?«

»Es ist gerade zwölf Uhr mittags. Er soll ruhiger werden, und wenn er merkt, daß ihm keiner was tut, wird er mit sich reden lassen.«

»Viel Spaß. Bis wir zurückkommen, wird er den Wagen zerfetzt haben.«

»Zurückkommen von wo?«

»Ich denke, wir wollten essen gehen.«

»Gehn wir nicht. Du machst oben die Koffer fertig und läßt sie runterbringen, ich zahle inzwischen das Hotel und erkläre denen, daß wir eilig abreisen müssen, familiärer Zwischenfall oder so was. Ins Hotel möchte ich den Hund wirklich nicht mitnehmen, also fahren wir weiter.«

»Du denkst doch nicht im Ernst, daß ich mit dem verlausten und verdreckten Köter in einem Auto sitze?«

Es endete damit, daß sie nach Florenz fuhren, er ihr am Bahnhof eine Fahrkarte erster Klasse für den Nachtzug kaufte und ihr dann einen größeren Geldschein in die Hand drückte.

»Es gibt hübsche Läden hier, kauf dir etwas Nettes. Ich bin dann gegen Abend bei Gandolfo, das ist...« Er beschrieb ihr die Lage des Lokals, das in einem Durchgang lag, von der Gasse aus kaum zu sehen war, jedoch von Kennern problemlos gefunden wurde. Und da Klaus oft in Florenz gewesen war, hauptsächlich wegen der Uffizien, kannte er auch diese Feinschmecker-Trattoria.

»Und darf ich fragen, was du jetzt vorhast?« fragte sie, schon merklich kleinlauter.

»Ich werde versuchen, einen Tierarzt aufzutreiben. Der Hund muß untersucht und vor allem geimpft werden, wenn ich ihn über die Grenze mitnehmen will. Sicher hat der Arzt auch ein Mittel gegen Läuse und ähnliches, die Zecken müssen auch entfernt werden, ich habe schon mehrere entdeckt. Und vielleicht gelingt es mir auch, ihn zu bürsten, damit er etwas zivilisierter aussieht.«

»Du bist total verrückt.«

»Mag sein. Also bis später dann, wenn du willst. Dein Gepäck ist am Bahnhof, die Fahrkarte hast du.«

»Du kannst es kaum erwarten, mich loszuwerden, was? Bloß wegen diesem gräßlichen Köter.«

Klaus ersparte sich die Antwort. Im Telefonbuch suchte er nach einem Tierarzt, schwankte zwischen zwei Adressen, rief erstmal an, fand eine von den Stimmen sympathisch und fuhr dahin.

Bisher hatte der Hund das Auto nicht verlassen, aber jetzt stieg er bereitwillig mit aus und hob sogleich ganz normal das Bein.

»Na, siehst du, Jacquino. Das geht besser, als du denkst. Und jetzt bist du ganz brav, wenn wir uns anhören, was der Onkel Doktor zu sagen hat.«

Der Onkel Doktor stellte fest, daß der Hund eine Menge blauer Flecken und ein paar kleine Wunden hatte, aber sonst gesund sei. Die Zecken wurden entfernt, rasch und geübt, Jacquino kam gar nicht dazu, sich darüber zu wundern, genausowenig wie über die Impfung. Ein wenig Läusepulver wurde auf sein Fell gestreut, den Rest der Packung bekam Klaus mit. Und dann war es schon soweit, daß der Hund sich streicheln ließ, den Kopf zur Seite legte, um der Stimme zu lauschen, die zwar mit fremden Worten, aber mit nie gehörtem freundlichem Klang zu ihm sprach.

Dann kaufte Klaus ein neues Halsband und eine neue Leine, und endlich landeten die beiden bei »Gandolfo«. Es war zwar noch früh am Abend, Italiener pflegten um diese Zeit nicht zu essen, aber Klaus hatte nun redlich Hunger und freute sich auf ein ausgedehntes Mahl.

Während er es sich an einem Ecktisch im noch leeren Lokal bequem machte, wurde ihm klar, daß der Hund auch Hunger haben mußte. Mager wie er war, hatte er sowieso bisher nicht viel zu essen bekommen, und an diesem Tag gar nichts. Also stand Klaus auf, lächelte dem jungen Kellner zu, der ihn empfangen und begrüßt hatte, drückte ihm die Leine in die Hand und sagte: »Aspetti uno momento. Voglio parlare con Gandolfo.«

Sein Italienisch war nicht gerade perfekt, aber er konnte sich immerhin verständigen.

Gandolfo war in der Küche, es gab eine lebhafte Begrüßung, und dann trug Klaus seine Wünsche vor. Daß er einen Hund bei sich habe, sagte er, und da er den ganzen Tag gefahren sei, habe der Hund noch nichts zu fressen bekommen, und ob man vielleicht und so weiter. Wo der Hund herkam und wie er zu ihm gekommen war, verschwieg er.

Da Gandolfo ein prächtiges Bollito misto anzubieten hatte, machte die Fütterung des Hundes kein Problem, eine große Scheibe gekochtes Fleisch, ein paar Löffel Reis und etwas Brühe, das müßte Jacquino gefallen, sagte Klaus, und er gebrauchte ganz geläufig diesen Namen für den Hund, von dem er selbst nicht wußte, wieso er ihm eingefallen war. Nur leider, fügte er hinzu, die Schüssel für den Hund habe er im Auto vergessen, und das stehe auf der anderen Seite des Arno. Darin sah Gandolfo kein Problem. Schüsseln habe er schließlich genug, und dann machte er sich daran, das Essen für Jacquino zuzubereiten.

Klaus war gespannt und auch ein wenig beunruhigt, er wußte ja nicht, wie der Hund sich benehmen würde. Hatte er je schon aus einer Schüssel gefressen? Würde er dieses ungewohnte Futter wild herunterschlingen oder möglicherweise sogar ablehnen? Das sollte der endgültige Test sein, seine Fahrkarte nach Deutschland gewissermaßen.

Jacquino schnupperte vorsichtig an der Schüssel, blickte zu Gandolfo auf, der es sich nicht hatte nehmen lassen, eigenhändig zu servieren, dann blickte er seinen Retter an, der sich wieder an den Tisch gesetzt hatte, und dann begann er zu fressen, langsam, direkt behutsam, es war eine seltsame, nie gekostete Mahlzeit, und es schien, als genieße der Hund jeden Bissen. Er schleckte die Schüssel sorgfältig aus, dann blickte er wieder auf die beiden Männer, und es kam ein tiefer Seufzer aus seiner Brust.

»Ecco!« sagte Gandolfo zufrieden und begab sich wieder in seine Küche. Von dort brachte der junge Kellner kurz darauf den ersten Gang für den Mann, und für den Hund eine Schüssel mit Wasser.

Klaus hatte seine Pasta halb verspeist, da erschien die junge Dame an der Tür.

Sie hatte einige Tüten bei sich, war nun bester Laune, sah verwundert den Hund an, der sie jedoch nicht beachtete.

»Na, der sieht ja auf einmal ganz manierlich aus«, bemerkte sie. »Mit dem kann man ja wirklich in einem Wagen sitzen.«

Das war ein Irrtum ihrerseits. Klaus, der schließlich ein höflicher Mann war, brachte sie an den Zug und setzte sie in ihr Schlafwagenabteil, verabschiedete sich mit einigen nichtssagenden Worten und verschwand aus ihrem Leben.

»Wie bist du auf die Idee gekommen, ihn Jacquino zu nennen?« fragte Franz, als Klaus mit dem Hund am Starnberger See eintraf.

»Weiß ich auch nicht. Der Name kam mir ganz von selbst über die Lippen.«

»Du hättest ihn genausogut Fidelio nennen können.«

Klaus kapierte sofort.

»Richtig. Der zweite Tenor im Fidelio. Aber das ging ja nicht, denn Fidelio ist in Wirklichkeit Leonore. Also habe ich im Unterbewußtsein ganz richtig reagiert.«

Klaus lachte zufrieden und strich dem Hund über die Ohren, die der bereits nicht mehr hängen ließ sondern wachsam aufstellte.

Der Hund hieß Jacquino, jedenfalls für die Hundesteuer, sonst wurde er Jacko genannt, und das Elend seiner Jugendtage vergaß er rasch. Er hatte ein Haus, einen Garten, eine Alma, die gut für ihn kochte, zwei Männer, die ihn liebten. Nur auf dem Boot hielt er sich nicht gern auf, ebensowenig im Wasser.

Franz und Jacko gehen durch den Garten, der mit leichter Neigung zum Ufer führt. Hier stehen sie eine Weile und halten Ausschau nach dem Boot, das weit und breit nicht zu entdecken ist, die leiseste Spur von Wind ist auch nicht zu verspüren. Es befinden sich kaum Segelschiffe auf dem See, logisch, bei der Flaute.

Franz hat auf dem Segel der ›Bianca‹ einen blauen Kringel anbringen lassen, damit er die Jolle auch aus der Ferne erkennen kann.

›Bianca‹ heißt die Jolle, weil Klaus damals, als er sie kaufte, oder genauer gesagt, gegen eine kleinere eintauschte, gerade eine Freundin dieses Namens hatte. Es gab inzwischen noch ein paar andere Damen, aber man kann ja nicht jedes Mal das Boot umtaufen, manche Beziehung währt auch nicht lange, siehe Siena.

Nichts zu sehen von der ›Bianca‹, obwohl es ein ganz klarer Tag ist, keine Wolke am Himmel, die Berge sind im Dunst zu sehen, also auch keine Spur von Föhn.

»Vielleicht«, erklärt Franz dem Hund, »hat es heute früh eine kleine Brise gegeben, einen leichten Morgenwind, noch übriggeblieben von der Nacht, das gibt es ja manchmal. Weit kann er nicht gekommen sein, möglicherweise ist er schon wieder im Yachtclub gelandet und poussiert dort mit der hübschen Dunkelhaarigen aus Gauting. Es heißt, sie hätte dort eine Boutique.«

Dann blickt Franz ins Wasser. Ob er es mal versucht? Es ist zwar erst Ende Mai, doch ein wirklich warmer Tag. Alma ist weg, die Haustür ist verschlossen, den Garten kann man von keiner Seite aus einsehen, höchstens vom See aus. Kurz entschlossen streift er Hemd, Hose und den Slip herunter, klatscht sich mit der Hand ärgerlich auf den Bauch, dabei ist es wirklich nur eine kleine Wölbung, ein Bäuchlein, keine Wampe. Er geht auf den Steg hinaus, steigt die Stufen zum Wasser hinab, taucht einen Fuß hinein, macht »Brrr!«, dreht sich um und stößt sich mit Schwung ab. Er schwimmt mit kräftigen Zügen in den See hinaus, macht einen Bogen und krault zurück. Kalt ist es schon, aber es ist herrlich.

»Na, Jacko, wie wär's? Kommst du?«

Das kann er sich sparen, Jacko geht nicht ins Wasser, man muß ihn vom Steg aus hineinschubsen, darum vermeidet er den Steg, bleibt lieber im Garten sitzen und schüttelt den Kopf über diesen verrückten deutschen Signore.

Franz steigt an Land, hopst eine Weile im Gras herum, ist höchst zufrieden mit sich.

»Das mache ich jetzt jeden Tag, ob es dir paßt oder nicht.«

Er hält nochmal nach der ›Bianca‹ Ausschau, nichts zu sehen. »Jetzt ziehe ich mich an, und dann machen wir einen schönen großen Spaziergang. Wir gehen runter zum Lidl und schauen, was er für Fische gefangen hat. Ich könnte zum Mittagessen Renken braten. Oder vielleicht hat er wieder mal einen Hecht erwischt, das wäre natürlich großartig. Haben wir lange nicht gehabt. Kartoffeln sind da, Butter ist da, Salat bringen wir mit. Dem Klaus legen wir einen Zettel hin, daß wir einkaufen gegangen sind, und wenn er mit der aus Gauting zum Essen geht, ist er selber schuld.«

Der Hund hat geduldig zugehört, Franz beendet seine Hopserei und geht ins Haus.

Er kocht sehr gern. Früher hat er keine Zeit dafür gehabt, aber jetzt hat er sich sogar eine gewisse Raffinesse bei der Zubereitung der Speisen angewöhnt. Er kocht auf jeden Fall besser als Alma und sogar noch besser, als sein Mariele gekocht hat. Sogar mehrere Kochbücher hat er sich zugelegt, ganz moderne, um gelegentlich etwas Neues ausprobieren zu können. Die braucht er bei Hecht und Renken nicht, die kann er auswendig.

Manchmal hat er den Wunsch, sich mit seinem Können zu produzieren, dann laden sie Gäste ein, den Maler aus der Nachbarschaft, den Doktor Freese, der so was wie ihr Hausarzt geworden ist und noch nicht lange am See praktiziert. Die Praxis hat er von einem älteren Kollegen übernommen, der sich zur Ruhe gesetzt hat.

Außerdem gibt es noch ein paar Bekannte aus dem Ort oder aus der Umgebung, die kommen auch gern, wenn Franz kocht.

Und am Wochenende lädt Franz manchmal auch seinen Nachfolger in der Firma mit Frau und Kindern ein.

Franz pfeift vor sich hin, als er in flottem Tempo erst am See entlang, dann durch den Ort marschiert, zur Evangelischen Akademie abbiegt, an dem verrotteten Hotel Seehof vorbei wieder zum See kommt und schließlich zum Lidl gelangt, der nicht nur Fischer ist, sondern auch ein Hotel und ein Restaurant besitzt, in dem man gut essen kann wie bei Franz.

Jacko trabt vergnügt neben ihm her, trifft beim Anleger die Hundedame, die der Stegwartin gehört, nimmt sich Zeit zu einem kurzen Gespräch, eilt dann seinem Herrchen nach, er möchte bei dem Einkauf in der Nähe sein. Erstens riecht es da so gut, und zweitens hat der Lidl auch einen Hund, zwar keine Dame, aber einen netten Kumpel.

Weiß Jacko eigentlich, was für ein Glückshund er ist? Was für ein Schutzengel über ihm gewacht hat, damals in Siena? Hat er es vergessen, oder hat er manchmal böse Träume? Denkt er noch daran, wenn ihn liebevolle Hände streicheln, wie die Schläge geschmerzt haben?

## *Die Firma*

Um mich nicht unnötig mit Rückblenden aufzuhalten, sei hier die Geschichte der Familie und der Firma kurz zusammengefaßt.

Großvater Franz Seebacher war, wenn man es so nennen will, der Gründer der Firma, obwohl es damals noch keine Firma gab, nur einen fleißigen Mann mit Unternehmungsgeist, der offen war für Innovation, wie man das heute nennt. Er war Ofenbauer, Ofensetzer, wie das zu seiner Zeit hieß, und in seiner Arbeit sehr einfallsreich. Er schuf nicht nur einfache Blechdinger mit einem Ofenrohr, er gestaltete moderne Öfen, so zum Beispiel ansehnliche Kachelöfen, schön verziert, man konnte sagen, er war ein Künstler in seinem Handwerk.

Den Menschen in der Stadt München ging es recht gut, jedenfalls in gehobenen Kreisen, dem Königshaus, dem Hof, dem Adel und vor allem den Gelehrten und Professoren, die König Max Joseph nach München geholt hatte, den Künstlern. Musiker und Sänger, die großen Maler, die dann zur Zeit von Ludwig II. in München ansässig wurden, in prachtvollen Häusern und Villen wohnten, gehörten zu einer wohlhabenden, auch anspruchsvollen Gesellschaft. Und die wollte es warm haben im Winter, und hübsch aussehen sollten die Öfen in den Villen und Palais auch.

Franz Seebacher war 1860 geboren worden und somit in der glücklichen Lage, daß kein Krieg sein Leben und seinen Aufstieg behindert hatte. Für den Siebziger Krieg war er noch zu jung gewesen, 1914 war er zu alt. Seinem Sohn Georg allerdings, 1889 geboren, blieb der Krieg nicht erspart. Vor Verdun wurde er verwundet, ein Granatsplitter in der Brust, der das Herz verschonte, aber die Lunge beschädigte, beendete den Krieg für ihn. Er arbeitete in der Werkstatt seines Vaters, er war genauso fleißig und einfallsreich wie der Alte. Nur Atemschwierigkeiten machten ihm oft zu schaffen, eine Folge der Verwundung.

Der Krieg war verloren, es kamen ein paar schwierige Jahre, doch nach dem Ende der Inflation ging es ständig aufwärts mit dem neuen Geld. Reiche Leute gab es auch bald wieder, denn wie immer hatten manche am Krieg und in der Nachkriegszeit gut verdient. Es gab nun neue Typen von Öfen; einen Koksofen zum Beispiel, der von einem Raum aus die ganze Wohnung heizte, Gasheizungen, und vor allem die Zentralheizung, die, im Keller installiert, das ganze Haus erwärmte.

Ein Badezimmer wollte jetzt jeder haben und selbstverständlich auch eine gut ausgestattete Toilette, und war die Wohnung oder das Haus groß, durften es auch zwei oder drei sein. Um die Jahrhundertwende waren prächtige Häuser in München gebaut worden, nun auch außerhalb der Innenstadt, oft im pompösen Jugendstil, mit großen und hohen Räumen, stuckverzierten Decken, und ausreichend Platz für Hauspersonal. Das sollte nicht das gleiche Klo wie die Herrschaften benutzen, verständlicherweise, also gehörten zum Mädchenzimmer, für den Diener, die Köchin eine eigene Toilette.

Im Laufe der zwanziger und dreißiger Jahre wurde aus dem Handwerksbetrieb Seebacher eine Firma mit Arbeitern und Angestellten. Unbeschadet überstanden sie auch die Jahre der Wirtschaftskrise.

Der Großvater erlebte es mit Befriedigung, er wurde sage und schreibe einundneunzig Jahre alt, war stolz auf seinen Sohn Georg und seinen Enkel Franz. Einen Krieg allerdings mußte er zum drittenmal erleben.

Sein Sohn schaffte die neunzig nicht, er starb in der Mitte der fünfziger Jahre, immerhin bekam er das Wirtschaftswunder mit, den rapiden Aufstieg der Firma Seebacher. Für beide aber, für den Großvater und den Vater, war das Wichtigste, daß Söhne und Enkel auch diesen Krieg überlebten.

Franz, der von Jugend auf in der Firma gearbeitet hatte, wurde nun der Chef. Sein Bruder Klaus, 1928 geboren, durfte als erster in der Familie studieren, an der Technischen Hochschule in München. Er wurde ein erfolgreicher Architekt und verdiente gutes Geld, denn für ihn ebenso wie für die Firma Seebacher bedeuteten die in Trümmer liegenden Städte, das zerbombte München, Arbeit, Aufträge, Erfolg, Reichtum. So absurd geht es auf dieser Erde nun einmal zu.

Klaus, ein eifriger Liebhaber, heiratete spät und wurde dann doch nicht so glücklich mit seiner Frau wie Franz mit seinem Mariele. Unbeständig wie er war, betrog er seine Frau ab und zu und einmal zu oft, sie ließ sich scheiden. Kinder gab es keine. Was Klaus sehr bedauerte, denn er hätte gern welche gehabt. Vielleicht wäre seine Ehe dann besser gelungen.

Aber auch bei Franz und Mariele hatte es nicht so geklappt, wie sie wollten, sie waren schon fast fünf Jahre verheiratet, als Maria einen Sohn gebar. Zwei Jahre darauf hatte sie eine Fehlgeburt, und dann wurde sie nicht mehr schwanger.

Georg, von ihr zärtlich Schorschi genannt, blieb ihr einziges Kind.

## Der Sohn

Er war ein zauberhaftes Kind, mit Marias großen, dunklen Augen, ihrem lockigen, hellbraunen Haar, anmutig, anschmiegsam. Mit der Zeit wurde er quengelig und eigenwillig, hatte immer neue Wünsche, die ihm bereitwillig erfüllt wurden. Ein Kind, das in einer Zeit des Friedens und des wachsenden Wohlstands aufwuchs, das bekam, was es wollte, ein Kind, das geliebt, verwöhnt und verhätschelt wurde.

Franz beteiligte sich kaum an der Erziehung, er war mit der florierenden, sich ständig vergrößernden Firma beschäftigt. Erhob er wirklich einmal Einspruch, beispielsweise mit der Frage: »Wozu braucht er denn schon wieder ein neues Radl? Das vorige ist ja erst ein Jahr alt«, bekam er von Mariele die Antwort: »Er ist ja so gescheit. Du hast ja seine Zeugnisse gesehen. Oder hast sie nicht angesehn?«

»Freilich«, antwortete Franz darauf halb stolz, halb widerwillig, denn daß der Junge das Gymnasium besuchte und gut damit zurechtkam, beeindruckte ihn selbstverständlich, er war nur in eine Volksschule gegangen.

Intelligent war der Schorschi schon, und gerissen dazu. Mit achtzehn machte er den Führerschein und bekam auch gleich einen eigenen Wagen. Das veranlaßte seine Mutter, und schuld daran war die Affäre.

Mit den Mädchen hatte es sehr früh begonnen, was Mariele natürlich nicht so recht gewesen war, aber was konnte der Bub für sein gutes Aussehen, kein Mädchen könnte ihm widerstehen, fand sie. Dann war es jedoch auf einmal kein junges Mädchen, sondern eine Frau von dreißig gewesen und verheiratet außerdem. Das hatte Maria nicht gewußt, sie erfuhr es erst, als es zum Skandal kam, weil der Ehemann alles herausbekam.

»Wenn er einen eigenen Wagen hat«, so argumentierte Mariele, »braucht er nicht mit einer Frau herumzupoussieren, die einen Wagen hat.«

Also bekam der Schorschi ein Auto. Immerhin ging er da noch zur Schule und hatte keineswegs mehr so gute Zeugnisse wie in früheren Jahren. Es gab nun Dinge, die ihm dringlicher waren als zu lernen, geschweige denn zu büffeln. Doch er schaffte das Abitur und kam dann mit dem Wunsch zu studieren.

Franz hielt das für überflüssig, seiner Vorstellung nach sollte Georg in die Firma kommen, dort alles lernen, was notwendig war, und später sein Nachfolger werden.

»Heizungen, Bäder und sanitäre Anlagen interessieren mich einen Dreck«, sagte der Junge frech.

Das ärgerte Franz verständlicherweise, und Maria dachte nun manchmal darüber nach, was sie eigentlich falsch gemacht hatte.

Was er studieren wollte, darüber war sich Seebacher junior nicht ganz im klaren. Aber es war nun mal Mode geworden, daß die Jungen und Mädchen studierten, wenn sie sich schon mit dem Abi geplagt hatten, und so sagte er: »Wir können uns das schließlich leisten.«

Dank der Heizungen, Bäder und sanitären Anlagen, die ihn einen Dreck interessierten. Aber das war nur der Anfang vom Ärger.

Man einigte sich schließlich auf Betriebswirtschaft. Franz, der seinen Sohn nach wie vor als Nachfolger in der Firma sah, dachte sich, daß es nicht schaden könnte in dieser anspruchsvollen neuen Zeit theoretische Kenntnisse zu erwerben.

Dann aber geriet der Schorschi in die Folgen der 68er-Unruhen und beteiligte sich mit großer Begeisterung daran. Demos, Krawalle, in den Hörsälen herumschreien, die Professoren beleidigen, das war eine großartige Sache, da machte das Studium richtigen Spaß.

Entsprechend gab er zu Hause an, sein Umgangston wurde rotzig, nicht nur mit dem Vater gab es Streit, manchmal recht lautstark, auch die Mutter wies ihn energisch zurecht. Das war die Zeit, in der Mariele zu leiden begann.

Schließlich zog Georg Seebacher, gerade zweiundzwanzig Jahre alt, zu Hause aus und lebte fortan in einer Kommune. Allerdings nicht lange, denn er war nun mal an ein großes, wohleingerichtetes Haus gewöhnt, reichlich mit Bädern, Heizung und sanitären Anlagen versehen. Unglücklicherweise hatte er in der Kommune etwas gelernt, was die Eltern von den Weltverbesserern eigentlich nicht erwartet hatten: Er wurde ein Spieler.

Mit Pokern hatte es angefangen, bald ging er ins Spielcasino. Das Studium beendete er nie, einen Beruf erlernte er nicht, Vaters Firma war nur als Geldquelle von Interesse. Und da er natürlich selten gewann, meistens verlor, hatte er Schulden. Er gab ungedeckte Schecks aus, verschwand klammheimlich aus Hotels, ohne zu zahlen, und da er sich immer auf die Firma Seebacher berief, blieb Franz nichts anderes übrig, als zu zahlen. Nebenbei liefen immer noch ausreichend Frauengeschichten, denn der gutaussehende Schorschi war in seinen Kreisen sehr beliebt. Man lieh ihm bereitwillig Geld, natürlich um den lukrativen Vater wissend, ab und zu hielten ihn auch Frauen aus.

Keine Demos mehr, keine Kommune, kein Studium, längst vergessen und von ihm selbst verlacht. Er wohnte jetzt in teuren Hotels, spielte in Baden-Baden, in Lindau, am Tegernsee und gelegentlich auch in Monte Carlo.

Maria wurde immer stiller. Wenn ihr Sohn sich zu Hause einfand, was immer dann vorkam, wenn er pleite war oder sein Vater sich weigerte, die Schulden zu bezahlen, umschmeichelte er seine Mutter wie früher, nahm sie in die Arme, gelobte Besserung. Maria erholte sich dann vorübergehend von ihrem Kummer, aber die Sorge, die Angst vor dem, was geschehen würde, blieb.

Franz vermied Szenen und Streit. Er wollte ja nicht, daß sein Mariele litte, daß sie traurig wäre. Sie war dünn geworden, weinte oft, manchmal ohne Grund. Und Franz gab die Hoffnung nicht auf, daß sein Sohn eines Tages zu Verstand kommen würde, die Revoluzzerzeit, die Kommune, war ja auch vorübergegangen, heute nannte es der Schorschi selbst Jugendtorheiten, sah dabei seinem Vater fest in die Augen und hatte die gleiche treuherzige Art wie als kleiner Bub. Er war nun mal sein einziges Kind. Franz schluckte vieles, verzieh und zahlte. Und arbeitete mehr denn je, obwohl er nun einen sehr guten Mitarbeiter hatte, dem er später einmal die Firma würde anvertrauen können.

Das sagte er eines Tages zu Maria, und sie erwiderte darauf: »Ich bin sehr froh, daß du den Moser hast. Ich mag ihn gern. Und seine Frau auch. Und nette Kinder hat er auch. Ich habe mir schon gedacht, daß er... Ich meine, ich wäre sehr froh, wenn du nicht mehr so viel arbeiten würdest.«

Das war die Zeit, als sie den Wunsch äußerte, ob man nicht das Haus am See umbauen und vergrößern könne.

»Ich möchte so gern wieder an meinem See leben. Ich meine, später einmal, wenn wir älter sind.«

Es war noch nie vorgekommen, daß sie einen Wunsch geäußert hatte, der mit einer größeren Geldausgabe verbunden war. Aber es stand wohl das Verlangen nach Flucht dahinter, nach einer Flucht vor dem unberechenbaren Gehen und Kommen ihres Sohnes. Und der Starnberger See war nun einmal ihre Heimat. Das Grundstück am See und das kleine Haus, das sich darauf befand, hatte der Vater von Franz und Klaus schon vor dem Krieg erworben, hauptsächlich weil auch er gern auf dem See herumgondelte, zunächst nur mit einem Ruderboot, später mit einer kleinen Jolle.

Am See hatte Franz auch die junge Maria aus Bernried kennengelernt, als er während des Krieges auf Urlaub war. Er hatte sich gleich in sie verliebt, sie nach Kriegsende geheiratet, und er liebte sie bis zu ihrem Tod. Denn dahin führte ihre Flucht, nicht an den See.

Zunächst jedoch bekam Klaus den Auftrag, das Haus umzubauen beziehungsweise zu vergrößern, zwei ordentliche, geräumige Wohnungen sollten entstehen, eine davon für Klaus, denn der hielt sich gern auf dem See auf, das hatte er von seinem Vater übernommen.

Doch der Kummer mit Schorschi nahm plötzlich ein Ende, oder jedenfalls schien es so, als er überraschend heiratete. Da war er bereits fünfunddreißig. Eines Tages tauchte er bei seinen Eltern auf und präsentierte ihnen Eva-Maria, eine sehr hübsche, etwas dralle Blonde, als zukünftige Ehefrau. Eine solide, vernünftige Person, so schien es, und sie wußte Bescheid über Georgs Laster, denn sie erklärte ihren Schwiegereltern gleich beim ersten Zusammentreffen: »Ich werde ihm das abgewöhnen.« Das klang ebenso energisch wie sicher, und es gewann ihr Marias Herz.

Eva-Maria war eine Metzgerstochter aus Traunstein, aus gutbetuchtem Haus auch sie, ihr Sinn stand nach Höherem, ihr Traum war eine Laufbahn im Hotelgewerbe, möglichst international. Englisch sprach sie schon perfekt, mit Französisch plagte sie sich noch herum, Spanisch würde dann als nächstes drankommen. Soweit ihre Pläne. Ihr Pech, daß sie sich verliebte.

Nach einer Praktikantenzeit im Parkhotel in Traunstein besuchte sie die Hotelfachschule im Hotel Axelmannstein in Bad Reichenhall. In diesem Hotel wohnte Georg Seebacher, weil es in Bad Reichenhall ein Spielcasino gab, und das Geld für Baden-Baden oder Monte Carlo nicht mehr reichte. Sein Vater hielt ihn knapp.

Eva-Maria arbeitete zu der Zeit im Service, und der gutaussehende junge Mann, der stets allein am Tisch saß, war ihr natürlich aufgefallen, genau wie ihren Kolleginnen auch. Die Mädchen grübelten darüber, wer er wohl sei, warum er so lange im Hotel wohnte, ohne Begleitung, zumal er offensichtlich keine Kur brauchte. Manchmal ging er zum Kurkonzert, abends saß er oft an der Bar, aber meist war er nicht zu sehen.

Eva-Maria bekam heraus, daß er ins Casino ging und spielte. Daß er seine Wochenrechnung im Hotel nicht bezahlt hatte, die erste nicht, die zweite nicht und nun die dritte auch nicht, erfuhr sie bald, einfach weil er es ihr erzählte.

Sie traf ihn eines Tages, es war ihr freier Nachmittag und Abend, im Kurpark auf einer Bank sitzend, eine Zigarette rauchend, mit trübseliger Miene.

Sie blieb stehen, sagte: »Hier sind die Leute, um ihre Bronchien und Stimmbänder zu erholen. Rauchen sollten Sie lieber nicht.«

Er stand auf, warf die Zigarette mit übertriebener Gebärde fort, trat sie aus, lächelte das Mädchen an auf seine gewohnte charmante Art und erwiderte: »Meinen Bronchien und meinen Stimmbändern fehlt nichts. Ich bin auch kein Sänger. Ich kann nur ein bißchen Gitarre spielen.«

»Oh, das finde ich aber schön! Ich liebe die Gitarre. Wenn einer sie gut spielen kann.«

»Ich kann's vielleicht nicht so gut wie ein Spanier. Wenn ich darf, spiele ich Ihnen einmal etwas vor, Eva-Maria.«

»Sie kennen meinen Namen?« fragte sie geschmeichelt.

»Bei einem hübschen Mädchen weiß ich immer gern, wie es heißt. Wollen Sie sich nicht ein wenig zu mir setzen?«

»Es ist mir zu kalt, um auf der Bank zu sitzen.«

Es war inzwischen Anfang November, eine ruhige Zeit in einem Kurbad, wenig Gäste, auch keine Gelegenheit zu einem Flirt.

»Dann gehen wir halt ein Stück spazieren, ja?«

»Sie wollen sich nur die Zeit vertreiben, bis Sie ins Casino gehen, Herr Seebacher, nicht wahr?«

»Sie kennen meinen Namen auch? Erstaunlich.«

Das war nun keineswegs erstaunlich, denn die Angestellten des Hotels, auch die Lehrlinge der Hotelfachschule, kannten die Namen der Gäste, speziell wenn sie gute Trinkgelder gaben, was Georg immer tat, wenn er gewonnen hatte.

Momentan hatte er eine Pechsträhne, und er hatte beschlossen, heute noch zu Hause anzurufen und seinen Vater, oder noch besser seine Mutter, um Geld zu bitten. Nein, in diesem Fall besser seinen Vater, denn dem konnte kaum angenehm sein, wenn der Sohn einer angesehenen Firma in München in einem angesehenen Hotel in Bayern Schulden machte und eventuell vor die Tür gesetzt würde. Daß dies bisher nicht geschehen war, konnte er sich leicht damit erklären, daß man eben in Bad Reichenhall die Firma Seebacher kannte. Ohne jede Scheu erzählte er dem jungen Mädchen von seinen derzeitigen Schwierigkeiten, während sie durch den Kurpark spazierten. Nicht ohne die Geschichte phantasievoll auszuschmücken.

»Mein Vater hat mich aus der Firma rausgeschmissen. Und ich durfte nicht fertigstudieren.« Lüge Nummer eins und Lüge Nummer zwei.

»Weil Sie spielen?«

»Genau deswegen. Mein Vater findet es übel, wenn man sein Geld in einem Casino verdienen will.«

Eva-Maria erwiderte nur: »Ich finde es disgusting. Ihr Vater hat recht.«

Sie hatten den Kurpark verlassen und schlenderten unter dem fallenden Laub der Bäume Richtung Saalach.

»Das geschieht mir recht«, sagte er mit seiner treuherzigen Bubenstimme. »Bei Ihnen finde ich auch keinen Trost.«

»Was haben Sie denn studiert?«

»Philosophie«, antwortete Georg kühn. Lüge Nummer drei.

»Oh!« machte sie bereitwillig.

»Mein Vater ist der Meinung, das sei ein unsinniges Studium und man habe wenig Aussicht auf einen gut bezahlten Beruf.«

»Kann sein, daß er recht hat«, sagte Eva-Maria nachdenklich.

»Was wollten Sie denn werden?«

»Sehen Sie, das ist es. So kann man nicht fragen, bei einem Studium dieser Art. Ich wollte halt gern promovieren und später schreiben.«

»Schreiben?«

»Bücher.«

»Aha!«

»Und nun hat mein Vater mich vor die Tür gesetzt. Ich soll selber sehen, was aus mir wird. Geld bekomme ich nicht mehr von ihm.«

Allzuviel Mitleid konnte er bei der praktisch denkenden Eva-Maria nicht wecken.

»Eigentlich«, sagte sie, »hat Ihr Vater recht. Sie sind alt genug, um Ihr eigenes Geld zu verdienen. Sie sind doch sicher schon ...«

»Zweiunddreißig«, sagte er. Lüge Nummer vier.

»Ewig kann man nicht studieren. Und wenn Ihr Vater doch eine so gutgehende Firma hat ...«

»Bäder, Heizungen, Sanitär«, leierte er herunter. »Können Sie sich vorstellen, daß man sich als Philosoph dafür interessiert?«

»Warum nicht?« antwortete sie kühl. »Philosophieren kann man eigentlich bei allem, was man tut.«

Er schwieg verblüfft. Dieses Mädchen war ihm überlegen.

»Hauptsache ist doch erst mal, daß man Geld verdient. Und daß man eine ordentliche Ausbildung hat. Oder was glauben Sie, warum ich hier bin? Sie gehen ins Casino und denken, damit kommen Sie zu Geld. Das ist doch ein Schmarrn.«

Spätestens hier hätte er erkennen müssen, daß er an eine stärkere Persönlichkeit geraten war, als er es selbst war. Stärker auch als seine Mutter, sogar als sein Vater.

»So, so«, murmelte er und starrte in die wild strömende Saalach, sie standen jetzt auf der Brücke.

Der Wind wehte heftig vom Staufen herab, Eva-Maria schauderte.

»Ihnen ist kalt«, sagte er besorgt und legte schützend den Arm um sie. »Sie haben auch nur eine dünne Jacke an. Warten Sie!« Er zog seinen Mantel aus, er trug natürlich einen, und legte ihn fürsorglich um ihre Schultern. Das machte sich gut, so etwas sah man manchmal im Kino.

»Nun werden Sie sich erkälten.«

»Ach, das macht doch nichts. Bei mir ist alles egal.« Es klang tragisch. Solche Töne mochte sie nicht.

»Kehren wir um«, sagte sie energisch. »Sie können mich beim Reber zu einem Kaffee einladen.«

Es dämmerte. Novembernachmittag. Eigentlich hatte sie vorgehabt, zum Bahnhof zu gehen und ihre Eltern und ihre Brüder zu besuchen. Aber sie hatte sich schon in diesen verkannten Philosophen verliebt, dessen Mantel sie wärmte. Der Gedanke an ihre Brüder veranlaßte sie zu fragen: »Haben Sie denn viele Geschwister?«

»Wie kommen Sie darauf?«

»Na, irgendeiner muß ja in der Firma arbeiten. Notfalls kann es auch ein Schwiegersohn sein.«

»Ich bin der einzige. Ich habe weder Schwester noch Bruder.«

»Dann kann ich gut verstehen, daß sich Ihr Vater über Sie ärgert. Und Ihre Mutter? Was sagt sie denn zu Ihrem nutzlosen Leben? Oder haben Sie auch keine Mutter?«

So fing es an, vier Monate später waren sie verheiratet. Und vielleicht hätte Eva-Maria es sogar fertiggebracht, daß Georg in der Firma arbeitete, aber nun war Franz stur.

»Das ist zu spät«, erklärte er seiner Schwiegertochter.

»Man kann nicht von heute auf morgen in ein Unternehmen einsteigen, von dessen Aufgaben man keine Ahnung hat. Er hat keine handwerklichen, keine technischen Kenntnisse, er kann auch keine Bilanzen lesen. Und meine Mitarbeiter, die alle sehr motiviert sind, vom jüngsten Lehrbuben angefangen bis zu den leitenden Angestellten, würden sich bedanken, einen Nichtskönner, der sein Leben verbummelt hat, als Chef zu akzeptieren.«

Das war deutlich gesprochen, und es leuchtete Eva-Maria ein.

»Außerdem wird Ludwig Moser mein Teilhaber. Die Verträge sind schon aufgesetzt. Du hast ihn ja bei der Hochzeit kennengelernt. Und der wird später die Firma leiten, wenn ich mich zur Ruhe gesetzt habe.«

»Kann man sich bei dir schlecht vorstellen, Papa.«

»Es eilt ja auch nicht.«

Sie nannte ihn Papa, das irritierte Franz. Er hatte nie eine Tochter gehabt, eigentlich hätte ihn das Vorhandensein einer Schwiegertochter erfreuen müssen. Aber das war nicht so. Im Grunde mochte er Eva-Maria nicht besonders gern, er hätte nicht erklären können, warum es so war.

Er sprach einmal mit seinem Bruder darüber, und Klaus sagte: »Mein Typ ist sie auch nicht. Ihr Hintern ist zu dick.«

»Also darauf kommt es ja nicht an«, wies ihn Franz ärgerlich zurecht.

»Bei mir schon. Außerdem halte ich sie für ein eiskaltes kleines Biest.«

»Es besteht wirklich kein Grund, etwas gegen sie zu sagen. Bisher hat sie alles geschafft, was sie wollte.«

»Das Versprechen, ich weiß. Warten wir mal ab, wie lange es gilt.«

Denn sie wußten alle, es war kein Geheimnis daraus gemacht worden: Ehe Eva-Maria einwilligte, Georg zu heiraten, hatte sie ihm das Versprechen abgenommen, kein Spielcasino mehr zu besuchen. So ganz leicht war es ihr nicht gefallen, diese Ehe einzugehen. Sie mußte einen Traum begraben, den Traum von einer internationalen Karriere im Hotelfach. Dafür verlangte sie das Versprechen.

Sie sagte, auf ihre klare, kühle Art: »Ich liebe dich zwar. Ich liebe dich wirklich. Aber ich gebe etwas für dich auf. Und darum erwarte ich von dir, daß du auch für mich etwas aufgibst.«

Für Georg war das neu, einem solchen Menschen war er nie begegnet, und so seltsam das klingen mag, ihre Forderung entsprach seiner Spielernatur. Ich gebe, du gibst. Ich nehme, du nimmst.

Weder sein Vater noch seine Mutter hatten je in dieser Weise mit ihm gesprochen. Er mußte unwillkürlich an seine Revoluzzer-Zeit denken, als sie alle so große Worte gesprochen, so tolle Pläne gehabt hatten. Was war daraus geworden? Weniger als nichts. Auch in diesem Punkt widersprach ihm Eva-Maria.

»Daraus sind schlecht erzogene Kinder geworden, unfähige Lehrer und Terroristen.«

So klar und einfach stellte sie es dar.

Die Hochzeit wurde sehr aufwendig gefeiert, in Traunstein inmitten einer großen Familie: ihre Eltern, ihre Brüder mit Frauen und Kindern, sie war die Jüngste, und jede Menge Onkel, Tanten, Cousins und Cousinen, Bekannte und Freunde.

Franz ertrug es mit leichter Verzweiflung, Mariele dagegen, die endlich eine Hoffnung für das Leben ihres Sohnes sah, gab sich große Mühe, mit den neuen Verwandten gut auszukommen. Klaus hatte sich gedrückt. Er hatte gerade eine Baustelle in Düsseldorf.

Dann kam die Sache mit der Hochzeitsreise. Auch hier entwickelte Eva-Maria eine originelle Idee. Italien, wie Georg vorschlug, lehnte sie ab. »Kenne ich gut genug. Auch in Venedig war ich schon. Nein, ich möchte mal dorthin, wo ich noch nie war. Nach Hamburg.«

»Hamburg? Das ist nicht gerade das Ziel für eine Hochzeitsreise.«

»Ach, du mit deiner Hochzeitsreise. Wir hatten Gäste aus Hamburg, als ich noch im Parkhotel war, die haben mir viel von dieser Stadt erzählt. Ich möchte sie kennenlernen. Und dann können wir ja weiter ans Meer fahren. Sylt ist doch so berühmt. Und die Ostsee, Travemünde, das möchte ich kennenlernen.«

Georg grinste. »In Westerland gibt es ein Spielcasino, und es gibt eins in Travemünde, eines der schönsten überhaupt, das ich kenne.«

»Aha! Du warst also schon dort.«

»War ich.«

»Na gut, du wirst mir zeigen, wie das geht. Ich werde spielen, und du schaust zu.«

So weit ging sie, so weit wagte sie es zu gehen.

Es verblüffte ihn immer wieder.

»Es ist noch etwas früh im Jahr, erst Mai, noch etwas kühl im Meer.«

»Dann werden wir am Meer spazierengehen, das soll sehr gesund sein. In Westerland gibt es ein gutes Hotel, ›Stadt Hamburg‹ heißt es. Und in Travemünde gibt es ein ›Maritim-Hotel‹. Da möchte ich wohnen.«

Sie wußte Bescheid, dagegen konnte man nichts machen.

»Wir könnten auch nach Frankreich fahren«, schlug er vor.

»Mein Französisch ist nicht so gut. Erst wenn ich das richtig kann, fahren wir nach Paris. Und an die Côte d'Azur.«

Georg war ihr nicht gewachsen, sie setzte sich durch.

Franz sah es mit stiller Bewunderung, Mariele lächelte und sagte: »Nach Sylt wäre ich gern mal gereist.«

Was nicht stimmte, die Nordsee interessierte sie nicht im geringsten, wenn schon nicht zu ihrem See, fuhr sie am liebsten nach Österreich.

Eva-Maria und Georg gingen also an der Nordsee und an der Ostsee spazieren, Eva-Maria mit nackten Füßen im Wasser, und einige Male wagte sie sich auch in die kühle Brandung auf Sylt.

In Travemünde schließlich der Besuch im Spielcasino. Genau wie sie es bestimmt hatte. Sie spielte, er sah zu. Später dann umarmte sie ihn leidenschaftlich.

»Jetzt weiß ich, daß du mich wirklich liebst.«

So war sie, und das Zusammensein mit dieser Frau, die sich durchsetzte, die stärker war als er, tat Georg gut. Zum Schluß wollte sie nach Berlin, das sie noch nicht kannte. Sie wohnten im Kempinski, Eva-Maria genoß jede Stunde, jede Minute. In solch einem Hotel hatte sie arbeiten wollen, jetzt wohnte sie darin.

Bezahlen mußte es Franz nur zum Teil, Eva-Maria hatte eine ansehnliche Mitgift bekommen, und da gab es noch Onkel Joseph in Traunstein, einen Bruder ihres Vaters, mit dem sie sich gut verstand.

»Er mag mich, und ich mag ihn. Wenn ich zu Hause Ärger hatte, landete ich bei ihm.«

»Du hast Ärger zu Hause gehabt? Kann ich mir gar nicht vorstellen.«

»Meine Mutter ist sehr streng. Und zwei ältere Brüder habe ich auch.«

Zurück in München, setzte sie das Studium der französischen Sprache fort, denn im nächsten Jahr, bestimmte sie, würde man nach Paris fahren.

»Italienisch kann ich gut genug, das habe in von Paolo gelernt. Der war meine erste Liebe.«

»Den hast du also in Italien kennengelernt.«

»Den habe ich schon in der Schule kennengelernt. Seine Eltern haben eine Trattoria bei uns in Traunstein. Da bin ich oft nach der Schule mit ihm hingegangen und habe Riesenmengen von Spaghetti gegessen. Mittags hat sich meine Mutter immer gewundert, daß ich keinen Appetit hatte.«

»Und mit dem hast du also geschlafen, mit den ganzen Nudeln im Bauch.«

»Zu der Zeit noch nicht, erst später.«

»Und warum hast du ihn nicht geheiratet?«

»Spinnst du? Warum sollte ich einen Italiener heiraten und dann vielleicht in seinem Ristorante die Leute bedienen?«

»Das hast du in Reichenhall auch getan.«

»Das gehörte zur Ausbildung. Später hätte ich andere Aufgaben übernommen.«

»Bestenfalls hättest du hinter der Rezeption gestanden. Oder hast du schon einmal einen weiblichen Hoteldirektor gesehen?«

»Kommt auch noch, warte nur.«

Bald begann ihr das Eheleben oder, besser gesagt, das Nichtstun auf die Nerven zu gehen. Sie langweilte sich.

Der Sommer war vorüber, Septemberende. Es war immer noch warm, Maria und Franz waren zu einem kurzen Urlaub an den Wörthersee gefahren, und sie waren allein im Haus, ein schönes geräumiges Haus, auch von Klaus erbaut, das genügend Platz bot für das junge Paar.

Sie hatten auf der Terrasse zu Abend gegessen, waren ins Haus gegangen, als es dunkel wurde, hatten den Fernseher angemacht, wieder ausgemacht, Georg zupfte auf seiner Gitarre herum, Eva-Maria las in einem Buch, das ihr nicht gefiel.

Die Gitarre hatte Georg vor einigen Tagen aus einer Ecke in seinem früheren Jungenzimmer herausgekramt, und seitdem versuchte er, ein paar brauchbare Töne hervorzubringen.

Er war vierzehn gewesen, als er plötzlich eine Gitarre haben wollte, und er hatte sie natürlich bekommen. Mariele war entzückt, daß er sich endlich doch für Musik interessierte, sie spielte ganz gut Klavier, sie ging gern in die Oper, ihren Sohn hatte sie für beides nicht gewinnen können.

Eva-Maria klappte das Buch zu, sprang auf, ging zur Bar und goß sich einen Cognac ein.

»Mir auch, Schatz«, rief Georg.

»Nur wenn du mit dem blöden Geklimpere aufhörst. Vielleicht solltest du erst einmal lernen, wie man das Instrument ordentlich stimmt.«

Er blickte erstaunt zu ihr auf. »Komisch, das hat meine Mutter damals auch gesagt.«

»Sie versteht ja was von Musik, da kann ihr deine Stümperei nicht gefallen. Ich weiß, wie das klingen muß, Paolo spielt sehr gut auf der Gitarre.«

»Das hätte ich mir ja denken können.«

Sie reichte ihm das gefüllte Glas, blieb vor ihm stehen. »Es muß sich was ändern.«

»Na denn, prost. Was ändert sich denn?«

»Wir verändern uns. Wir müssen eine eigene Wohnung haben und Arbeit.«

»Arbeit? Wozu denn das? Uns geht's doch hier gut. Und was gefällt dir an unserer Wohnung nicht?«

»Es ist nicht unsere Wohnung, es ist das Haus deiner Eltern.«

»Hier ist doch Platz genug. Vater ist sowieso den ganzen Tag nicht da.«

Und deine Mutter geht mir auf den Geist mit ihrer Betulichkeit, hätte sie antworten mögen. Doch das tat sie nicht, sie sagte statt dessen: »Ich fahre morgen zu Onkel Joseph.«

»Na bitte, besuchen wir die Traunsteiner. Wir könnten in Bad Reichenhall im Axel wohnen. Das wäre doch was, wenn sie dich plötzlich als Gast bedienen müßten, wo du zuletzt eine kleine Serviermaus warst.«

»Das täte ich nie. Ich fahre nach Traunstein, allein, und ich besuche Onkel Joseph und werde ihn anpumpen.«

37

»Wozu denn das? Wir haben doch alles, was wir brauchen.«

»Haben wir nicht. Er wird mir Geld geben, wenn ich ihm sage, was ich will. Ich werde ihn sowieso eines Tages beerben, das hat er mir schon angekündigt.« Sie schlug ein rasches Kreuz. »Ich wünsche ihm ein langes Leben, denn ich mag ihn, genauso wie er mich mag. Er wird mir Geld geben, und dann werden wir etwas unternehmen.«

Georg sah sie leicht verzweifelt an, stand auf und holte sich einen zweiten Cognac.

»Was denn, um Gottes willen?«

Sie dachte nicht an ein Hotel, aber an eine hübsche kleine Pension, nicht im Gebirge, sondern in der Stadt.

Zunächst wurde es ein kleines Lokal in Schwabing, nur fünfzehn Tische, eine Bar, die Wohnung fand sie im Nebenhaus. Außer dem Geld von Onkel Joseph nahm sie noch einen Bankkredit auf, ihren Schwiegervater behelligte sie nicht, was diesem imponierte.

»Tüchtig ist sie ja, das muß man zugeben«, sagte Franz zu seinem Mariele. Die schwieg verbockt. Ihr gefiel das nicht. Ihr schöner Sohn Besitzer einer Kneipe.

Der Besitzer war Eva-Maria, und zunächst ging das gut. Sie hatte einen Vertrag mit einer Brauerei, sie arbeitete wie eine Besessene, stand selbst in der Küche, kochte kräftige bayerische Kost, jeden Tag nur fünf bis sechs warme Gerichte, immer frisch zubereitet, so etwas spricht sich herum, das Lokal war gut besucht. Sie lernte ein Mädchen an, das ihr zur Hand ging, eine Bedienung wurde eingestellt, obwohl sich Eva-Maria selbst um ihre Gäste kümmerte, sobald sie Zeit dazu hatte.

Georg grüßte gerade mal, wenn einer kam, stand auf, wenn es einer war, den er kannte. Er hatte seinen Stammplatz gleich links vom Eingang in einer Nische, dort saß er den ganzen Abend lang, und bald saßen einige bei ihm, die immer wiederkamen, sie tranken, und sie spielten. Poker hatte Eva-Maria verboten, also spielten sie Skat oder Schafkopf. Mit der Zeit war Georg zufrieden mit seinem Dasein. Mit der Zeit trank er auch zu viel. Zum Bier immer ein paar Schnäpse, lieber trank er Wein, eine Flasche schaffte er leicht, manchmal wurden es zwei. Wenn der Wirt trinkt, werden die Gäste angeregt, auch zu trinken, besonders diejenigen, die mit an seinem Tisch sitzen. Dazu kam, daß er sie oft freihielt. Auch so etwas spricht sich herum.

Franz kam manchmal am Abend zu einem Schoppen, gelegentlich auch Klaus. Sie sahen, wie Eva-Maria sich abrackerte und daß Georg der gleiche Nichtstuer geblieben war.

»Ich bin neugierig, wie lange sie das durchhält«, sagte Klaus.

Mariele kam nie, sie hatte sich von Anfang an geweigert, die Kneipe, wie sie verächtlich sagte, zu besuchen.

Es war vier Jahre später, an einem Sonntagnachmittag im Winter, als Eva-Maria der Familie verkündete, daß sich abermals etwas ändern würde.

Klaus war dabei, er war seit kurzem geschieden, das Haus hatte er seiner Frau überlassen, er wohnte jetzt bei seinem Bruder.

Eva-Maria erklärte in aller Ruhe: »Ich habe den Laden verkauft. An einen Italiener. Italienische Lokale sind ja sehr in. Ich habe genug gearbeitet, ich möchte jetzt mal was von meinem Leben haben. Ich bin siebenundzwanzig, und ich muß die Welt sehen. Zuerst fahre ich nach Amerika, nach New York. Später dann nach Hongkong.«

Mariele starrte sie fassungslos an.

»Nach Hongkong? Warum?«

»Soll eine interessante Stadt sein. Früher dachte ich, mein Beruf wird mir die Welt zeigen, das habe ich verpatzt. Jetzt reise ich zu meinem Vergnügen, solange das Geld reicht.«

»Und Schorschi?« fragte Mariele, dem Weinen nahe.

»Er kann mitkommen, wenn er will, er kann hierbleiben, wenn ihm das lieber ist. Mir ist es egal.«

»So. Dir ist es egal«, sagte Franz und sah seine Schwiegertochter nachdenklich an. Was hatte Klaus einmal gesagt? Sie ist ein eiskaltes Biest.

»Und was sagst du dazu?« fragte er seinen Sohn.

Georg hob die Schultern. Er sah aufgedunsen aus, er hatte wirklich zuviel getrunken.

»Ihr habt es ja gehört. Sie bestimmt, was geschieht. Das war doch immer so. Sie hat sich entschieden, mich zu heiraten. Sie hat mir die Casinos vermiest, sie hat das Lokal geführt. Und nun will sie reisen.«

Eva-Maria lächelte, blickte die Familie rundherum an. »Damit wir uns richtig verstehen. Ich habe Georg aus Liebe geheiratet, und ich will ihn gern behalten. Aber so geht es nicht weiter. Er geht nicht ins Casino, aber er spielt stundenlang Karten mit seinen Freunden, er trinkt zuviel. Arbeiten, wie wir wissen, kann er nicht. Will er nicht.«

Keiner sagte etwas, Eva-Maria lächelte immer noch, auf ihre selbstsichere, charmante Art.

»Wie gesagt, ich möchte noch etwas von der Welt sehen, solange ich jung bin. Was ich später mache, weiß ich noch nicht. Aber ich hätte es gern, wenn Schorschi«, das sagte sie betont, mit einem Blick auf ihre Schwiegermutter, »mich begleitet. Der Aufenthalt in einem fremden Land, in einer fremden Stadt und erst recht in einem Hotel ist angenehmer, wenn man einen Mann an der Seite hat.«

Klaus lachte amüsiert.

»Zweifellos«, sagte er. »Du bist ein gescheites Mädchen.«

Sie gefiel ihm jetzt besser als früher, sie war schlanker geworden, die mädchenhaften Rundungen hatten sich verloren.

»Es ist schade...«, begann Mariele und sprach nicht weiter.

Eva-Maria sah sie an und wußte genau, was gemeint war. Sie hatte die Pille genommen, dann hatte sie damit aufgehört. Doch jetzt nahm sie sie wieder. Sie hatte kein Kind von einem Spieler gewollt, und nun wollte sie kein Kind von einem Trinker. Eigentlich wußte sie selbst nicht genau, ob sie ein Kind wollte oder nicht. Vielleicht später. Erst einmal reisen.

Klaus fragte: »Und was sagst du zu den Plänen deiner Frau?«

Georg, das Whiskyglas in der Hand, hob die Schultern. »Für mich sind die so neu wie für euch. Ich weiß nur, daß sie die Kneipe verkauft hat. Ich dachte eigentlich, sie kauft jetzt ein Hotel.«

»Dafür reicht leider das Geld nicht«, sagte Eva-Maria kühl. Sie registrierte, daß Georg schon den dritten Whisky trank. »Ich werde ihm auch das Trinken abgewöhnen.« Es klang sanft, ganz freundlich. »Ich werde es jedenfalls versuchen. Falls er mich begleitet, wäre es angenehm, wenn ihr für seine Reise etwas beisteuern würdet.« Dabei sah sie Franz an.

Sie war die Ruhe selbst, sie war selbstbewußt, selbstsicher und mehr denn je entschlossen, ihr Leben nach ihrem Geschmack zu gestalten. Ein Mann, auch wenn sie ihn liebte, würde sie nicht daran hindern.

»Hoffentlich kommst du nicht auf die Idee, in Hongkong eine bayerische Kneipe aufzumachen«, sagte Klaus, immer noch amüsiert.

»Wäre das so dumm?« fragte sie.

»Dir traue ich auch das sogar zu«, gab er zur Antwort.

Nun galt ihr Lächeln nur ihm. Sie mochte diesen Mann, er gefiel ihr von der ganzen Familie am besten.

Zu ihrem eigenen Mann war sie auf Distanz gegangen, und das ärgerte sie. Als sie ihn kennenlernte, hatte sie sich ernstlich verliebt, er war der bestaussehende Mann, der ihr je begegnet war, und daß er ein Spieler war, hatte sie anfangs leichtgenommen. Sie hatte es ihm abgewöhnt, doch sie war sich klar darüber, daß die Neigung zum Spiel latent vorhanden war, vermutlich könnte man einen Menschen nie davon abbringen. Es war und blieb ein Laster, wie Trunksucht, wie Drogenabhängigkeit. Aber noch schlimmer war seine Trägheit, seine Weigerung, etwas zu tun, zu arbeiten. Sie gab den Eltern die Schuld, vor allem seiner Mutter, und sie wollte ihn endgültig aus dieser Umgebung herauslösen. Darum wollte sie reisen. Mit ihm.

»Hongkong kommt später dran. Erst möchte ich nach New York«, sagte sie bestimmt.

»Aber das ist doch schrecklich«, sagte Mariele weinerlich. »Das kannst du mir nicht antun, Schorschi. Was willst du denn bei den Amerikanern?«

Das war der Moment, in dem Georg Seebacher erkannte, daß es ihm auf die Dauer nicht gefallen würde, wieder hier in diesem Haus zu leben, umsorgt von seiner Mutter, mit leichter Verachtung behandelt von seinem Vater, mit Ironie von Onkel Klaus bedacht. Solange er gespielt hatte, von Casino zu Casino gereist war, war das Leben unterhaltsam gewesen. Wenn Eva-Maria ihn verließ, was sie ihm klar und deutlich angedroht hatte, würde er nicht wissen, was er mit sich anfangen sollte. Wieder spielen, das war das einzige, was ihm einfiel. Doch er war sicher, daß er von seinem Vater kein Geld mehr bekommen würde.

»Ich finde den Gedanken sehr hübsch, mal eine Zeitlang auf Reisen zu sein. Das tun doch alle Leute jetzt. Ich kenne kaum was von der Welt.«

»Aber du bist doch früher viel gereist«, sagte die Mutter. »Bloß wegen dieser blöden Kneipe bist du nicht mehr fortgekommen.«

Eva-Maria gab ihrer Schwiegermutter einen kurzen Blick. »Da ja die blöde Kneipe keinerlei Arbeit von ihm gefordert hat, hätte er reisen können, soviel er wollte. Nur, woher sollte er das Geld bekommen?«

Kurzes Schweigen.

Darauf Franz: »Ist ja wohl meist so, daß Leute, die auf Reisen gehen, sich das Geld verdienen, das es kostet.«

Und Eva-Maria, in sanftem Ton wieder: »Nun, ich habe es ja verdient. Daher mein Vorschlag, daß ihr für seine Ausgaben etwas beitragt.«

Georg sagte: »Ich weiß, Vater, daß ich ein Versager bin. Der Umgang mit meiner Frau hat es mir klargemacht.«

Wieder ein Schweigen, diesmal länger.

Dann sagte Klaus. »So ist es. Man kann manches von einer klugen Frau lernen. Schade, daß Silvi nicht hier ist, die könnte auch manches dazu sagen.«

Silvia war die Frau, von der er sich vor einem halben Jahr hatte scheiden lassen. Oder, besser gesagt, die sich von ihm hatte scheiden lassen.

»Sie könnte dir kaum vorwerfen, daß du ein Versager bist«, sagte Eva-Maria freundlich.

»Als Ehemann durchaus. Übrigens, wenn es nicht gleich New York sein muß, hätte ich einen Vorschlag. Ich habe einen Freund in Montreal, der hat ein hübsches Hotel, das wurde vor einiger Zeit umgebaut und modernisiert. Ich habe ihn dabei beraten. Wir sind alte Freunde, wir haben hier zusammen an der TH studiert. Er ging nach Kanada, arbeitete erst als Ingenieur, verliebte sich dann und heiratete. Die Tochter des Hoteliers. Jetzt arbeitet er auch im Hotel, ein erstklassiger Laden, modern und gut besucht. Könnte dich das nicht interessieren, Eva-Maria? Ihr wäret nicht ziellos Reisende, ihr würdet bei Bekannten, Freunden von mir, wohnen für die erste Zeit, und die große weite Welt wäre nicht so fremd. Außerdem ist die Einreise von Kanada in die USA ganz einfach.«

Eva-Maria sah ihn an, ihr Lächeln war nun strahlend. »Kanada! Das wäre wunderbar.«

Zu Beginn des Sommers flogen Georg und Eva-Maria Seebacher nach Kanada.

## *Der Brief*

Einmal in jeder Woche fährt Franz nach München, läßt sich in der Firma blicken, sitzt eine Weile an seinem alten Schreibtisch, spricht mit seinen Leuten, und Ludwig Moser berichtet, was gerade so ansteht.

Manchmal verkneift sich Franz diesen Besuch, denn er hat Angst, er geht dem Moser auf die Nerven, oder es sieht nach Kontrolle aus.

Vor einiger Zeit hat er zu Klaus gesagt: »Könntest du nicht mal vorsichtig nachfragen, ob dem Ludwig meine Besuche lästig sind?«

»Den Teufel werd ich tun«, hatte Klaus geantwortet. »Es ist deine Firma beziehungsweise die von Vater und Großvater dazu, und es ist dein gutes Recht, ab und zu die Nase hineinzustecken. Der Moser ist ein guter Mann, das wissen wir, er verehrt dich, er liebt dich sogar, und außerdem ist er dir dankbar. Ich würde ihn in größte Verlegenheit bringen durch so eine blöde Fragerei.«

Das stimmt wohl so, und Franz weiß es.

Ludwig Moser ist mit sechsundzwanzig in die Firma gekommen, heute ist er neunundvierzig, er hat bei Franz alles gelernt, alles mitgemacht, und er hat es gut gemacht, und drum ist es in Ordnung, daß Franz ihm erst die Teilhaberschaft und schließlich die Nachfolge in der Firma angeboten hat. Er braucht von Franz keinen Rat, doch Ermutigung manchmal schon, denn gar so glänzend wie früher geht das Geschäft nicht mehr. Es gibt keine zertrümmerte Stadt aufzubauen, kein Wirtschaftswunder, wo man kaum den Aufträgen nachkommen konnte, und die Zeit des Wachstums, des stetig wachsenden Reichtums ist auch vorbei. Doch für eine alteingesessene und renommierte Firma gibt es noch genug Arbeit. Jedenfalls haben sie in dieser Zeit wachsender Arbeitslosigkeit noch keine Mitarbeiter entlassen müssen. Die Leute werden gut bezahlt und tun soviel wie nötig ist, keine Gewerkschaft quatscht ihnen dazwischen. Es gibt einen alten Stamm, der genau weiß, was sie an der Firma Seebacher haben, und wenn Neue kommen, merken sie es bald. Aber es kommt immer mal einer, der es besser wissen will. Vor zwei Jahren sagte einer: »Das geht ja bei euch zu wie vor hundert Jahren.«

»Richtig«, antwortete ihm Moser, »und so bleibt es auch. Aber wenn es Ihnen hier nicht gefällt, müssen Sie ja nicht bleiben.«

Er blieb, der Neue, und inzwischen gefällt es ihm sehr gut, er hat sich dem bewährten Team angepaßt.

Für Franz ist die Fahrt in die Stadt wichtig, die paar Stunden, die er in der Firma verbringt, beleben ihn. Er hat nun auch entdeckt, was seine entschwundene Schwiegertochter schon wußte: Ein Leben ohne Arbeit ist langweilig.

Den Jahren nach ist er ein alter Mann, aber er fühlt sich nicht so, und der sogenannte Ruhestand geht ihm manchmal auf die Nerven. Das Leben draußen ist sehr angenehm, alles ist rundherum perfekt, das Haus, der See, die nahen Berge, und wenn er sein Mariele noch hätte, wäre es bestens. Von einem Sohn und Enkelkindern ganz zu schweigen. Glücklicherweise hat er den Bruder, und nun auch den Hund, ein paar Freunde, die ihn besuchen oder die er besucht. Aber jedesmal, wenn er sich ins Auto setzt, um nach München zu fahren, macht er ein vergnügtes Gesicht, er dreht das Radio an, am liebsten Bayern 4, ein paar Kassetten hat er auch im Wagen, die stammen noch von Mariele, ein Klavierkonzert von Mozart, Es-Dur oder so ähnlich, er kann sich das nicht merken, aber er hört es besonders gern, auch die Arien aus der ›Zauberflöte‹. Da war er mit Mariele ein paarmal drin, sie mochte diese Oper besonders. Auch der ›Lohengrin‹ war ein Liebling von ihr, und dann vor allem ›Fidelio‹, da mußte sie immer weinen, obwohl es doch ein Happy-End gibt, aber gerade das rührte sie so.

Darum hatte Franz auch sofort gewußt, woher der Hund seinen Namen hatte.

Er fährt nie sehr früh, damit er den Berufsverkehr durch Starnberg vermeidet, und er kommt vor dem Nachmittagsstau zurück oder, falls es später geworden ist, danach. Manchmal treibt er sich noch in München herum, geht in den Franziskaner zum Essen oder oben zum Dallmayr. Da kann er dann unten gleich noch einkaufen, falls er Gäste eingeladen hat und etwas Besonderes kochen will. Dann und wann fährt er nach Schwabing und ißt bei dem Italiener, in dem Restaurant, das früher von Eva-Maria geführt wurde, der Laden geht gut, und das Essen ist hervorragend. Manchmal macht er das sogar noch am Abend, und Klaus schimpft dann, wenn er spät zurückkommt.

»Ich will nicht, daß du in der Dunkelheit fährst.«

»Na, mach Sachen. Ich bin ja noch nicht blind. Und ein guter Fahrer war ich immer. Oder etwa nicht? Davon könntest du dir noch ein paar Scheiben abschneiden.«

Klaus ist zwar auch ein guter Fahrer, aber er fährt zu schnell und manchmal riskant, das ärgert dann wieder seinen Bruder, wenn er eine Delle an der Seite des Wagens entdeckt oder ein Kotflügel verbogen ist.

An einem Tag Anfang Juni kommt Franz wieder einmal aus München zurück, es ist schon fast sieben, aber um diese Jahreszeit ist es lange hell, kein Grund für Klaus zu schimpfen.

Der Maler Brodersen, er wohnt in der Nähe, ist schon da, Franz hat ihn zum Abendessen eingeladen, die beiden wartenden Herren sitzen auf der Terrasse und trinken Champagner.

»Reichlich spät«, sagt Klaus automatisch. »Wann sollen wir denn essen?«

»In einer halben Stunde. Ich habe Spargel mitgebracht, ganz frischen Schwetzinger Spargel von Dallmayr, der ist in zwanzig Minuten fertig.«

»Aha! Geschält muß er schließlich auch werden.«

»Das geht schnell.«

»Ich helfe«, sagt der Maler. »Spargel schälen kann ich gut. Bei uns in der Heide wächst auch ein guter Spargel.«

Er ist ein Preuße, oder jedenfalls das, was man in Bayern als Preuße bezeichnet, er kommt aus Lüneburg, und lebt nun schon seit fast zwei Jahren am See. Es gefällt ihm hier, und außerdem, so erklärt er den Ortswechsel, habe er nun genug Bilder von der Heide gemalt, er brauche jetzt mal eine andere Gegend.

Franz bekommt auch ein Glas Champagner, dann machen sich die Männer ans Spargelschälen.

Die neuen Kartoffeln und der Spargel sind bald gar, Franz wendet geschickt die Kalbsschnitzel in der Pfanne, Klaus öffnet eine Flasche Pinot Grigio, echten aus dem Friaul, dann essen sie, das vierte Schnitzel, das ungewürzt in die Pfanne kam, ist für Jacko bestimmt. Aus Spargel macht er sich nichts, Kartoffeln bekommt ein Hund sowieso nicht.

Zum Nachtisch gibt es Obstsalat, den Franz ebenfalls, bereits fertig zubereitet, beim Dallmayr bekommen hat.

Brodersen erzählt, daß er an den Ostersen war, und von dort aus der Blick auf die Berge ganz besonders schön ist, das wird er jetzt erst mal skizzieren, und dann ...

Hier unterbricht Klaus.

»Es ist ein Brief für dich gekommen«, verkündet er ohne weitere Einleitung.

»So«, sagt Franz und muß daran denken, was Moser ihm heute berichtet hat. Daß es doch immer mehr Kunden gibt, die ihre Rechnungen nicht pünktlich bezahlen. Da ist wieder so ein Fall, Haus in Moosach umgebaut, ganz neue Installationen, aber nun ist schon die dritte Mahnung herausgegangen, und wie Moser inzwischen erfahren hat, ist der Mann pleite.

Franz hat gerade angefangen, davon zu sprechen, aber Klaus läßt ihn nicht zu Wort kommen.

»Ein Brief aus Amerika«, sagt er.

»Aus Amerika?« wiederholt Franz und merkt, wie ihn ein Schreck durchzuckt.

Sie haben lange nichts aus Amerika gehört.

»Aus Las Vegas«, fügt Klaus hinzu.

»Aus Las Vegas? Wieso denn das? Wo ist der Brief?«

»Auf deinem Schreibtisch.«

Franz geht, Klaus und der Maler kehren auf die Terrasse zurück, beschließen dann, doch lieber im Zimmer zu bleiben, es ist kühl, der Himmel hat sich bezogen, es wird wieder regnen. Es hat viel geregnet in diesem Frühjahr.

»Heute vormittag, als ich da hinten war an den Osterseen, sah es gut aus«, erzählt der Maler. »Der Himmel war klar, die Berge ganz nah.«

»Es ist kein gutes Zeichen, wenn die Berge zu nah sind«, sagt Klaus. Er lauscht in das Haus hinein, kein Laut kommt von Franz. Der Brief war ganz leicht, die Adresse mit der Maschine geschrieben. Also hat wohl Eva-Maria ihn getippt, Georg konnte das nicht.

Er hat die beiden einmal in Florida besucht, das war ungefähr ein Jahr nachdem sie abgereist waren. Zuerst war Post aus Kanada gekommen, dann eine bunte Karte aus Mexiko, und plötzlich eine aus Florida.

Eva-Maria arbeitete in einem Hotel in Aventura, an der Bar. Georg lag am Pool.

»Ich bleibe hier nicht«, hatte sie gesagt. »Hier ist es mir zu warm. Am liebsten ginge ich wieder nach Kanada, da habe ich mich wohl gefühlt.«

Und dann, wieder ein Jahr später, war Georg überraschend in München aufgetaucht. Allein.

Eva-Maria sei nun wirklich nach Hongkong geflogen, und er müsse doch mal sehen, wie es zu Hause so gehe.

»Hongkong?« fragte Franz. »Ohne dich?«

»Na, ich war ja nicht so scharf auf Hongkong. Außerdem hätte das Geld für zwei nicht gereicht. Aber sie hat sehr nette Leute kennengelernt. In Montreal, in dem Hotel. Da waren wir ja zuletzt wieder. Mit denen ist sie zuerst nach Hawaii gereist, und jetzt also nach Hongkong.«

Mariele war selig. »Und du bleibst jetzt da?«

»Für eine Weile schon.«

Doch er blieb nur zwei Monate, er war unlustig, gereizt. Er bat seinen Vater um Geld.

»Wofür?«

»Ich könnte mich ja wieder mal in der Gegend umsehen«, kam die vage Antwort.

Franz waren die Anzeichen nicht entgangen.

»Ich weiß, was du willst. Wenn du denkst, du bekommst Geld von mir, um wieder von Casino zu Casino zu reisen, dann hast du dich getäuscht.«

»Und was soll ich sonst tun?« fragte der Sohn böse.

»Das ist mir egal, um mit den Worten deiner Frau zu sprechen. Inzwischen ist es mir nämlich egal, was aus dir wird. Will dich Eva-Maria nicht mehr haben?«

»Natürlich will sie mich haben. Sie liebt mich doch. Wir haben gestern erst telefoniert, sie ist wieder in Montreal.«

»Ich kaufe dir gern das Ticket für Kanada. Sonst bekommst du kein Geld von mir.«

»Und wovon soll ich leben?«

»Wovon hast du bisher gelebt?«

Die Antwort blieb der Sohn schuldig.

Es war das letzte Gespräch zwischen Franz Seebacher und seinem Sohn Georg.

Es dauert eine Weile, bis Franz wiederkommt. In der Hand trägt er den Brief. Er sieht seinen Bruder an.

»Er ist tot«, sagt er.

Und dann, mit einem Blick auf den Gast: »Mein Sohn ist tot.«

Schweigen.

Hat Brodersen eigentlich gewußt, daß Franz Seebacher einen Sohn hat?

Er hat es nicht gewußt. Und macht ein hilfloses Gesicht.

Franz steht da, rührt sich nicht, blickt abwesend ins Leere. Klaus steht auf und nimmt ihm den Brief aus der Hand. Er ist sehr kurz, mit der Maschine geschrieben, klingt sehr unpersönlich. Eine sachliche Mitteilung darüber, daß Georg Seebacher bei einem Unfall tödlich verunglückt sei. Der Text liest sich wie eine Zeitungsmeldung. Unterschrieben ist er mit Eve.

»Eve«, sagt Klaus schließlich. »Ja, stimmt, so nannte man sie an der Bar in Aventura.«

Persönlich ist nur die Nachschrift. Da steht: Ich würde gern nach Deutschland kommen, aber ich habe kein Geld für das Ticket.

»Das paßt eigentlich nicht zu ihr«, sagt Klaus. »Aber wenn sie nicht mehr in Kanada ist und keine Green Card hat, dann hat sie auch keine Arbeitserlaubnis in den USA. Und sie schreibt nicht, was passiert ist.«

»Eben«, sagt Franz ganz ruhig. »Vielleicht war es sehr teuer. Der Unfall und ... na ja, was damit zusammenhängt. Wenn er in diesem Las Vegas war – kann ja sein –, wollte sie ihn vielleicht dort wegholen. Da kann viel passiert sein.«

Er wendet sich ab, geht ans Fenster, schaut hinaus auf den See, es hat angefangen zu regnen. Jacko, der spürt, daß ein dunkler Schatten ins Zimmer gekommen ist, tritt neben ihn, schmiegt den Kopf an sein Knie, und Franz streichelt sacht den Hundekopf.

Dann kommt Franz zurück in die Mitte des Raumes, nimmt eine Zigarette aus der Dose, setzt sich, nimmt sein Glas und trinkt einen Schluck, sieht, daß die Gläser leer sind, steht noch mal auf und füllt sie wieder, seine Hand zittert ein wenig.

Er sieht Brodersen an und sagt: »Entschuldigen Sie, bitte.«

»Aber um Gottes willen! Was soll ich denn entschuldigen?«

»Ich meine, als Abschluß eines guten Essens ist das doch ein wenig... ein wenig...« Er verstummt, fügt dann hinzu: »Tut mir leid.«

Eine Weile bleibt es still, sie trinken Wein, Franz raucht, der Maler auch, Klaus raucht nicht.

Dann fragt Brodersen unglücklich: »Soll ich lieber gehen?«

»Nein«, antwortet Franz. »Sie sind nun mal Zeuge von diesem... eh, von diesem Schock. Wir werden Ihnen kurz erklären, wovon die Rede ist.« Und zu Klaus gewandt: »Komisch, nicht, das mit Las Vegas.«

»Finde ich auch.«

Was Las Vegas bedeutet, wissen sie. Ein Spielerparadies. Eine Spielerhölle. Ausgerechnet in solch einem Ort ist Georg Seebacher ums Leben gekommen.

»Wir werden ihr das Geld schicken«, sagt Franz. »Ich möchte gern erfahren, was geschehen ist. Du nicht auch?«

»Doch, natürlich.« Klaus ist verwirrt von der Ruhe, mit der sein Bruder redet. Er schiebt sich noch einmal die Brille auf die Nase. »Absender steht ja drauf.«

Und dann sagt Franz: »Ich bin dem lieben Gott dankbar, daß mein Mariele das nicht mehr erleben muß.«

## *Ankunft*

Zwei Wochen später fahren Franz und Klaus ins Erdinger Moos, um Eva-Maria am Flugplatz abzuholen. Sie hat ihre Ankunft per Telegramm mitgeteilt, doch seltsamerweise kommt sie weder aus Los Angeles noch aus New York geschweige denn aus Las Vegas, sie kommt aus Berlin.

Das finden die Brüder höchst befremdlich, sie rätseln darüber herum, warum sie wohl über Berlin geflogen ist und was sie dort gemacht hat. Natürlich sind sie sehr gespannt, wie sie aussehen wird und was sie zu berichten hat. Erwartungsvoll stehen sie in der Ankunftshalle und betrachten sehr genau alle Damen, die vorbeigehen. Es ist später Nachmittag, der Flieger war gut besetzt, nach und nach, manche eilig, manche geruhsam, tröpfeln die Passagiere durch die Ausgangstüre.

»Vielleicht hat sie kein deutsches Geld und weiß nicht, daß man auf diesem Provinzflugplatz zwei Mark fünfzig braucht, um einen Gepäckkarren zu bekommen«, vermutet Klaus.

»Na, wenn sie aus Berlin kommt, wird sie doch deutsches Geld haben«, sagt Franz grantig.

Unlustig, von Angst gepeinigt sieht er dem Zusammentreffen entgegen, bang vor dem, was er erfahren wird. Am liebsten wäre er auf und davon gegangen. Er will gar nicht wissen, was geschehen ist. Der Tod seines Sohnes. Dieser zweifellos schlimme Tod nach einem vergeudeten Leben. Seine Gefühle peinigen ihn, aber er kann sie nicht ausdrücken, nicht einmal seinem Bruder gegenüber.

Eva-Maria ist nirgends zu sehen, und Franz sagt, geradezu erleichtert: »Vielleicht ist sie nicht gekommen.«

Doch plötzlich tritt eine schlanke, hochgewachsene Dame im hellen Hosenanzug auf sie zu, sie hat einen Gepäckkarren, auf dem sich zwei Koffer befinden, läßt ihn los, lächelt Franz an und sagt: »I guess you are Franz Seebacher.«

»Yes, oh yes«, erwidert Franz verwirrt.

Und dann ein Lächeln für Klaus. »And you are Klaus Seebacher. Uncle Klaus.«

»So it is«, antwortet Klaus, der im Gegensatz zu Franz sehr gut englisch spricht. »And who are you?«

»I'm Eve Seebacher. Hallo!« Sie streckt die Hand aus. »Nice to meet you.«

Sie schüttelt beiden die Hand, und dann lacht sie.

»Das ist eine Überraschung, das sehe ich Ihnen an«, sagt sie, nun auf deutsch. »Sie haben Eva-Maria erwartet, nicht wahr?«

»So ist es«, sagt Klaus. »Wir haben nicht gewußt...«

»Sie haben nicht gewußt, daß Georgie«, sie spricht es Dschordschie aus, es klingt fast wie Marieles Schorschi, »von Eva-Maria geschieden ist und wieder geheiratet hat.«

»Das haben wir nicht gewußt«, sagt Franz langsam, es klingt erschüttert.

»Das sieht ihm ähnlich«, sagt diese fremde Eve kühl. »Ich habe ihm immer gesagt, er solle seinem Vater von der Veränderung in seinem Leben Mitteilung machen.«

Ihr Deutsch ist gut, sie drückt sich sehr gewählt aus. Franz schluckt und schweigt.

»Aber dann hätte er alles andere auch berichten müssen, und das hat er wohl nicht gewagt. Wir haben bereits vor Jahren geheiratet. Nachdem Eva-Maria sich von ihm getrennt hat. Und Sie können sich denken, warum.«

Franz schüttelt nur den Kopf. Auch Klaus fällt nicht ein, was er dazu sagen soll.

»Das Versprechen, das er ihr gegeben hat. Ich habe ihn in Las Vegas kennengelernt.«

Klaus schüttelt nun auch den Kopf. Dann sagt er: »Wir können es uns denken. Wenn er in Las Vegas war... Sie sind Amerikanerin? I mean, you are...«

»Sure«, antwortet sie knapp und nimmt wieder ihren Gepäckkarren in die Hand. »Wollen wir gehen? Haben Sie ein Hotel für mich bestellt?«

»Haben wir nicht«, sagt Klaus. »Wir haben Eva-Maria erwartet und dachten, sie wohnt bei uns.«

»Oh, I see. Out of town. At this lovely lake.«

»Right. Out of town, at this lovely lake. The name is Starnberger See.«

»As I learned«, sagt sie ganz matter of fact, »is the name Würmsee. Starnberger See kommt vom Namen des Ortes Starnberg. Is that right?«

»It is«, antwortet Klaus und muß auf einmal lachen. »Sie kennen sich gut aus. Würm heißt der Fluß, der in diesen See fließt. Aber wie der Genfer See eben Genfer See heißt, heißt unser See Starnberger See. Ist das ihr ganzes Gepäck, Mrs. Seebacher?«

»Im Moment, ja. Einen Teil habe ich in Berlin gelassen. And please, call me Eve.«

»Und warum sind Sie in Berlin, Eve?«

Sie blickt zur Seite, lacht nicht mehr.

»Ich werde es Ihnen erzählen.«

»Hat es... hat es mit dem Tod meines Sohnes etwas zu tun?« fragt Franz schwerfällig.

»Nein. Ich habe meine Schwester nach Berlin gebracht. Weil...«, sie zögert, spricht nicht weiter.

Franz schweigt. Klaus schiebt den Karren zu seinem BMW, der abseits geparkt ist. Er verstaut das Gepäck im Kofferraum, hält dann die Tür auf für die neue Frau Seebacher, die steht und blickt sich um, blickt hinauf in den heute klaren blauen Himmel.

»München«, sagte sie verträumt. »Wissen Sie, daß es einmal mein Traum war, nach München zu kommen?«

Klaus schaut sie an. Sie ist sehr hübsch, mehr noch, sie ist schön, hat ein klar gezeichnetes, kluges Gesicht. Ihr Haar ist aschblond, reicht ihr bis auf die Schultern. Die Stirn ist frei, eine gerade, hohe Stirn.

»Das können wir beim besten Willen nicht wissen«, sagt Klaus. »Da wir nicht wissen, daß es eine zweite Frau Seebacher gibt, können wir auch nicht wissen, daß sie gern nach München reisen wollte. Wegen ihm?«

»Oh, nein. Das ist schon lange her. Als ich ein Kind war, gab es einen Mann, einen Jugendfreund meiner Mutter, der uns manchmal besuchte. Er stammte aus München, und er hat uns viel von dieser Stadt erzählt. Auch vom Starnberger See. Und von König Ludwig.«

»Von welchem Ludwig? Dem ersten oder dem zweiten?«

»Von dem mit Wagner. Und dem, der im See, in eurem Starnberger See, umgekommen ist.«

Es ist ein langer Weg bis hinaus zum See. Franz spricht während der Fahrt kein einziges Wort.

Von einem Hotel war nicht mehr die Rede, also wird die neue Mrs. Seebacher wohl bei ihnen wohnen. Da man Eva-Maria erwartete, hat Franz ein Abendessen vorbereitet. Aber das hat noch Zeit, zunächst einmal muß Jacko begrüßt werden, nachdem sie in Tutzing angekommen sind. Wie immer, wenn er einige Zeit allein war, kann er sich vor Begeisterung nicht fassen, wenn die Familie wieder beisammen ist. Die Fremde betrachtet er zunächst mit Mißtrauen, beschnüffelt sie, lauscht ihrer Stimme, dann läßt er sich streicheln.

»Sie sind akzeptiert, Eve«, sagt Klaus. »Jacko redet nicht mit jedem.«

Sie lacht, hält den Hundekopf fest, blickt aber nun besorgt auf Franz, sein Schweigen ist irritierend, er ist sehr blaß.

Dann stehen sie auf der Veranda, blicken auf den See, der vom letzten Sonnenlicht beglänzt ist. »Wonderful«, sagt sie leise. Und dann: »Ich gebe zu, daß ich Ihnen viel zumute.

Eigentlich ist es gemein von mir, so einfach hier aufzukreuzen. Muß schön sein, in diesem See zu schwimmen.«

»Ist es auch«, sagt Franz, um endlich auch etwas zu sagen.

»Es war eine Lüge von mir, zu schreiben, ich hätte kein Geld für das Ticket. Es war nur ... ja, so eine Art Probe. Ich wollte sehen, wie Sie reagieren. Hätte ja sein können, Sie wollten von Georgie nichts mehr wissen. Ich hatte keine Ahnung, wieweit Eva-Maria Sie informiert hat.«

»Gar nicht.«

»Das sieht ihr ähnlich. Sie ist herzlos. Sie hat sich von heute auf morgen von Georgie abgewandt. Das Versprechen, nicht wahr? Er hat es gebrochen, und dann war sie fertig mit ihm.«

»Sie kennen sie also, Eve«, sagt Klaus.

»Ja, sie kam nach Las Vegas, um ihm ziemlich kühl mitzuteilen, daß seine Mutter gestorben ist.« Kurzer Seitenblick zu Franz, der wie versteinert wirkt. »Sie hatten es ihr wohl nach Kanada geschrieben.«

»Es war die einzige Adresse, die wir kannten«, erklärt Klaus. »Sie hatte uns zuvor wissen lassen, daß sie sich wieder im Hotel meines Freundes aufhalte und dort arbeite. Ohne ihren Mann.«

»Sie kam nach Las Vegas, berichtete vom Tod seiner Mutter und ließ ihn wissen, daß sie sich von ihm scheiden lassen würde. Und zwar sofort.«

»Und er?«

»Er schwieg dazu.«

»Und Sie kannten ihn zu jener Zeit schon, Eve?«

»Ja. Ich war bei dieser Unterredung dabei. Sie fand bei uns statt.«

»Wo und wer ist bei uns? Entschuldigen Sie, Eve. Bis jetzt verstehe ich so gut wie gar nichts, und mein Bruder gewiß ebensowenig. Nur eine Frage: Wenn Sie meinen Neffen in Las Vegas kennengelernt haben, sind Sie auch ein Spieler? Oder eine Spielerin, falls man so sagt?«

56

»Gewiß nicht. Ich habe in einem Nightclub in Las Vegas gearbeitet. Nicht als Animierdame, wie Sie vielleicht jetzt denken. Es ist ein sehr respektabler Club. Mein bester Freund ist der Manager, und ich habe mir mit ihm die Leitung geteilt. Dort habe ich Georgie kennengelernt. In sehr verzweifelter Verfassung.«

»Wenn ich Sie richtig verstehe, wird in diesem Club, von dem Sie sprechen, nicht gespielt.« Der erste Satz seit langem, den Franz äußert. Er drückt sich so umständlich aus, weil er unbeschreiblich traurig ist. Er weiß immer noch nicht, wie sein Sohn gestorben ist, er stellt auch keine Frage, er will es ja gar nicht wissen. Es kommt ihm vor, als sei er an diesem Abend seinem eigenen Tod nähergekommen. Ich bin dem lieben Gott dankbar, daß mein Mariele das nicht mehr erleben muß, sagte er an jenem Abend, als er den Brief gelesen hatte.

Jetzt denkt er: Ich wünschte, ich hätte das nicht mehr erleben müssen.

»Nein«, antwortet Eve. »In Las Vegas wird zwar so gut wie überall gespielt. Von Roulette über Black Jack und Poker bis zu dem ekelhaften Automatengefummel. Aber unser Nightclub ist ein seriöses Unternehmen, wir haben keine Animiermädchen, keinen Discjockey, nichts, was laut und häßlich ist. Zu uns kommen die Leute, die in Ruhe ein Glas trinken wollen, es gibt auch ein paar Kleinigkeiten zu essen, jeder kann sich beruhigen vor und nach dem Spiel. Er kann allein bleiben, er kann sich unterhalten, mit anderen Gästen oder beispielsweise mit mir. Und so habe ich Georgie kennengelernt. Er saß ganz einsam in einer Ecke, den Kopf gesenkt, total verzweifelt, das sah man ihm an. Er hatte einen Whisky getrunken, sonst nichts. Da ist wieder einer, sagte ich zu meinem Partner, dem alle Felle davongeschwommen sind.«

»Sie sprachen das so aus, auf deutsch?« sagt Klaus.

»Ja. Harry ist Deutscher. Oder besser gesagt, er war Deutscher, er ist Ende Sechzig, sein Vater war Jude, er ist während der Nazizeit emigriert. Gespielt hat Harry nie, genausowenig wie ich. So bekamen wir die Leitung dort. Der Club gehört einem Quäker, der ihn gewissermaßen aus Opposition zu diesem fürchterlichen Spielbetrieb aufgemacht hat.«

»Haben Sie bei diesem Harry so gut Deutsch gelernt?«

»O nein, mein Schicksal ähnelt seinem. Ich bin in Berlin geboren und aufgewachsen und kam mit zwölf Jahren mit meinem Vater in die Staaten. Er ist zwar kein Jude, das hätte ihm zu dieser Zeit auch nicht geschadet, aber er wollte in der DDR nicht bleiben. Er ist ein Phantast.«

Sie verstummt, ihr Gesicht ist ernst, auch in ihren Augen entdeckt Klaus nun Trauer.

»Wie schön der See ist«, sagt sie ablenkend. »Und wie still er ist. Wie friedlich. Darf ich ein paar Tage hierbleiben?«

»Ja«, sagt Franz, »selbstverständlich.«

»Ich muß Ihnen nicht in diesem Haus auf die Nerven fallen. Sicher gibt es hier am See ein Hotel.«

»Es gibt sogar mehrere«, sagt Klaus. »Aber wenn wir Ihnen nicht auf die Nerven fallen, wäre es schön, wenn Sie bei uns blieben. Es ist Platz genug in diesem Haus.«

»Und ich darf morgen in diesem See schwimmen?«

»Das können Sie. Das Wasser ist zwar noch etwas kühl, der Sommer hat sich bis jetzt rar gemacht.«

Franz hat sich etwas gefangen.

»Ich glaube, du solltest Eve jetzt ihr Zimmer zeigen. Vielleicht will sie auspacken. Ich werde mich um das Abendessen kümmern. Ich habe etwas vorbereitet«, er zögert, »ich weiß allerdings nicht, ob Sie das mögen. Ich wußte nur, daß Eva-Maria es gern gegessen hat.«

Eve lächelt ihm zu.

»Und was ist es?«

»Rouladen. Mit Speck und Kräutern gefüllt.«

»Aber das ist herrlich. So etwas habe ich seit meiner Kindheit nicht gegessen. Rouladen mit Speck, das hat meine Mutter gemacht.«

Die Stimmung ist nun etwas gelöster, sie wenden sich vom See ab, gehen ins Haus.

Franz sagt: »Dann werde ich mal die Kartoffeln aufsetzen. Klaus wird Sie nach oben begleiten. Nur eine Frage noch... Eve. An jenem Abend, als Sie meinen Sohn kennenlernten, als er so verzweifelt in der Ecke saß, was geschah dann noch?«

»Ich ging zu ihm und fragte, ob er nicht noch einen Whisky trinken wolle, er blickte zu mir auf, die Augen voller Tränen. Ich kann nicht einmal diesen bezahlen, sagte er, er sprach deutsch. Haben Sie so viel verloren, fragte ich, auch auf deutsch. Er nickte nur, dann stand er höflich auf. Dann werde ich Sie zu diesem und zum nächsten Whisky einladen, sagte ich, und Sie bekommen auch etwas zu essen. Er schüttelte den Kopf. Thank you, thank you so much. Er sprach plötzlich nicht mehr deutsch. But I'm leaving, this room, this town, everything. Er steckte seine Hand in die rechte Jackentasche, und ich erkannte sofort, daß er einen Revolver darin hatte. Ich ergriff seine Hand und sagte energisch, Oh, no! Harry, der uns schon eine Weile beobachtet hatte, kam auf meinen Blick herbei, auch er begriff sofort. Er zog Georgies Arm zurück, griff in die Tasche und zog die Waffe heraus. Das ging so schnell, daß rundherum niemand etwas davon merkte.«

»Das ist ja entsetzlich«, murmelt Franz.

»Na ja, es hatte das Gute, daß ich ihn nun kannte und mich um ihn kümmern konnte. Sie wissen ja, Ihr Sohn ist ein sehr gutaussehender Mann, und er kann sehr charmant sein. Das bewies er noch an diesem Abend, er erholte sich rasch, bekam von mir zu essen, und ich brachte ihn in der Nähe in einer kleinen Pension unter.«

»Und dann haben Sie ihn geheiratet?«

»Nein, davon konnte keine Rede sein. Er war ja noch mit Eva-Maria verheiratet. Ich habe mich um ihn gekümmert, er kam nun regelmäßig zu uns. Aber vom Spielen konnte ich ihn nicht heilen. Er verschwand für einige Zeit nach Kanada, kam aber bald wieder. Sie will nichts mehr von mir wissen, erzählte er ganz offen. Sie hat einen anderen. Ging mich ja nichts an. Ich lernte sie erst kennen, als sie kam, um ihm den Tod seiner Mutter mitzuteilen. Er wohnte immer noch um die Ecke, und er kam fast täglich zu uns, er brachte sie mit. Sie war sehr freundlich, sehr gelassen, betrachtete ihn jedoch ungerührt, auch als er zu weinen begann, über den Tod seiner Mutter. Dann teilte sie ihm mit, daß sie sich von ihm scheiden lassen wolle. Nach Reno ist es ja nicht weit, aber man kann in Las Vegas an jeder Straßenecke heiraten, und genauso leicht kann man sich scheiden lassen.«

»Aha, und dann ...«

»Nein, auch dann nicht. Wir hatten keine Affäre, Georgie und ich. Damals nicht und später nicht.«

»Das ist alles sehr schwer zu verstehen«, sagt Franz.

»Scheint mir auch so. Wird wohl eine längere Geschichte. Also gehen wir erst mal hinauf, Eve. Ich habe langsam Hunger. Sie doch sicher auch.«

Sie nickt. »Überhaupt seit ich von den Rouladen gehört habe. Ja, es ist eine lange Geschichte. Und eine ziemlich komplizierte Geschichte. Ich habe ihn geheiratet, weil ich die Staatsangehörigkeit hatte. Ich bin mit siebzehn meinem Vater durchgebrannt, den ich gehaßt habe, und dann habe ich schnell geheiratet, um vor ihm sicher zu sein.« Sie lächelt nicht mehr, hat einen bitteren Zug um den Mund. »Ich würde mir gern die Hände waschen.«

»Also gehen wir hinauf«, sagt Klaus, es klingt resigniert. »Ihre Koffer habe ich schon nach oben gebracht.«

Das Gastzimmer im ersten Stock ist groß, es hat ein breites Bett und natürlich ein eigenes Bad, daneben befindet sich noch ein zweiter Raum, in dem zwei Couches stehen. Manchmal übernachten die Mosers hier, falls sie übers Wochenende bleiben, das zweite Zimmer ist dann für die Kinder bestimmt.

Auch von hier aus kann man auf den See schauen.

»Es ist wunderschön hier«, sagt Eve andächtig. »Ich kann gar nicht verstehen, wie man solch eine Heimat verlassen und in dieses gräßliche Las Vegas gehen kann.«

»Dies war nicht Georgs Heimat, es war früher nur ein kleines Sommerhaus. Ich habe es umgebaut auf den Wunsch meiner Schwägerin. Sie wollte gern wieder an ihrem See wohnen. Nur hat sie es nicht mehr erlebt. Aber die Familie hatte auch ein schönes Haus in München, mit einem großen Garten.«

»Ich weiß, Georg hat mir davon erzählt. Von seiner Kindheit, von seiner Jugend und von seinen Eltern. Und was er alles falsch gemacht hat. Darüber war er sich klar, er hat sich angeklagt. Aber ihm war nicht zu helfen.«

Klaus sagt: »Nun mach dich mal ein wenig frisch und komm wieder runter, damit wir einen Schluck zur Begrüßung trinken können. Und am besten reden wir heute abend nicht mehr von dem, was geschehen ist. Meinen Bruder nimmt das alles sehr mit.«

»Ich bereue es schon, daß ich gekommen bin«, sagt sie. »Ich werde bald wieder abreisen.«

»Wann mußt du zurück sein in Las Vegas?«

»Gar nicht. Ich habe meinen Job aufgegeben. Harry auch. Er ist zu seiner Schwester nach San Francisco gezogen. Wir hatten beide die Nase voll von Vegas.«

»Ach so«, sagt Klaus. Mehr fällt ihm dazu nicht ein.

»Wir haben gut verdient. Aber nun ist Schluß damit.«

Er möchte fragen, was sie denn nun wohl vorhat, sie ist ja noch jung, Mitte Dreißig etwa. Aber es geht ihn nichts an. »Also bis gleich.« Und dann geht er.

Eine Weile später kommt sie in die Küche, die Kartoffeln blubbern schon. Auch der Topf mit dem Gemüse steht mit kleiner Flamme auf dem Herd. Franz hat es schon am Vormittag zubereitet, Karotten, Paprikaschote, junge Erbsen,

Tomaten, nun schneidet er noch eine Zucchini darüber, dann wird er einen Löffel Crème fraîche darunterrühren. Klaus nimmt eine Flasche Bollinger aus dem Kühlschrank, öffnet sie und füllt drei Gläser.

»Mhm, schmeckt gut«, sagt Eve, nachdem sie getrunken hat. Irgendwelche Willkommenssprüche unterbleiben.

Immerhin wirkt Franz jetzt gelassener, das Kochen lenkt ihn ab. Am liebsten möchte er das Essen servieren, dann mit Jacko einen Spaziergang machen und nichts mehr sehen und hören. Er begießt vorsichtig die Rouladen mit dem eigenen Saft, er hat noch ein Stück Wammerl mitgebraten, damit die Sauce kräftig wird.

Blöde Idee, das mit den Rouladen, denkt er. Ich stehe hier in der Küche und bereite Abendessen, eigentlich müßte ich fragen, wie Georg gestorben ist und ob er ...

Er dreht sich um.

Eve steht am Fenster, von dem aus man nicht den See erblickt, sondern den von Franz liebevoll gehegten kleinen Kräutergarten.

»Wie ... wie ist er denn gestorben?« fragt er.

»Es war ein Unfall«, antwortet sie rasch, ohne Franz anzusehen.

»Und ich habe ihn geheiratet, weil meine Schwester sich in ihn verliebt hatte und ein Kind von ihm erwartete.«

Sie verläßt die Küche, geht zurück ins Wohnzimmer. Mit dem Glas in der Hand steht sie wieder unter der Verandatür und schaut hinaus auf den See.

## Der Abend des Ankunfttages

Die Rouladen sind gut gelungen, obwohl Franz sie zum ersten Mal gemacht hat. Früher haben sie das nicht gegessen, jedenfalls Mariele hat keine zubereitet. Er hat sie in dem Lokal von Eva-Maria kennengelernt, wo sie wirklich hervorragend schmeckten. Ganz so gut wie bei ihr sind sie nicht, findet Franz, das Fleisch ist ein wenig zu trocken. Möglicherweise aber hat er nur keinen Appetit, er ißt nur die Hälfte von dem Fleisch, nur eine Kartoffel, ein paar Gabeln von dem Gemüse.

Er ist immer noch sehr blaß, alt und müde sieht er plötzlich aus, er hat Angst vor dem, was er noch erfahren wird. Es gibt eine Schwester von dieser Frau, die Georg wegen dieser Schwester geheiratet hat, es gibt sogar ein Kind. Eva-Maria ist in Kanada. Wann ist diese Ehe geschieden worden? Und warum hat man ihn nicht davon unterrichtet? Er fühlt sich verraten und verlassen. Sein Sohn, sein einziges Kind, zerstört von dieser Sucht. Er wollte sich das Leben nehmen.

Er wünschte, diese Eve wäre nicht gekommen, er hätte das alles nicht zu erfahren brauchen, es ist ja doch egal, es ist alles vorbei.

Einmal stöhnt er auf, Klaus betrachtet ihn besorgt und vermeidet jedes weitere Gespräch über das Vergangene. Dagegen erzählt er vom See, von den Orten ringsherum, was hier und dort zu sehen ist, vom Schloß in Starnberg, in dem sich profanerweise jetzt ein Finanzamt befindet, vom Schloß in Berg, und natürlich auch von dem unglücklichen Ludwig.

»Ist er wirklich ertrunken?« fragt Eve.

»Man wird die Wahrheit nie erfahren. Ich denke, daß man ihn umgebracht hat und daß die Wittelsbacher bis heute verschweigen, was wirklich geschah.«

Er erzählt von der Roseninsel und von Elisabeth, die Ludwig geliebt hat, die Sisi, die Kaiserin von Österreich wurde, ein unglücklicher Mensch, auch sie.

»Ein See war halt ihr Schicksal, am Genfer See wurde sie ermordet.«

Das hat Eve nicht gewußt, also erzählt Klaus die Geschichte der Kaiserin ausführlich, er kennt sie genau, und man braucht nicht gleich über die jüngste Vergangenheit zu sprechen, wenn man sich mit dem lang Vergangenen beschäftigt.

Franz sagt kein Wort dazu, er räumt den Tisch ab, als sie mit dem Essen fertig sind. Klaus hilft ihm dabei, bringt dann die Erdbeeren herein, die es als Nachtisch gibt. Eve und Klaus essen die Erdbeeren, Franz ist nicht wieder ins Zimmer gekommen.

»Es ist viel schwerer, als ich gedacht habe«, sagt sie dann auf einmal. »Ich hätte nicht herkommen dürfen. Sie wissen ja nicht, was geschehen ist. Georgie ist schon seit einem halben Jahr tot. Ich bin bloß gekommen, um Ihre Hilfe zu erbitten. Wegen des Jungen. Ich habe meine Schwester jetzt nach Berlin gebracht, sie ist total fertig, sie war sehr krank. Und ich ...«

Jacko, der mehrmals raus und reingelaufen ist, die Türen sind ja offen, steht plötzlich unter der Tür und winselt jammervoll.

»Was ist denn, Jacko?« fragt Klaus, und dann ahnt er auch schon, was geschehen ist. Er läuft hinaus in die Küche, Franz liegt auf dem Boden, er ist bewußtlos.

Eve, die ihm gefolgt ist, schlägt die Hände vors Gesicht. »Ist er tot?« flüstert sie. Und dann läßt sie die Hände sinken, blickt auf die beiden Männer. Klaus kniet neben seinem Bruder, fühlt seinen Puls, hebt ihn vorsichtig in sitzende Stellung, legt den Arm um ihn.

»Es ist schrecklich«, sagt Eve. »Erst habe ich den Sohn umgebracht und nun noch den Vater.«

»Er ist nicht tot«, sagt Klaus. »Hilf mir mal!«
Franz öffnet die Augen.
»Was ist denn?« fragt er.
»Komm, steh auf!« Klaus ist ganz gelassen. »Stütz dich auf mich. Du solltest dich ein wenig ausruhen, es war ein anstrengender Tag heute. Komm ins Wohnzimmer, setz dich in deinen Sessel, und ich bringe dir einen Cognac.«

Dann sind sie im Wohnzimmer, Franz sitzt in seinem Lieblingssessel, er ist totenblaß, aber er hat die Augen geöffnet. Jacko steht bei ihm und leckt über seine Hand.

»Entschuldigt bitte«, sagt Franz. »Mir war auf einmal so komisch. Ich weiß gar nicht...«

Klaus öffnet die Türen zur Veranda weit, es ist immer noch hell draußen, vom See her kommt frische kühle Luft ins Zimmer. Dann holt er den Cognac, füllt ein Glas und reicht es Franz. Die Flasche stellt er auf den Tisch, dazu zwei Gläser.

»Bedien dich«, sagt er zu Eve.

Dann geht er ans Telefon und ruft Doktor Freese an.

## *Noch derselbe Abend*

Zwei Stunden später sitzen sie zu dritt im Wohnzimmer, Klaus, der Arzt und die andere Eva.

Doktor Freese hat Franz untersucht, doch keinen ernsthaften Schaden gefunden, ein Schwächeanfall, hervorgerufen durch Anstrengung und Aufregung. Das ist eine Frage, doch Franz gibt darauf keine Antwort. Er ist verärgert darüber, daß Klaus den Arzt geholt hat.

»Mir fehlt gar nichts. Es war nur so ein Tag heute.«

Was für ein Tag es war, darüber läßt er sich nicht näher aus, er nimmt das Beruhigungsmittel und folgt bereitwillig dem Rat des Arztes, gleich zu Bett zu gehen. Er ist froh, wenn er die Augen schließen kann, mit niemandem mehr reden muß.

»Und bitte, entschuldige mich bei unserem Gast«, trägt er Klaus noch auf.

Doktor Freese hat den Gast noch nicht gesehen, er hat dem Gespräch der Brüder nur entnommen, daß sie am Nachmittag jemanden auf dem Flugplatz abgeholt, später hier im Haus zusammen gegessen haben, und er fragt, während sie die Treppe hinuntergehen: »Hat die Erregung und der darauffolgende Schwächeanfall Ihres Bruders mit diesem Besuch zu tun?«

»Das kann man wohl sagen.«

Eve steht mitten im Zimmer, doch bevor Klaus die beiden bekannt machen kann, sagt sie heftig: »Ich werde heute noch abreisen und mich nie wieder blicken lassen. Sie sagten, es gebe Hotels am See. Vielleicht könnte man anrufen und ein Zimmer für mich bestellen. Oder ich fahre nach München.«

»Bitte«, sagt Klaus gereizt, »spiel nicht verrückt. Ich habe auch nur Nerven. Wir werden uns jetzt in aller Ruhe unterhalten, ja? Herr Doktor Freese, Miss Eve Seebacher aus Amerika. Wir erklären Ihnen den Fall gleich, Doktor. Nur eine Frage zuvor: Mögt ihr ein Glas Rotwein?«

»Gern«, antwortet Doktor Freese. Eve nickt.

Während Klaus den Wein holt, schweigen die beiden. Jacko steht unruhig auf der Schwelle, es war ihm gelungen, bei Franz ins Schlafzimmer zu entwischen, doch Klaus hat ihn mit einem leichten Schubs hinausbefördert. Nun steht er da und weiß nicht, was er tun soll.

»Komm, Jacko«, sagt Eve und streckt die Hand nach ihm aus. »Komm zu mir.«

Jacko sieht sie an, geht aber nicht zu ihr. Seine Welt ist heute abend nicht in Ordnung.

Doktor Freese wußte sowenig wie der Maler Brodersen, daß Franz einen Sohn hatte, auch wenn er seit zwei Jahren eine Art Hausarzt für die Brüder ist, manchmal zum Essen eingeladen wird und wenn er Zeit hat, ganz gern mit Klaus auf dem See herumkreuzt.

Klaus gibt einen kurzen, sachlichen Bericht über das Leben des Georg Seebacher. So könnte er nicht sprechen, wenn Franz dabei wäre.

Doktor Freese zündet sich eine Zigarette an, und Eve sagt erstaunt: »Sie sind Arzt und rauchen?«

Der Doktor lacht. »Wie ich gehört habe, kommen Sie aus Amerika. Ihr probiert es wieder einmal mit einer neuen Prohibition. Diesmal sind die Zigaretten dran. Ihr solltet es lieber erst mal mit euren Drogensüchtigen versuchen.«

»Das tun wir ja auch. Aber vergeblich. Das Geschäft ist zu rentabel.«

»Das wurde der Alkohol damals dann auch, das machte die Gangster der Mafia groß und reich. Das wird nun mit dem Tabak so werden. Ja, ich rauche. Nicht sehr viel, aber zu einem guten Glas Rotwein schmeckt mir die Zigarette.«

»Ich habe früher auch geraucht«, sagt sie, und es klingt ein wenig sehnsüchtig. »Ziemlich viel sogar.«

»Sehen Sie, das ist der Unterschied. Wenn man seine kleinen Sünden maßvoll begeht, sind sie nicht weiter schädlich.«

Klaus sieht Eve an.

»Nun mußt du erzählen, was wir nicht wissen. Nicht wissen können.«

»Ach«, kommt es von Eve. Sie ist müde, man sieht es ihr an. Und sie wird zweifellos nicht so kühl und unbeteiligt berichten können, wie Klaus es getan hat.

Sie fängt noch einmal beim Club an und wie sie Georg kennengelernt hat.

»Das wissen wir nun alles«, sagt Klaus. »Aber vieles verstehe ich nicht. Du hast gesagt, es gab keine Liebe zwischen euch, keine normale Ehe.«

»So ist es. Wir hatten weder ein Verhältnis, noch haben wir eine Ehe geführt. Wir waren nur verheiratet.«

»Du hast von deiner Schwester gesprochen und von einem Kind.«

Sie sieht die beiden Männer gequält an, sagt dann heftig: »Am liebsten würde ich auf Nimmerwiedersehn verschwinden. Und zwar sofort. Ich hätte niemals herkommen dürfen, an diesen See und in dieses Haus.«

»Aber du bist da. Was ist mit deiner Schwester?«

»Kann ich noch ein Glas Wein haben?«

»Selbstverständlich.«

»Und eine Zigarette würde ich nun auch gern rauchen.«

Doktor Freese hält ihr die Packung hin und gibt ihr Feuer. »So ist es«, sagt er. »Kaum im bösen alten Europa, und alle guten Vorsätze sind im Eimer. Übrigens, wäre es Ihnen lieber, wenn ich gehen würde? Möchten Sie mit Klaus allein sprechen?«

»Bleiben Sie nur da. Er ist mir genauso fremd wie Sie, Doktor.«

Sie raucht ein paar Züge, nimmt einen Schluck von ihrem Wein.

»Ich muß dann wohl von vorn anfangen. Ich bin in Berlin geboren und aufgewachsen. In Ostberlin, in der DDR. Sie haben ja nun die Wiedervereinigung, aber Sie werden noch wissen oder sich zumindest vorstellen können, wie das Leben in einem kommunistischen Staat war. Wir waren einfache Leute, ich ging in die Schule, marschierte mit, wo ich mitmarschieren sollte, von einer anderen, einer freien Welt hätte ich nichts erfahren, wenn mein Vater nicht immer davon gesprochen hätte. Ich liebte meine Mutter, meinen großen Bruder, und, nachdem sie geboren war, meine kleine Schwester. Die Ehe meiner Eltern war nicht besonders gut, und mein Vater behauptete, und das tut er wohl noch heute, meine kleine Schwester, sie heißt Angelika, sei nicht von ihm. Ich war neun, als Angelika geboren wurde, und der ständige Streit meiner Eltern war zermürbend. Eben auch zu diesem Thema, er erhob seinen Vorwurf laut und immer wieder, und ziemlich eindeutig. Vielleicht ist das der Grund, warum ich nie zur Liebe und schon gar nicht zu einer Ehe fähig war. Ich habe die Umarmungen eines Mannes immer nur mit Widerwillen erduldet, erst die meines Vaters, dann die des Mannes, den ich geheiratet habe. Er war mir total gleichgültig. Ich habe ihn geheiratet, um meinem Vater zu entkommen.«

Sie schweigt, blickt von einem zum anderen.

Der Arzt erwidert ihren Blick, er ist sehr nachdenklich, er empfindet Mitleid mit dieser jungen Frau, die er vor zwei Stunden noch nicht kannte.

Und Klaus fühlt sich unbehaglich. Es ist also nicht die Geschichte von Georg Seebacher, die sie zu hören bekommen, sondern die Geschichte von Eve Seebacher.

Am liebsten möchte er sagen: Laß gut sein! Hör auf! Gehen wir lieber schlafen.

Aber sie spricht weiter.

»Ich war noch ein Kind, als mich mein Vater mitnahm nach Prag. Es war zwei oder drei Jahre nach dem Prager

Aufstand. Er war schon öfter in Prag gewesen, er liebte diese Stadt, seine Mutter war Tschechin, er sprach perfekt Tschechisch. Die Politik war ihm gleichgültig, Kommunismus oder nicht. Er hat, das begriff ich später, Prag immer als Ausgangstor in den Westen gesehen. Wenn nicht der Warschauer Pakt gesiegt hätte, dann wäre er wohl schon 1968 nicht zurückgekommen. Ihr erinnert euch daran?«

»Natürlich«, sagt Klaus. »Der sogenannte Prager Frühling, das war damals ein großes Thema. Und am Ende eine große Enttäuschung.«

»Mein Vater wollte mich mitnehmen. Ich war die einzige in der Familie, die er liebte. Was meine Mutter war, das erwähnte ich schon, mein Bruder war ein strammer FDJler, ganz im Geist der DDR aufgewachsen. Und meine kleine Schwester ... nun ja, sie war eben noch ein Baby.«

»Wobei ich eins nicht verstehe«, sagt Doktor Freese, »wenn er behauptet, das Kind sei nicht von ihm, dann kann es doch nur bedeuten, er habe mit seiner Frau nicht mehr geschlafen.«

Eve lacht kurz auf. »Das habe ich ihn später auch mal gefragt. Er wischte das lässig beiseite. Er habe sich schon lange nichts mehr aus ihr gemacht, aber es könnte sein, daß er ab und zu mit ihr ins Bett ging, wenn er eben gerade eine Frau brauchte. Aber ich wisse schließlich, daß meine Mutter einen Liebhaber hatte.«

»Und? Hatte sie den?«

»Es war ein Jugendfreund meiner Mutter. Ich habe heute schon von ihm gesprochen. Der mir von München erzählt hat. Ob sie mit ihm ein Verhältnis hatte, das weiß ich nicht. Ich habe jedenfalls nichts gesehen oder gehört. Und ein kleines Mädchen ist ja mit sieben und acht schon ziemlich hellhörig.« Heftig fügte sie hinzu: »Mein Vater war ein Egoist. Ein Phantast. Er hatte nur eins im Sinn, seine Musik.«

»Seine Musik?« fragte Klaus erstaunt. »War er denn Musiker?«

## Der Vater

Er war kein Musiker. Er war Kellner in einer miesen kleinen Kneipe, er verdiente wenig, tat die Arbeit widerwillig, viel war es auch nicht, es gab ja kaum etwas zu servieren. Freundlich zu den Gästen zu sein war in der DDR nicht üblich, also war er es nicht. Die Musik war weiter nichts als eine schöne Erinnerung an eine lieblose Kindheit. In die Kneipe kamen manchmal nach der Vorstellung einige der Musiker aus dem Metropol, das jetzt im Admiralspalast spielte. Jetzt, im Jahre 1953, kurz nach dem Aufstand, drehten sich ihre Gespräche hauptsächlich um das, was geschehen war und vielleicht noch geschehen würde. Reichlich freimütige Gespräche, begeisterte Kommunisten waren sie alle nicht. Eine Bemerkung vergaß Guido nie. Einer sagte, man müsse diese Stadt und dieses Land verlassen, Musik machen könne man auf der ganzen Welt, die Musik sei eine internationale Sprache, die man überall verstehe. Außerdem faszinierte den Kellner Guido die Tatsache, daß einer der Musiker Klarinettist war, das ging aus einem Gespräch am Tisch hervor. Nachdem Guido das wußte, veränderte sich sein Aussehen und sein Benehmen. Der mürrische Ausdruck verschwand aus seinem Gesicht, er bediente die Musiker-Gäste mit großer Liebenswürdigkeit, reservierte immer den besten Tisch für sie und servierte das Beste, was Küche und Keller zu bieten hatten.

Es dauerte noch eine Weile, bis er es wagte, den Musiker zu fragen, ob er nicht bei ihm lernen könne, die Klarinette zu blasen. Zunächst wurde er ausgelacht. Das lerne man nicht von heute auf morgen, was für ein Instrument er denn bisher gespielt habe und ob er überhaupt Noten lesen könne.

Die Antwort auf diese Fragen fiel ihm schwer, er konnte

weder mit Ja, aber auch nicht mit Nein antworten, er druckste herum, blieb jedoch hartnäckig bei seiner Bitte, wiederholte sie fast jeden Abend, an dem die Herren im Lokal saßen. Der Klarinettist sagte schließlich, wenn er sich unbedingt blamieren wolle, könne er es ja versuchen.

Guido blamierte sich nicht. Er erwies sich als überaus musikalisch, sehr begabt und außerordentlich fleißig. Er bezahlte für die Stunden, und nicht zu knapp, das brachte den ersten Streit mit seiner Frau, die der Meinung war, sie benötigten das Geld für ihr recht bescheidenes Leben. Er hatte sie vor zwei Jahren geheiratet, da war er vierundzwanzig gewesen, und anfangs war es ganz gut gegangen in ihrer Ehe. Sie hatte im Nebenhaus in einem kleinen Zimmer gewohnt, nun zogen sie zusammen, auch wieder in nur ein Zimmer. Sie arbeitete als Verkäuferin und verdiente genauso wenig wie er. Und jetzt plötzlich gab er soviel Geld für die dämliche Tuterei aus, so nannte sie das.

Er erzählte ihr von seiner Mutter, der Pragerin, die sehr gut Klavier gespielt und erstaunlicherweise, höchst ungewöhnlich für eine Frau, die Klarinette geblasen hatte. Das kam durch ihren Vater, der war Klarinettist im Orchester des Deutschen Theaters gewesen, dem früheren Ständetheater, in dem der »Don Giovanni« von Mozart uraufgeführt worden war.

Daran erinnerte sich Guido wieder, doch er konnte seine Frau damit nicht beeindrucken. Viel wußte er nicht vom Leben seiner Mutter, sie war sehr schön gewesen und sehr reich, eines Tages war sie aus seinem Leben verschwunden. Für immer.

Ein jüdischer Bankier, dessen Geliebte sie gewesen war, heiratete sie, denn sie war nicht nur schön, sondern auch klug und amüsant. Der Bankier war viel älter als sie, er starb nach neun Jahren Ehe, nun besaß sie das feudale Palais auf der Kleinseite und viel Geld, doch das Leben war ziemlich langweilig.

Im Sommer des Jahres '26 hielt sie sich in Marienbad auf, dort langweilte sie sich erst recht. Es gab jedoch einen jungen Mann, den das Hotel dafür beschäftigte, die Gäste zum Bahnhof zu fahren beziehungsweise abzuholen und, falls einer den Wunsch hatte, etwas von der Gegend zu sehen, spazierenzufahren.

Evelyn aus Prag hatte diesen Wunsch. Sie fuhr mit dem jungen Mann, gut zehn Jahre jünger als sie, durch das böhmische Land, nach Eger und nach Karlsbad, zu den Schlössern und Burgen hinauf, und schließlich erklärte sie ihm, daß sie gern lernen wolle, ein Auto zu steuern.

Zu Hause hatte sie einen großen Daimler in der Garage, aber seit dem Tod ihres Mannes und nachdem sie den Chauffeur hinausgeworfen hatte, weil er ein Verhältnis mit ihrer Zofe angefangen und ziemlich unverschämt geworden war, stand der Wagen.

Evelyn lernte also Auto fahren, bergauf und bergab, sie stellte sich sehr geschickt an. Ihr Fahrlehrer lobte sie ausführlich, und eines Tages küßte er sie, erst scheu, doch als sie nichts dagegen hatte, ebenfalls ausführlich.

Nun war das Leben nicht mehr ganz so langweilig.

Der junge Mann stammte von der böhmischen Seite der Sudeten, er war auf einem kleinen Bauernhof aufgewachsen, in einfachen Verhältnissen, in einem mühseligen Leben.

Seit einiger Zeit nannte man die Böhmen aus dieser Gegend Sudetendeutsche, und die Feindschaft der Tschechen, die es schon immer gegeben hatte, eskalierte in diesen Jahren nach dem Krieg. Denn erst seit 1919, begleitet von dem Segen der Pariser Vorortverträge, gab es den Staat Tschechoslowakei, befreit von der Habsburger Monarchie. Dieser neue Staat war frei und selbständig, gehörte nicht mehr dem mächtigen Kaiserreich Österreich-Ungarn an.

Vorbereitet und gegründet hatte ihn Masaryk, schon während des Krieges, von England und von Genf aus. Er war nun der erste Regierungschef des neuen Staates. Doch das Schüren der Feindschaft gegen die Deutschen legte den Keim für alles spätere Unheil.

Evelyn kümmerte das alles kaum, sie lebte in guten Verhältnissen, hatte ein hübsches Erlebnis mit ihrem Fahrlehrer, bezahlte ihn großzügig und versprach, in Prag eine Fahrprüfung abzulegen.

Als sie in die Stadt zurückgekehrt war, stellte sie fest, daß sie schwanger war. Das war eine Überraschung, die sie in gewisser Weise amüsierte. Sie war Mitte Dreißig, und vor und während ihrer Ehe war nichts dergleichen passiert, was ihr verstorbener Mann immer sehr bedauert hatte.

Abtreiben wollte sie nicht, Geld war genug da, Personal auch, und auf jeden Fall war das mal etwas Neues. Sie fuhr zurück nach Marienbad, nahm den Fahrlehrer mit nach Prag und heiratete ihn.

Wie nicht anders zu erwarten, konnte das nicht lange gutgehen. Wenn einer ein guter Autofahrer ist, heißt das noch lange nicht, daß er auch ein guter Lebenspartner für eine kapriziöse Frau sein kann. Alles, was sie interessierte, bedeutete ihm nichts, ein Theater hatte er noch nie von innen gesehen, und Musik gefiel ihm am besten, wenn sie von einer Militärkapelle kam.

Ihren Bekannten mochte sie ihn nicht gern präsentieren. So schickte sie ihn zurück nach Marienbad, nachdem sie das Kind, einen Knaben, geboren hatte. Sie tat es nicht rücksichtslos, sie versah ihn mit Geld und meinte, er könne sich ja mal umsehen, ob es nicht dort in der Gegend ein hübsches kleines Haus zu kaufen gebe, wo man die Sommermonate verbringen könne.

Das erübrigte sich schnell, denn er mußte heimkehren auf den kleinen Hof an den Hängen der Sudeten, sein Vater war gestorben. Nun war es seine Aufgabe, sich um die Landwirtschaft und das Vieh zu kümmern.

Dumm war er nicht, er hatte genau verstanden, warum sie ihn weggeschickt hatte, und nun schrieb er ihr, sie hätten sehr gute Luft im Böhmerwald, und sie könne auch bei ihm und seiner Mutter schöne Sommertage verbringen.

Sie hatte nicht die geringste Lust, seine Heimat kennenzulernen, und er hatte sowieso nicht erwartet, daß sie kommen würde.

Viel Arbeit hatte sie nicht mit dem Kind, es gab genug Personal im Haus, selbstverständlich auch ein Kindermädchen, sie fuhr mit dem Auto durch die Gegend, nicht mehr nach Marienbad, sie reiste nun manchmal nach Wien, später auch nach Paris, es gab hin und wieder einen Mann in ihrem Leben, keinen wollte sie behalten.

Gelegentlich kam ihr Ehemann nach Prag, um seinen Sohn zu sehen. Viel Zeit hatte er nicht, die Arbeit wartete auf ihn, Hilfskräfte konnte er sich nicht leisten. Der einzige Luxus, den er sich gönnte, war das Auto, und eines Tages setzte er den Jungen hinein und nahm ihn mit, seine Mutter wollte ihn gern kennenlernen. Sie sei sehr einsam, erklärte er, es gab keine Enkelkinder auf dem Hof. Ein Bruder von ihm war vor Jahren schon nach Amerika ausgewandert, seine Schwester mit vierzehn an Diphtherie gestorben.

Evelyn, die gerade einen neuen Liebhaber hatte, mit dem sie eine Reise nach Rom plante, ließ ihren Sohn ohne weiteres mit seinem Vater fahren.

Und so blieb es dann während Guidos Kindheit. Mal war er in Prag, mal im Sudetenland, seine Großmutter liebte ihn, aber er erwiderte diese Liebe nicht, das Leben auf dem Hof war ihm zu primitiv, in Prag wohnte er in eleganten Räumen. Er hatte allerdings Freude an den Tieren, an dem Hund, den Katzen, den Hühnern, den Ziegen, den beiden Kühen und dem Schwein, das in jedem Jahr gemästet wurde. Bis er mitbekam, daß die Hühner und Enten und das Zicklein geschlachtet und gegessen wurden, ebenso wie das Schwein.

Das verleidete ihm das Landleben und das Essen dazu. Er wurde Vegetarier.

Als er älter wurde, nahm die Musik einen großen Platz in seinem Leben ein. Das Klavierspiel seiner Mutter faszinierte ihn: Mozartsonaten, Beethoven, Chopin. Wenn sie sang, saß er mucksmäuschenstill, ihr Vater hatte ihre Stimme ausbilden lassen, in der leisen Hoffnung, er könne eine Operndiva aus ihr machen. Daraus war nichts geworden, aber sie sang wirklich schön.

Doch dann entdeckte er die Klarinette! Er war hingerissen von diesem Instrument, obwohl seine Mutter sagte, sie könne es nicht besonders gut spielen, es sei wirklich nicht so einfach, die Klarinette gut zu blasen, so wie ihr Vater es könne.

Der Vater lebte noch, längst im Ruhestand. Er war natürlich gegen die unmögliche Heirat seiner Tochter gewesen und hatte den Jungen übersehen. Doch das änderte sich nun. Er war es, der dem Enkel die ersten Griffe auf der Klarinette beibrachte.

Deshalb war es schwer für Guido, viele Jahre später in Berlin die Frage zu beantworten, ob er denn schon mal ein Instrument gespielt habe und ob er Noten lesen könne. Er hatte angefangen damit, aber das war lange her.

Er war zwölf, als die Nazis das Sudetenland besetzten, sein Vater kam wieder einmal nach Prag, doch Evelyn warf ihn hinaus. Kurze Zeit später ließ sie sich scheiden.

Das war die Zeit, in der Guido öfter das Wort Amerika hörte. Ein Zauberwort war es, wie seine Mutter es aussprach. Und als die Nazis im Frühjahr '39 aus der Tschechoslowakei das Protektorat Böhmen und Mähren machten, verschwand Evelyn aus Prag.

Sie reiste nach Amerika, einige alte Freunde ihres ersten Mannes waren dort und würden sie aufnehmen. Geld hatte sie genug, sie hatte es rechtzeitig transferiert, in die Schweiz und in die Vereinigten Staaten.

Sie war keine Jüdin, doch das Haus ihres Mannes und sein Geld waren jüdisch, und es war wohl besser, nicht abzuwarten, wie sich alles weiterentwickeln würde. Auf die Idee, ihren Sohn mitzunehmen, kam sie nicht. Sie sagte zu ihm, sie müsse sich das alles erst einmal ansehen, vielleicht könne er dann später auch nach Amerika kommen.

Guido landete wieder im Sudetenland, ohne Musik, ohne Klavier, ohne Klarinette.

Im Krieg wurde sein Vater eingezogen, der Hof verkam noch mehr, seine Großmutter starb rechtzeitig, ehe man sie vertreiben konnte.

Als die große Flucht begann, nahmen mitleidige Nachbarn den Jungen mit in Richtung Westen. So kam er nach Berlin.

Er hörte nie wieder von seiner Mutter, auch nicht von seinem Vater, der war vermutlich gefallen.

Die ganze Geschichte konnte Eve Seebacher natürlich nicht erzählen, sie wußte nicht allzuviel über die Jugend ihres Vaters. Er hatte von Prag gesprochen, das er begeistert zu schildern verstand, von seiner Mutter erzählte er wenig, noch weniger von seinem Vater.

Jedesmal endete er mit den gleichen Worten: »Ich möchte Musik machen.« Und: »Ich möchte nach Amerika.«

Beides war ihm gelungen, aber nirgendwo hatte er Verständnis und Liebe gefunden, auch nicht bei dieser Tochter, die er mit seiner Liebe bedrängte.

## *Die Nacht*

Die Flasche Wein haben sie ausgetrunken, Klaus hat eine zweite geöffnet.

Eve hat den Kopf auf die Sessellehne gelegt, sie ist nun wirklich erschöpft.

»Und was macht dein Vater jetzt?«

»Ich weiß es nicht. Wir waren in Los Angeles, weil er sich einbildete, er könne in Hollywood einen Job finden. Ich will nicht ungerecht sein, er hat wirklich gute Musik gemacht, und das hat er sich mühsam erarbeitet. Zum Ärger meiner Mutter, denn es hat wohl viel Geld gekostet. Er spielte nicht nur sehr gut Klarinette, sondern später auch das Sax.«

»Das Saxophon.«

»Ja, das hat er auch gelernt. Er erklärte mir, in Amerika sei das wichtig, dort spiele das Saxophon eine große Rolle. Er versuchte immer Platten mit amerikanischen Songs aufzutreiben, die gab es in der DDR natürlich nicht. Dann hat er irgendeinen gefunden, der hatte noch alte Platten von früher, aus den zwanziger Jahren, die hat er dem abgekauft. Und er schwärmte immer nur von Amerika, das hörte man in der DDR nicht gern. Seine Stellung hatte er verloren, und er verschwand immer wieder mal nach Prag. Immerhin war es ein kommunistisches Land, dagegen konnte keiner etwas haben. Wie er das finanziert hat? Ich weiß es nicht. Aber er muß ein paar schiefe Dinger gedreht haben, denn auf einmal hatten wir die Stasi auf dem Hals. Ich komme nicht wieder, sagte er zu mir, aber ich nehme dich mit, mein kleines Mädchen. Einen Menschen muß man haben, den man liebt.«

Sie leert ihr Glas, und Klaus überlegt, ob er noch eine dritte Flasche öffnen soll. Besser nicht.

Er hat nach Franz gesehen, der schläft tief und fest.

»Und wie hat er es geschafft, nach Amerika zu kommen?« fragt Doktor Freese.

»Er hat seine Mutter dafür benutzt. Sie sei Jüdin, die Nazis hätten sie verfolgt, ihn auch, und nun verfolge ihn die DDR. Von Prag aus gingen wir zuerst nach Budapest, da hat er in einem Nachtlokal gespielt, und von dort fuhren wir auf einem verrotteten Donaudampfer nach Wien. Da war er glücklich. Jetzt sind wir bald da. Aber wir waren es noch lange nicht. Er fand wieder einen Job, ich war viel allein, ich war furchtbar dünn und oft erkältet. Ich dachte immer darüber nach, wie ich ihm davonlaufen könnte. Wie ich wieder nach Berlin käme zu meiner Mutter. Wenn ich davon sprach, schlug er mich. Und dann weinte er. Die würden mich einsperren in der DDR.«

»Und von Wien in die USA?«

»Über Triest. Dort fand er einen Job auf so einem Musikdampfer. Wir schipperten durch die Adria. Ab da waren es nur noch Schiffe. Von Tanger aus war es ein alter, klappriger Frachter, mit dem landeten wir dann in Panama. Das war noch die beste Zeit. Ich erholte mich auf dem Schiff, der Käptn war nett, ich bekam endlich mehr zu essen. Na ja, und dann ging es über Mexiko schwarz in die Staaten. Wir landeten, wie gesagt, in L. A. Er arbeitete wieder in einem Nachtlokal, dann sollte er abgeschoben werden. Aber ich kannte nun die Spielregeln. Ich hatte einen Jungen kennengelernt, und den habe ich geheiratet, das machte mich zur Amerikanerin. Ich war siebzehn. That's it. Anything else you want to know?«

»Nicht mehr heute«, sagte Klaus. »Es ist reichlich spät. Du mußt todmüde sein.«

»Meinst du, ich kann noch ein Bad nehmen? Oder würde es stören?«

»Aber gar nicht. Wir sind schließlich eine renommierte Firma, unsere Badewannen laufen leise ein.«

Er zögert einen Moment, er will sie nicht länger quälen. »Eine Frage nur noch. Wie ist deine Schwester nach Amerika gekommen?«

»Nachdem die Mauer gefallen war, flog ich eines Tages nach Berlin. Es war ein seltsames Wiedersehen. Mehr oder weniger hatten sie mich vergessen, auch meine Mutter. Mit meinem Bruder konnte ich mich gar nicht verständigen, er haßt die Wiedervereinigung. Er ist in so einer Partei... wie heißt sie gleich?«

»PDS«, sagt Klaus. »Und deine Schwester?«

»Ich war eine Fremde für sie. Sie war zwei Jahre alt, als ich sie zuletzt gesehen hatte. Ich wollte sie mitnehmen, denn die Verhältnisse, in denen meine Mutter lebt, sind immer noch sehr bescheiden. Aber meine Mutter wollte nicht. Du kannst ja hierbleiben, sagte sie. Angelika geht nicht auch noch in dieses verdammte Amerika. Und das sagte lautstark mein Bruder auch. Ich reiste also wieder ab.«

»Wann war das?«

»Vor fünf Jahren. Aber die Gedanken an meine Familie in Berlin ließen mir keine Ruhe. Es ist doch schließlich meine Familie, sagte ich zu Harry. Ich kann doch nicht so tun, als gäbe es sie nicht. Er riet mir zu einem neuen Besuch in Berlin. Angelika könne bei uns als Au-pair-Mädchen arbeiten, das könne er arrangieren. Und es würde sich ja erweisen, ob es ihr gefiele oder ob sie lieber zurückkehren wollte. Sie war zu jener Zeit einundzwanzig, ein hübsches, aber sehr schüchternes Mädchen. Sie hatte eine Lehre als Friseuse gemacht und arbeitete zu der Zeit in einem Salon in der Tauentzienstraße. Das war für meine Mutter der Gipfel einer Karriere. Sie selbst hatte immer nur in einem mickrigen kleinen Laden gearbeitet, jetzt war sie sowieso arbeitslos.«

»Und dann kam Angelika also mit?«

»Sie war neugierig, aber auch wieder ängstlich. Unter Las Vegas konnte sie sich nichts vorstellen. Mein Bruder aber meinte sich auszukennen. Dummerweise hatte ich bei meinem ersten Besuch von dem Club erzählt. Du willst sie wohl auch zu einer amerikanischen Hure machen, sagte er, als er kam und mich vorfand. Er warf mich quasi hinaus. Sie will Angelika zu ihrem Dienstmädchen machen, zeterte meine Mutter, wie das bei den Kapitalisten so üblich ist. Ich solle mich zum Teufel scheren mit dem verdammten Amerika und mich bloß nicht mehr blicken lassen. Eine unerfreuliche Szene, aber sie erweckte in Angelika einen gewissen Trotz. Sie kam am nächsten Tag zu mir ins Hotel, sie wolle doch mit mir fliegen, sie lasse sich nicht so herumkommandieren, und von Bert schon dreimal nicht. Bert heißt mein Bruder. Es gab noch einiges Hin und Her, und eines Tages flogen wir gemeinsam in die Staaten. Der Flug beeindruckte sie gewaltig, geflogen war sie noch nie, meine Wohnung imponierte ihr, sie ist sehr komfortabel eingerichtet. Aber das war's auch schon. Angelika kam sich verloren vor, ich war ja meist ab fünf im Club, damals mußte ich besonders viel arbeiten, Harry war krank. Also nahm ich sie manchmal mit, sie kam sich, wie gesagt, recht verloren vor. Eines Tages tauchte Georgie auf. Sie verliebte sich in ihn, bald darauf reiste er mit ihr nach Acapulco. Als sie zurückkam, erwartete sie ein Kind, und ich heiratete Georgie, damit die ewige Hin- und Herreiserei aufhörte. Nun ist er tot.«

»Und wo ist sie jetzt? Und wo ist das Kind?«

»Sie ist in Berlin. Und das Kind hat Eva-Maria.«

»Wie bitte?«

»Ist komisch, nicht? Kann ich jetzt baden gehen?«

Auf unsicheren Beinen verläßt Eve das Zimmer.

»Wir sollten dann mal nach ihr sehen«, sagt Doktor Freese, »nicht, daß sie im Badewasser ersäuft.«

»Ich verstehe überhaupt nichts mehr«, sagt Klaus. »Ich bin nur froh, daß Franz das alles nicht gehört hat. Sie hätten uns heute sehen sollen, als wir am Flugplatz waren und

*81*

Eva-Maria erwarteten. Und dann kam diese Frau, sie schien ganz vergnügt zu sein. Wir wunderten uns nur, wieso sie aus Berlin kam. Und seit sie in diesem Haus ist, sind wir aus dem Wundern nicht herausgekommen. Manches wissen wir, bestimmt vieles nicht, vermutlich das meiste nicht. Meinen Sie, daß ihr Vater sie ...«

»Ob er sie mißbraucht hat, wie der gängige Ausdruck lautet? Man könnte es vermuten, so wie sie es geschildert hat. Doch das konnte man sie nicht fragen, nicht heute abend.«

»Nein. Konnte man wohl nicht. Soll ich noch eine Flasche Wein holen?«

»Besser nicht. Ich werde jetzt nach Hause fahren.«

»Werden Sie morgen nach Franz schauen?«

»Selbstverständlich. Und nach Ihrem Gast auch.« Und nach einer kurzen Pause: »Sie ist eine sehr reizvolle Frau.«

»Ja, das finde ich auch. Trotz allem, was wir jetzt wissen, gefällt sie mir besser als Eva-Maria.«

Jacko ist aufgestanden und drängt seinen Kopf an Klaus' Knie.

»Du gehst jetzt mal in den Garten. Komm!«

Klaus öffnet die Tür, die auf die Veranda führt. Kühle Luft kommt herein, Jacko trabt hinaus, er gibt keinen Ton von sich. Er weiß, daß ein anständiger Hund in der Nacht nicht bellt, es sei denn, ein Einbrecher kommt ins Haus. Klaus steht unter der Tür und blickt hinaus auf den See, über dem ein leichter Silberschimmer liegt. Er reckt die Arme in die Luft, atmet tief.

Dann dreht er sich um und sagt: »Ich habe direkt Angst vor morgen. Diese Geschichte hat noch kein Ende. Warum ist das Kind bei Eva-Maria? Wir haben seit langem nichts von ihr gehört. Und wie alt ist das Kind eigentlich? Ob ich mal meinen Freund in Montreal anrufe? Sie hat schließlich bei ihm gearbeitet. Vielleicht ist sie noch dort. Was haben die denn jetzt für eine Zeit? Nachmittag oder so.«

Doch dann schüttelt er den Kopf.

»Das gefällt mir erst recht nicht. Wir müssen ja zunächst mal erfahren, wie das gelaufen ist. Hat ihr jemand das Kind gebracht? Und wenn ja, warum? Wissen Sie was, Doktor, ich hole uns doch noch eine Flasche. Wir müssen sie ja nicht austrinken. Aber ich kann jetzt nicht schlafen. Ich muß Ihnen zumindest von Eva-Maria erzählen. Wie sie ist, wie sie war und welche Rolle sie in Georgs Leben gespielt hat. Sie sind geschieden, das wissen wir nun. Aber die Sache mit dem Kind... Zum Teufel, da kann sich doch kein Mensch einen Reim drauf machen.«

»Also gut«, sagt Doktor Freese, »trinken wir noch ein Glas.«

Er zieht sein Handy aus der Tasche. »Ich bin ja zu erreichen, falls ich gebraucht werde. Und dann laufe ich nach Hause, das wird mir guttun. Ist ja kein weiter Weg.«

## *Ein fast normaler Tag*

Gleich beim Aufstehen hat sich Klaus überlegt, wie dieser Tag aussehen soll. Er verläßt eilig sein Zimmer, schaut bei Franz hinein, der ist wach und sieht aus wie immer. Er habe gut geschlafen, sagt er, und es ist ihm schrecklich peinlich wegen gestern abend.

»Geschenkt«, antwortet Klaus. »Zieh dir deinen Morgenrock an, und komm runter, da können wir beim Frühstück in Ruhe reden. Sie schläft wohl noch.«

»Was hat sie denn gesagt gestern abend? Und was habt ihr gemacht?«

»Erzähl ich dir gleich. Duschen kannst du nachher.«

Alma hat den Frühstückstisch schon gedeckt, für drei, und sie ist sehr neugierig.

»Is denn net kommen?« fragt sie, als sie den Kaffee für Franz und den Tee für Klaus bringt.

»Sie schläft noch«, sagt Klaus. »Es ist sehr spät geworden gestern abend.«

»Ja, ich hab's gesehen«, bestätigt Alma. »Vier Flaschen Bier und drei Flaschen Wein.«

Vor Alma läßt sich nicht verbergen, wieviel getrunken wird, denn seit man leere Flaschen nicht mehr einfach in den Müllkübel schmeißen darf, sondern fachgerecht entsorgen muß, am dafür bestimmten Ort, bleiben sie halt erst einmal stehen.

»Mei, da muß ja müd sein«, sagt Alma. »Wenn's den ganzen Tag von Amerika hergeflogen ist.«

Die Brüder tauschen einen Blick, und sie denken dasselbe.

»Momenterl«, sagt Alma. »Ich hol schnell das Ei.«

»Also die Sorge sind wir schon mal los«, sagt Klaus. »Alma

hat Eva-Maria nicht gekannt, ihr sind wir keine Erklärungen schuldig.«

Franz nickt. »Das erleichtert uns das Leben ganz beträchtlich.«

Er frühstückt mit bestem Appetit, er wirkt gelassen, es scheint, daß er sich mit den Komplikationen, zwar nicht gerade abgefunden hat, aber er ist bereit, sie mit Fassung zu ertragen.

»Was hast du denn gestern noch alles erfahren?« fragt er.

»Einiges. Doch lange nicht alles. Sie hat von ihrer Kindheit erzählt und von ihrem Vater, und das war ziemlich unerfreulich. Sie war dann restlos fertig. Am liebsten wäre sie auf und davon gegangen. Ich war ganz froh, daß Freese hier war.«

»Er war den ganzen Abend da?«

»Ja, bis ein Uhr oder so. Daher die dritte Flasche. Ich bat ihn, noch zu bleiben, nachdem Eve schlafen gegangen war. Ich mußte ihm noch verschiedenes erklären. Er kennt nun die Story ganz gut. Jedenfalls, soweit wir sie kennen.«

»Und was machen wir heute?«

»Ich habe mir gedacht...«, beginnt Klaus, doch da kommt Alma wieder herein.

»Ist das nicht der Wagen von unserem Doktor, der da drüben in der Einfahrt vom Bommer steht?«

»Der Bommer ist mit seiner Frau doch in der Toscana, Alma.«

»Das weiß ich eh. Aber warum steht der Wagen vom Doktor da?«

»Herr Doktor Freese kam gestern abend vorbei, er hat mir die Tabletten für meinen Blutdruck gebracht. Und dann hat er ein Glas Wein mit uns getrunken«, sagt Klaus.

»Is Ihr Blutdruck denn wieder zu hoch?« fragt Alma besorgt.

»Nicht der Rede wert. Ein bißchen nur.«

»Ham ihr die Rouladen denn geschmeckt?« lautet Almas nächste Frage.

Franz nickt. »Sah so aus.«

»Und was kochen wir heute?«

»Gar nichts«, antwortet Klaus rasch. »Ich habe mir gedacht, wir fahren mit... eh, mit Eve mal durch die Gegend, ist so schönes Wetter, wer weiß, wie lange das noch hält. Sie kann sich alles mal ansehen. Und dann essen wir irgendwo unterwegs.«

»Warum soll sie sich das ansehen? Sie kennt sich doch hier aus.«

»Keineswegs. Wir haben doch früher in München gewohnt.«

»Aber das Haus hams' doch schon gehabt. Kleiner halt. Da muß sie doch öfter mal an unseren See gekommen sein.«

Jacko rettet die beiden Brüder, er springt auf und rast durch die Diele zur Tür, und da klingelt es auch schon.

Doktor Freese kommt, um seinen Wagen zu holen. Gott sei Dank sagt er nichts von Belang, er begrüßt Jacko, dann Alma, hebt zu den Brüdern nur winkend die Hand.

Er fragt nicht, wie geht's denn heute, und er fragt auch nicht nach Eve, er kommt eben nur mal vorbei, weil er sein Auto braucht.

»Mögen's eine Tasse Kaffee?« fragt Alma.

»Danke, nein. Ich muß gleich los, meine Sprechstunde beginnt.«

»Eine Tasse können Sie schon mit uns trinken«, sagt Klaus, dem es darum geht, Alma aus dem Zimmer zu kriegen, wenigstens so lange, wie sie die Tasse holt.

»Alles okay«, sagt er dann rasch. »Franz geht es gut, das sehen Sie ja. Das Frühstück hat ihm geschmeckt. Eve schläft noch. Und wir hauen heute ab, egal wohin. Nach Starnberg oder nach Seeshaupt, oder auf die andere Seite, ganz wurscht. Nach der Dramatik gestern abend muß das heute ein ganz normaler Tag werden. Das brauchen wir alle drei. Und Alma muß ja auch nicht alles mitbekommen. Für sie ist Eve halt Eva-Maria, und damit hat es sich. Ich muß Eve erklären, daß sie ...«

Alma kommt mit der Tasse, sagt: »So!« und schenkt dem Doktor ein.

Jetzt rast Jacko wieder aus dem Zimmer, die Tür hat Alma offengelassen, aber diesmal geht es nicht zur Haustür, sondern zur Treppe.

Eve kommt, bleibt unter der Tür stehen, sagt »Hallo!« und dann »Guten Morgen.«

Sie hat einen schwarzen Badeanzug an, sie ist schlank, hochbeinig. Das Haar hat sie hochgesteckt, sie ist sehr schön.

Die anderen schweigen, sehen sie an. Klaus streicht sich übers Kinn, er ist noch nicht rasiert. Und in seinem Kopf rechnet es ganz schnell. Sie ist, ja, sie ist mindestens dreißig Jahre jünger als er. Aber er ist ja immerhin noch ganz gut in Form.

Doktor Freese hat eine Rechnung dieser Art nicht nötig, er ist zweiundvierzig. Der Blick des Arztes registriert: Sie sieht gesund aus, ein bißchen zu schlank vielleicht, das jahrelange Nachtleben hat aber offenbar keine Spuren hinterlassen. Und der nächste Gedanke folgt sofort. Wie seltsam, wie ganz und gar unverständlich, daß sie nie einen Mann geliebt hat. Und daß keiner sie geliebt hat, keiner sie haben und behalten wollte. Außer diesem Vater.

Franz berappelt sich zuerst. Er steht auf, tritt zur Tür, unter der Eve steht, sagt: »Guten Morgen, Eve«, nimmt ihre Hand und küßt sie. »Hast du gut geschlafen?«

Sie nickt. Sie ist ein wenig befangen von den Blicken, die auf ihr liegen, sie geradezu umklammern.

Und dann sagt Franz: »Wir freuen uns, daß du da bist.«

Sie sieht ihn mit großen, fragenden Augen an. Ehe sie ihr Zimmer verlassen hat, dachte sie, daß sie an diesem Tag abreisen würde, vorher nur einmal in diesem See schwimmen, und ...

Wir freuen uns, daß du da bist.

Und das nach gestern abend.

»Und das ist Alma«, sagt Franz, »die sich hier um alles kümmert. Alma, das ist meine Schwiegertochter.«

Das ist ein klares Wort. Klaus macht den Mund auf vor Erstaunen. Der Doktor lächelt und staunt auch. Er denkt: Ich freue mich auch, daß du da bist.

»Was mögen's denn zum Frühstück?« fragt Alma leicht befangen. »An Tee oder einen Kaffee?«

Eve lächelt sie an. »Kaffee sehr gern. Aber ich wollte mal eben«, sie hebt den Arm und deutet hinaus auf den See. »Darf ich mal hinein?«

»Bitte sehr«, Klaus springt auf und öffnet weit die Tür zur Veranda. Zwar scheint die Sonne, doch die Luft ist noch kühl und frisch zu dieser Morgenstunde.

Eve läuft durch den Garten hinab zum See, sie ist barfuß, das Gras ist noch feucht.

Jacko folgt ihr begeistert, bleibt aber in sicherem Abstand von dem Steg stehen.

Sie klettert vorsichtig die Stufen hinab, und der Doktor denkt, man hätte ihr sagen müssen, daß die unteren Sprossen immer glitschig sind, daß man da leicht ausrutschen kann. Er ist nahe daran, ihr nachzulaufen. Aber sie hat schon einen Fuß im Wasser. Sie ruft: »Whow!« und dann läßt sie sich hineingleiten. Es folgt ein heller, hoher Schrei, dann krault sie mit langen Zügen los.

»Die is fei hübsch«, kommt es von Alma. »Da geh ich mal einen frischen Kaffee machen, damit er heiß ist.«

»Ja«, sagt Franz. »Das Wasser ist noch ziemlich kalt, so siebzehn, achtzehn Grad, mehr hat's nicht.«

Klaus springt auf. »Sie braucht einen Bademantel, wenn sie herauskommt.«

»Ihr blauer ist frisch gewaschen«, ruft Alma. »Er hängt im Badezimmerschrank, auf der rechten Seite.«

Klaus läuft die Treppe hinauf, Alma in die Küche, Franz, der Doktor und Jacko sehen der Schwimmerin nach.

»Es wird ja meist Juli, bis man eine angenehme Temperatur hat«, sagt Franz. »Es sei denn, der Juni ist besonders warm. Aber das ist er ja dieses Jahr nicht.«

»Wir sind ja auch nahe an den Bergen«, sagt der Doktor versonnen.

Die Sprechstunde scheint er ganz vergessen zu haben, aber nun klingelt das Handy in seiner Tasche.

»Ja?« Er hört zu.

»Das war Schwester Luise. Es sind schon zwei Patienten da. Na, dann will ich mal.«

Er trinkt seinen Kaffee aus, kann sich nicht gleich zum Gehen entschließen, er möchte noch sehen, wie sie aus dem Wasser kommt. Sie war so ein hübscher Anblick.

Schwester Luise macht das schon noch eine Weile allein. Der alte Doktor Lindner, von dem er die Praxis übernommen hat, hat sie ihm gewissermaßen vererbt. Sie ist Gold wert, sehr selbständig, und viele der älteren Patienten kennen sie seit Jahren.

Da kommt auch schon Klaus, den blauen Bademantel über dem Arm, rennt durch den Garten zum Steg, und kaum ist sie oben, hüllt er sie fürsorglich in den Bademantel ein.

»Servus«, sagt Doktor Freese und geht.

Ungern. Eigentlich wollte er Klaus noch fragen, ob er wieder mal mit der Jolle hinaussegeln darf. Vielleicht ruft er heute abend mal an.

»Whow!« macht Eve, als sie ins Zimmer kommt. »Ziemlich kalt, der See.«

»Geh schnell unter die Dusche«, rät Franz. »Aber komm gleich wieder, sonst wird der Kaffee kalt.«

Als sie alle geduscht und die Herren rasiert sind, als auch Eve gefrühstückt hat, beginnen sie mit der geplanten Tour um den See.

Alma ist ein wenig enttäuscht, daß man sie allein läßt. Diese Eva-Maria, oder Eve, wie sie auf amerikanisch genannt wird, gefällt ihr. Es wäre fein, noch mehr zu sehen und zu hören. Zu hören und zu erfahren, das vor allem.

Und das vor allem wollen die Brüder heute nicht. Ein ganz normaler Tag soll es werden, keine Fragen, keine Plagen, sie soll lächeln wie gestern, als sie ankam, sie soll den See, die Berge bewundern, wie gestern, und um gleich das richtige Bild zu bieten, fahren sie hinauf zur Ilka-Höhe. Klaus sitzt am Steuer, Eve neben ihm, Franz und Jacko hinten.

Oben steigen sie aus und lassen Eve erst mal schauen. Es ist wirklich ein schöner Anblick.

»Daß die Berge so nah sind«, sagt sie erstaunt. »Das hat Georgie nie erzählt.«

»Du müßtest sie sehen, wenn Föhn ist. Dann denkst du, sie fallen dir auf den Kopf«, sagt Franz.

Klaus weist mit der Hand auf das Haus neben der Kirche. »Dort kann man auch sehr gut essen, aber es ist noch zu früh, fürs Mittagessen. Fahren wir erst ein Stück durch die Gegend.«

Auf dem Weg abwärts zeigt er ihr das Kloster, die Kirche und das Krankenhaus.

»Hier hat Doktor Freese gearbeitet, ehe er nach München ging.«

»Nach München? Aber er ist doch hier?«

»Wieder. Er hat seinen Facharzt gemacht, hat dann in einer Münchner Klinik gearbeitet, und vor zwei Jahren hat er die Praxis hier übernommen.«

»Ach so.« Und typisch amerikanisch direkt: »Ist er verheiratet?«

Klaus wirft ihr einen kurzen Blick von der Seite zu. Seine Antwort kann man raffiniert nennen.

»Weiß ich nicht.«

Franz läßt ein leises Kichern hören.

»Du«? fragt Klaus nach hinten.

»Ich weiß es auch nicht. Ab und zu kam er ja schon mit einer hübschen jungen Dame zu dir ins Boot.«

»Eine Kollegin aus München.«

»Ach so. Muß es auch geben.«

Franz kichert wieder. Er hat schon gespannt, daß Klaus eifersüchtig ist auf den Doktor. Und er hat ja nicht gehört, daß Eve von der Liebe nichts wissen will.

Klaus fährt zum Bahnhof, den muß man auch gesehen haben, findet er.

»Südwärts geht die Strecke weiter ins Gebirge, auf der anderen Seite geht's nach München. Und wir haben vor allem jetzt eine S-Bahn, mit der fährt es sich wirklich angenehm.«

»Na, was heißt jetzt«, kontert Franz. »Wir haben die S-Bahn schon seit mehr als zwanzig Jahren. Wir älteren Leute staunen halt immer noch darüber. Für die Jungen ist sie ganz normal.«

Klaus wendet sich um und wirft ihm einen ärgerlichen Blick zu. Eve lächelt. »Wir in Berlin haben schon seit Ewigkeiten eine S-Bahn. Die ist auch für ältere Leute ganz normal.«

»Wohin nun?« fragt Klaus. »Wollen wir um das Südende fahren, über Seeshaupt?«

»Ich würde vorschlagen, nicht alles auf einmal. Fahren wir erst mal nach Starnberg hinein, da ist heute Wochenmarkt. Das ist sehenswert. Direkt auf dem Platz vor der Kirche. Ich bin sicher, so was gibt's in Las Vegas nicht.«

In Starnberg herrscht großer Betrieb, es ist schwierig, einen Parkplatz zu finden. Auf der Fahrt in die Stadt hinein haben sie mehrmals gehalten, sind auch mal ausgestiegen. Eve bekommt die Roseninsel gezeigt, und Franz erzählt wieder von Sisi, der späteren Kaiserin von Österreich.

»Und wo ist König Ludwig ertrunken?«

Franz weist schräg über den See.

»Da drüben, bei Schloß Berg. Da fahren wir später mal hin.«

Der Wochenmarkt gefällt Eve. Sie staunt, was es hier alles zu kaufen gibt.

»Wenn ich so an früher denke, als ich ein Kind war ... Jetzt haben sie ja auch alles in Berlin, was sie wollen. Falls sie es bezahlen können. Es gibt viel Arbeitslose. Aber hier im Westen ja auch.«

»Gewiß«, antwortet Klaus. »In Bayern ist es nicht so schlimm. Aber, bedenk bitte, die Arbeitslosen hierzulande sind nicht so arm, daß sie sich nicht satt essen können. Es sieht in vielen Teilen der Welt ganz anders aus.«

Franz ist an einem Stand stehengeblieben, kommt jetzt angeregt heran.

»Wißt ihr was, ich könnte morgen noch mal Spargel machen. Der hat sehr schönen da. Ißt du gern Spargel, Eve?«

»Sehr gern.«

»Und wir laden den Doktor dazu ein, ohne daß ich vorher auf die Nase falle«, sagt er triumphierend.

»Und vielleicht den Maler auch«, sagt Klaus. »Er ist ja auch vorbelastet.«

»Wie meinst du das?« fragt Franz mißtrauisch.

»Nun, er war an dem Abend da, als der Brief von Eve kam. Und wir haben ihm einiges erzählt aus dem Familienleben. Es wird ihn interessieren, deine Schwiegertochter kennenzulernen.«

»An dem Abend haben wir auch Spargel gegessen. Richtig.«

Eve blickt etwas verwirrt von einem zum anderen.

Klaus schiebt seine Hand unter ihren Arm.

»Franz kauft den Spargel, und wir gehen mal um die Kirche, und dann schauen wir, ob wir unseren Wagen wiederfinden. Ich weiß gar nicht mehr, wo ich geparkt habe.«

»Aber ich«, sagt Franz. »Stück abwärts hinter dem Bahnhof. Du wirst langsam trottelig.«

»Danke. Und dann fahren wir ins Mühltal und essen Forellen.«

»Frag Eve erst mal, ob sie überhaupt Forellen mag.«

»Es stehen noch eine Menge anderer Sachen dort auf der Speisekarte. Spargel bestimmt auch.«

»Den braucht sie heute nicht zu essen, den kriegt sie morgen. Nun geht mal schon, ich kaufe ein.«

Eve muß lachen. Es ist amüsant, wie die Brüder miteinander sprechen. Alles locker und entspannt an diesem Tag, und sie begreift sehr wohl, daß dies beabsichtigt ist. Für jetzt und hier und heute.

Alles, was noch gesagt werden muß, wird ihr nicht erspart bleiben. Heute abend vielleicht, wenn sie allein sind.

Die Verzweiflung, die sie gestern empfunden hat, ist gewichen. Sie fühlt sich behütet, geradezu geborgen. Wie häßlich die Tage in Berlin waren. Wie traurig der Abschied von Harry. Sie hat keine Mutter mehr, keinen Bruder und wohl auch keine Schwester. Und keinen Freund mehr.

Doch diese beiden hier ... Sie blickt hinauf zur Turmspitze der Josephskirche, Tränen steigen ihr in die Augen.

Sie zieht rasch die Sonnenbrille aus der Jackentasche und setzt sie auf.

Sie hat das Gefühl, sie wird Freunde finden, hier, an diesem See, in diesem Land. In Bayern, ausgerechnet in Bayern. Daran hätte sie nie im Traum gedacht.

»Eine schöne Kirche«, sagt sie und drückt Klaus' Hand leicht an sich.

## *Die kleine Schwester*

Eve hatte sehr rasch kapiert, daß es ein Fehler gewesen war, die kleine Schwester mitzunehmen. Sie fand gar keine Zeit für sie, und viel zu sagen hatten sie sich auch nicht. Angelika war ängstlich und scheu, und sie konnte sich kaum verständigen. Las Vegas war gewiß nicht der richtige Platz, um sich als Fremder in den USA wohl zu fühlen, es sei denn, man war ein Spieler. Tagsüber wehte der Wüstenwind durch die Stadt, es war glühheiß, Tag und Nacht klapperten die Automaten, und nachts war es vollends laut und häßlich.

Man konnte ihr nicht empfehlen, geh mal dahin oder dorthin, schau dich um, das war in Las Vegas schwierig.

Eves Wohnung war nicht groß, zwei Zimmer, sehr geschmackvoll eingerichtet, aber sie selbst war ja kaum zu Hause. Sie war gewöhnt, lange zu schlafen, das bedingte ihre nächtliche Tätigkeit, sie verband Frühstück und Lunch und war meist ab fünf im Club.

Harry wurde gleich nach ihrer Rückkehr zu seiner Schwester nach Berkeley geschickt, er hatte eine Grippe gehabt, hustete erbärmlich, sah elend aus, und daß sein Herz ihm Schwierigkeiten machte, wußte sie sowieso.

Sie hatten in letzter Zeit manchmal davon gesprochen, Schluß zu machen mit dem Club, Las Vegas hatten sie satt bis obenhin. Harry würde dann zu seiner Schwester nach Berkeley ziehen, sie besaß dort ein hübsches Haus, ihr Mann, der Professor an der Universität gewesen war, lebte nicht mehr, ihre Kinder waren erwachsen.

Blieb die Frage, was aus Eve werden sollte. Immerhin arbeitete sie seit zehn Jahren im Club, und sie meisterte die Aufgaben, die verlangt wurden, souverän.

Die Jahre davor waren schwer genug gewesen, sie hatte keinen festen Beruf gelernt, hatte keine Ausbildung, und nachdem sie sich von dem Jungen, mit dem sie verheiratet war, getrennt hatte, stand sie buchstäblich auf der Straße. Da wußte sie wohl noch, wo sich ihr Vater befand, er spielte in einer Band in einer heruntergekommenen Kneipe in Downtown. Genaugenommen war er in dem Milieu gelandet, dem er entflohen war. Wie lange das dauern würde, wußte keiner. Auf jeden Fall hatte man in Hollywood nicht auf ihn gewartet. Sie wollte auf keinen Fall zu ihm zurück, und auch er sagte, daß er von ihr nichts mehr wissen wolle. Das war nicht ernst zu nehmen, soviel war ihr klar. Vor allem wollte sie weg aus Los Angeles. Sie fand den einen oder anderen Job, als Bedienung in einem Schnellimbiß, dann in einer Bar, und da sie von Männern nichts wissen wollte, da sie jeder Annäherung, jedem Flirt aus dem Weg ging, war ihr niemand behilflich, was bei einer jungen, hübschen Frau normalerweise der Fall gewesen wäre.

Natürlich fand man in einer Stadt von vierzehn Millionen Einwohnern immer wieder irgendeinen Job, zuletzt putzte sie die Busse auf einem Busterminal, als einzige Weiße, und angemacht wurde sie ständig. Sie sparte eisern jeden Cent, sie war klapperdürr, weil sie sich kaum etwas zu essen gönnte, und schließlich hatte sie das Geld zusammen für den Greyhound nach San Francisco.

Hier begegnete ihr das Glück in der Gestalt von Harry David Walterson. Sie lernte ihn sofort nach ihrer Ankunft kennen. Er war auf dem Terminal, um einen Freund abzuholen, sah sie planlos herumstehen und sprach sie an, einfach so, und zwar auf deutsch.

Sie sah ihn mit großen Augen an, großen, dunklen Augen in einem schmalen, blassen Gesicht, und fragte, warum er deutsch mit ihr rede.

»Weil ich Ihnen ansehe, daß Sie Deutsche sind.«
»Ich bin Amerikanerin.«

»Sicher. Ich bin auch Amerikaner, und das schon seit fünfzig Jahren. Und trotzdem erkenne ich ein deutsches Gesicht. Ich heiße Harry, und dies ist mein Freund Leonhard, und der ist auch schon eine ganze Weile hier, und trotzdem reden wir deutsch miteinander. Wir sind Emigranten aus Deutschland.« Er schüttelte den Kopf und sagte zu diesem Leonhard: »Seltsam, was? Ich war fünfzehn, als mein Vater mit mir hierherkam. Auf der Flucht vor den Nazis. Warum nenne ich mich immer noch einen Emigranten?«

»Weil dein Vater es bis zuletzt tat.«

Leonhard betrachtete Eve. »Ich habe die junge Dame schon während der Fahrt beobachtet. Sie hat sich nicht gerührt, kein Wort gesprochen, keinen Bissen gegessen. Sie werden nicht abgeholt?«

»Ich wüßte nicht, von wem«, sagte Eve abweisend.

»Ich habe meinen Wagen da«, sagte Harry darauf. »Wohin darf ich Sie fahren?«

»Ich wüßte nicht, wohin«, antwortete Eve, und ihre Augen füllten sich mit Tränen.

Sie landete im Haus des Professors in Berkeley, und vom ersten Augenblick an war Harry ihr Freund. Nichts als ein Freund, keiner, der sie antatschte, keiner, der etwas von ihr wollte. Aber einer, der ihr einen Job bot, eben in Las Vegas in jenem außergewöhnlichen Nightclub, den Harry vor genau einem halben Jahr, zum Ärger seiner Schwester, übernommen hatte.

Eve lebte sich schnell ein in dem ungewohnten Milieu, und sie wurde nun eigentlich erst erwachsen. Sie verdiente gut, man behandelte sie gut, nicht nur Harry, auch die Mitarbeiter im Club und auch die Gäste. Jeder wußte, daß sie nicht flirtete, keine Männer verführte, damit gewann sie auch die Frauen, die gern abends oder nachts auf einen Drink kamen, die Gewinner oder Verlierer, solche wie Georg Seebacher einer gewesen war.

Sie erzählte Harry von ihrem Vater, von der Familie in Berlin, die ihr so ferngerückt war. Auf seine Veranlassung schrieb sie nach Berlin, doch noch war dieser Teil DDR, sie bekam keine Antwort.

Und dann verdrängte sie den Vater aus ihrem Leben, vergaß die Familie. Und wie sie später zugab, hatte die Familie allen Grund, sie auch zu vergessen, als sie dann endlich gekommen war.

Nun war Angelika da, und Eve gab sich große Mühe, mit ihr Freundschaft zu schließen. Aber das war schwierig. Angelika war gewohnt, früh aufzustehen. Eve schlief dann. Und tagsüber, in den paar Stunden, die Eve blieben, mußte sie immer irgendwas erledigen.

Was aber tat Angelika abends und nachts allein in der Wohnung? Auf die Straße traute sie sich nicht, Eve hatte es auch strikt verboten. Das amerikanische Fernsehen verstand sie nicht, also blieben nur die Bücher. Es waren nicht nur amerikanische Romane, Harry hatte Eve deutsche Bücher geschenkt, Goethe zum Beispiel, Heinrich Heine, Hermann Hesse und die Romane von Remarque.

Bücher waren während der ersten Wochen die einzige Unterhaltung für Angelika. Einige Male nahm Eve sie mit in den Club, schon damit sie mit der Sprache vertraut würde. Sie setzte sie in eine stille Ecke seitwärts hinter der Bar, wo man sie vom Lokal aus nicht sehen konnte. Der Barkeeper redete mit ihr, die beiden Girls, die bedienten, und schließlich Harry, als er ohne Husten wieder da war. Er redete natürlich Deutsch mit ihr. Und wenn Eve sagte, das Mädchen solle Amerikanisch lernen, dann schüttelte er mitleidig den Kopf. Sie paßt nicht hierher, sagte er, und sie würde nicht bleiben, und was sie eigentlich mit diesem Mädchen anfangen wolle.

Da wußte Eve schon, daß sie etwas falsch gemacht hatte. Ihr Vater hatte sie der Familie entführt und in ein schweres, oft leidvolles Leben gerissen. Und was ohne Harry aus ihr geworden wäre, daran wagte sie gar nicht zu denken. Manchmal, beim späten Frühstück, versuchte sie zu erfahren, was Angelika denn für Pläne habe oder gehabt hatte, und sie erfuhr, daß die Schwester gern noch weiter in die Schule gegangen wäre und eigentlich auch gern studiert hätte. Was sie denn am liebsten geworden wäre, war die nächste Frage. Daraufhin erklärte Angelika, sie wäre gern Lehrerin geworden.

Sie begann von ihrer Schulzeit zu sprechen, besonders von Frau Dr. Lehmann, einer Lehrerin, die es ihr angetan hatte.

Abitur hatte sie nicht gemacht, das hatte gar nicht zur Debatte gestanden, das fand vor allem Bruder Bert überflüssig. Er besorgte ihr schließlich die Lehrstelle bei dem Friseur, bei dem auch seine Freundin arbeitete, die er inzwischen geheiratet hatte. Angelika mochte diese Schwägerin nicht besonders, das verschwieg sie nicht, denn sie war als Lehrling von jener ziemlich gepiesackt worden. Und daß sie zuletzt in Westberlin gearbeitet hatte, war ihr von beiden, dem Bruder und seiner Frau, übelgenommen worden.

Sie sprach immer noch von Westberlin, mit einer Mischung aus Bewunderung und Angst. Dabei war die Wiedervereinigung schon drei Jahre alt, als sie in Las Vegas weilte.

Mit ihrer Mutter vertrug sie sich offenbar gut, denn wenn sie allein zu Hause saß, schrieb sie immer lange Briefe nach Berlin. Und nicht nur an die Mutter, sondern auch an ihre Freundinnen von der Schulzeit her, von denen ihr einige jetzt sichtlich fehlten. Und sie schrieb auch an die geliebte Lehrerin.

Eve fragte nicht danach, was in den Briefen stand, sie konnte sich nicht vorstellen, was sie berichten könnte, sie erlebte ja nichts, kam nirgends hin, hatte nichts von Amerika gesehen.

Aber einmal, als Eve nachts nach Hause kam, fand sie einen angefangenen Brief, in dem Angelika voll Verachtung von diesen Automaten berichtete, die hier überall herumstünden und hingen, und so was schrieb sie, haben sie ja in Westberlin auch, so richtige Spielsalons, aber wir bei uns im Osten hatten so was nie. Und sie freue sich schon, wenn sie wieder zurück sei, dann könnten sie an die Havel zum Baden fahren, und endlich hätte sie dann ihr Rad wieder, drauf freue sie sich auch, und dann... Hier hatte sie offensichtlich die Müdigkeit übermannt, hatte den Brief unter die Mappe geschoben, die dalag, und war zu Bett gegangen. Das Bett war auf einer Couch gemacht, und Eve dachte, daß sich Angelika vielleicht auch wieder auf ihr richtiges Bett zu Hause in Berlin freuen würde.

Eins war offensichtlich, Angelika hatte Heimweh.

Sie besprach den Fall am nächsten Abend mit Harry, und der meinte, er habe sich schon längst gedacht, daß dieses Mädchen hier nicht bleiben könnte.

»Du kaufst ihr ein Ticket nach Berlin, aber vorher fährst du mit ihr ein paar Tage nach San Francisco und ein bißchen an der Küste entlang, damit sie wenigstens etwas von Kalifornien gesehen hat, Golden Gate Bridge und so, sie muß zu Hause doch was zu erzählen haben. Stell dir vor, sie trifft die nette Lehrerin, und die stellt ein paar Fragen. Das kannst du nicht verantworten.«

Eve mußte lachen. »Du hast recht wie immer. So machen wir es.«

Ehe es dazu kam, tauchte Georgie im Club auf. Er war eine Weile nicht zu sehen gewesen, an diesem Abend kam er, war höchst zufrieden, sagte, er habe eine Glückssträhne und reichlich gewonnen. Eve hörte sich das an, freute sich mit ihm, wußte aber genau, daß sich die Situation sehr schnell wieder ändern könnte. Er solle am besten eine Zeitlang nicht spielen, riet sie ihm, und sich lieber mit dem Geld eine schöne Zeit machen.

Zwei Tage später kam er wieder, sehr elegant gekleidet und in Gesellschaft zweier ebenso ansehnlicher Herren, eines Filmproduzenten und eines Drehbuchautors, wie Eve erfuhr, mit denen kam er eben von einer Party. Die Herren standen an der Theke, waren sehr vergnügt, die Rede war von einem Film, der demnächst gedreht werden sollte, und Georgie ließ großartig verlauten, daß er sich an den Herstellungskosten beteiligen werde, das könne er sich jetzt leisten.

Eve hörte zu und lächelte. Von solchen Plänen hatte sie schon manchmal gehört. Nur hätte man ihm das Geld, das er offenbar reichlich gewonnen hatte, gleich abnehmen müssen. Einmal beugte sich Georgie vor, um einen neuen Whisky entgegenzunehmen, und da entdeckte er das blonde Mädchen in der Ecke hinter der Theke.

Wer das denn sei, wollte er wissen, und seit wann man hübsche Mädchen vor ihm verstecke. Und er war entzückt, als Eve sagte: »Meine Schwester Angelika.«

»Stimmt. Von einer Schwester hast du mir schon mal erzählt. Aber die ist ja süß.«

Süß sah Angelika wirklich aus. Eve hatte ihr ein Kleid gekauft, aus lichtblauer Seide, so blau wie ihre Augen, und ihr Haar zu frisieren verstand sie natürlich gut, auch mit Make-up konnte sie umgehen.

Georgie ging hintenherum, durch die Küche, und zog Angelika aus ihrer Ecke heraus.

»Ausnahmsweise«, sagte Eve. »Wir verreisen sowieso in den nächsten Tagen, und dann kehrt Angelika nach Berlin zurück.«

Angelika war hingerissen von diesem Mann, der immer noch blendend aussah und mit der Glückssträhne am Hut und mit seinem Charme jeden einwickeln konnte.

Eve hörte nicht, daß er sich am nächsten Tag mit Angelika verabredete. Nächsten Abend war er wieder da, und als das Mädchen nicht in der Ecke saß, verschwand er bald und besuchte sie in Eves Wohnung.

So fing das an. Und ehe Eve mit Angelika nach San Francisco reisen konnte, hatte Georgie sie nach Acapulco entführt. Dort blieben sie ziemlich lange. Angelika schrieb nun auch an Eve einen Brief, einen begeisterten Brief, wie schön es dort sei am Meer, und sie wohnten in einem prachtvollen Hotel, und Georg habe ihr noch viele Kleider gekauft.

»Na ja«, sagte Harry, als sie ihm den Brief zeigte, »ist auch gut. Ein bißchen was soll sie ja von der Welt gesehen haben, ehe sie nach Hause fährt. Offenbar hat er diesmal wirklich viel gewonnen.«

»Und hoffentlich kauft er sich endlich ein paar Aktien, anstatt das ganze Geld zu verplempern«, war ihre Antwort.

Als Angelika wiederkam, liebte sie Georg Seebacher über alles in der Welt, und sie erwartete ein Kind.

Erstaunlicherweise sprach auch Georg von Liebe und daß Angelika in den Staaten bleiben solle und daß er sich wahnsinnig auf das Kind freue. Er habe nie ein Kind gehabt, Eva-Maria hatte das nicht gewollt.

Die kleine Schwester sah nun wirklich reizend aus, aufgeblüht in der Liebe zu einem Mann. Es war keine Rede mehr von der Mutter, der Lehrerin und den Freundinnen. Sie würde bleiben und Georgie heiraten und das Kind bekommen.

»Heiraten kannst du ihn nicht. Er hat keine Aufenthaltsgenehmigung, er muß immer mal wieder über die Grenze verschwinden. Früher war es Kanada. Heiraten kann ich ihn höchstens. Dann kann er bleiben.«

## *Der zweite Abend*

Sie sind lange unterwegs, fahren doch noch um den See herum, es ist nach fünf, als sie heimkommen.

Alma ist noch da und etwas pikiert. Sie war so gespannt auf den Besuch, und nun hat sie kaum etwas davon mitbekommen. Im Verandazimmer hat sie einen Teetisch gedeckt, im danebenliegenden Wohnzimmer den Tisch fürs Abendessen.

»Was kochen wir denn nachher heut?« fragt sie.

»Nix«, antwortet Franz. »Ich habe aus Ammerland geräucherte Renken mitgebracht, und soviel ich weiß, ist noch Leberwurst da und Käse. Wir haben mittags gut gegessen.«

»So«, macht Alma beleidigt. »Dann ist es ja gut. Will nun jemand Tee?«

»Sehr gern«, antwortet Eve und lächelt Alma an.

»Kommt gleich«, und damit entschwindet Alma in die Küche.

»Wir haben sie enttäuscht«, sagt Klaus. »Interessanter Besuch im Haus, und sie hat nichts davon.«

»Sie kann Eve noch länger genießen«, sagt Franz.

Eve steht wieder mal an der Verandatür und schaut hinaus auf den See und die Berge. Das heißt, die Berge sieht man kaum mehr, der Himmel hat sich verdunkelt, schon als sie durch Seeshaupt fuhren, nun wird er fast schwarz, dicke Wolken ziehen, von Süden kommend, über Land und See.

»Sie wird mich nicht länger genießen«, sagt Eve. »Morgen reise ich ab. Wie ich gestern schon sagte, hätte ich gar nicht herkommen dürfen. Es war ein schöner Tag heute. Ich danke euch. Aber nun habe ich euch genug belästigt. Ihr könnt mir heute abend noch Fragen stellen. Ich werde alles erklären, wenn ich kann.« Und noch einmal, lauter nun, beinahe drohend: »Morgen reise ich ab.«

»Und wohin, wenn ich schon mal gleich eine Frage stellen kann?« kommt es von Klaus.

Er tritt neben sie, öffnet die Tür zum Garten und gibt Jacko einen Schubs, der sich müde hingestreckt hat.

»Los, lauf noch mal hinaus. Es wird bald regnen, das siehst du ja, und dann gehst du sowieso nicht mehr vor die Tür.«

Jacko trollt sich unlustig über die Wiese, geht bis zum Ufer, es ist ja keiner da, der ihn in den See schubsen könnte. Klaus wendet sich halb um und schaut Eve an.

»Und wohin also?« wiederholt er seine Frage.

»Das weiß ich nicht«, erwidert sie ruhig. »Bestimmt nicht nach Berlin. Und genauso bestimmt nicht nach Prag.«

»Wie kommst du auf Prag?«

»Mein Vater ist in Prag.«

»Das darf nicht wahr sein.«

»Er hat an Mutter geschrieben, schon vor zwei Jahren. Er sei in Prag, es gehe ihm gut, jetzt nach Öffnung der Grenzen sei das Leben in Prag sehr anregend. Wörtlich, ich hab's gelesen. Sehr anregend, hat er geschrieben. Und der Brief endete mit den Worten: Falls du etwas brauchst oder irgendwelche Wünsche hast, laß es mich wissen. Ich helfe dir gern.«

»Erstaunlich. Und er hat nicht dazugeschrieben, was er für ein anregendes Leben in Prag hat beziehungsweise mit wem?«

»Nein. Er hat nicht nach seinen Kindern gefragt, auch nicht, was aus mir geworden ist. Schließlich hat er mich zuletzt jung verheiratet in Amerika zurückgelassen. Nach seinem Sohn hat er auch nicht gefragt. Und Angelika hält er sowieso nicht für seine Tochter.«

»Denkst du das auch?«

»Früher habe ich ihm kein Wort davon geglaubt. Tatsache ist, daß Angelika wirklich ein anderer Typ ist als Bert und ich. Wir haben viel dunklere Augen.«

Klaus, der dicht vor ihr steht, sieht ihr in die Augen. »Sehr schöne Augen. Es ist mir gleich aufgefallen, daß sie eine seltsame Farbe haben, so schwarzgrau irgendwie. Habe ich noch nie gesehen.«

Eve lacht. »Schwarzgrau klingt gut. Ich habe sie immer nur dunkelgrau genannt. Berts Augen sehen genauso aus und Vaters Augen auch. Angelika hingegen hat sehr helle blaue Augen. Aber was soll man damit beweisen? Menschen haben nun mal verschiedene Augen.«

»Was hatte denn der sogenannte Jugendfreund deiner Mutter für Augen?«

»Das weiß ich nicht mehr. Aber Mutter hat blaue Augen. Und der sogenannte Jugendfreund, also das stimmt vorn und hinten nicht. Später habe ich mal darüber nachgedacht. Wenn er ein Jugendfreund gewesen wäre, müßte er ja gleichaltrig sein. Mit Mutter, meine ich. Aber er war viel älter. Und wenn er zu uns kam, in die DDR, auch nach dem Mauerbau, kam er aus dem Westen. Denn er brachte mir und meinem Bruder immer etwas mit, Schokolade, Kekse, auch Kuchen, und das waren keine DDR-Produkte. Mir brachte er einmal ein Kleid mit, ein sehr hübsches Kleid, und Bert bekam Hosen und eine Lederjacke. Eine richtig schöne Lederjacke. Bert war hingerissen. Also kam Josef aus dem Westen, nicht wahr? Ob nun aus München oder aus Westberlin? Keine Ahnung. Aber er hieß Josef, und das klingt ja irgendwie bayerisch.«

Im Süden flammt ein Blitz auf, eine Weile später grollt ein ferner Donner.

»Ach«, sagt Klaus, »es kommt ein Gewitter über das Gebirge. Sag bloß nicht, daß wir dir nichts zu bieten haben an deinem letzten Tag hier.« In seinen Worten klingt Spott. Da kommt auch schon Jacko eilig herein, schnuppert im Vorübergehen an Eves Hand, läßt sich streicheln und fällt dann mit einem erleichterten Seufzer auf den Teppich, streckt sich der Länge nach aus.

Franz hat sich mit keinem Wort an dem Gespräch beteiligt, trinkt langsam den Tee, den Alma inzwischen gebracht hat. Er weiß ja nicht, wovon die Rede ist, er hat den Bericht vom gestrigen Abend, soweit es den Vater und Angelika betrifft, nicht mitbekommen.

»Wollt ihr nun Tee oder nicht?« fragt er.

Die beiden gesellen sich zu ihm an den runden Tisch vor dem Kamin, wo sie meistens auch frühstücken, manchmal auch essen, wenn kein Besuch im Haus ist.

An den Besuch denkt Franz nun auch.

»Morgen kannst du gar nicht abreisen, Eve. Ich mache ein Spargelessen, vermutlich das letzte in diesem Jahr, und wir laden den Doktor ein und einen anderen Freund von uns, der ist Maler. Und ob wir dir was bieten können, nicht nur ein Gewitter! Vier Männer auf einen Schlag, die dich bewundern, von der Augenfarbe angefangen bis zu deinen schönen Beinen.«

Eve muß lachen. »Könnt ihr doch gar nicht wissen, was ich für Beine habe. Ich habe doch Hosen an.«

»Du bist, wenn ich mich recht erinnere, heute morgen ohne Hosen in den See gegangen. Klaus hat es auch gesehen, und er ist der Experte in unserer Familie, was Frauenbeine betrifft. Also?«

Er sieht seinen Bruder auffordernd an.

Der nickt. »Sehr schöne Beine. Von den Augen bis zu den Beinen und alles, was dazwischen ist, große Klasse.«

»Ich glaube, ihr nehmt mich nicht ganz ernst«, sagt Eve und trinkt von ihrem Tee.

»So sehe ich es auch«, sagt Klaus. »Seit gestern drohst du mit Abreise, heute bist du glücklicherweise geblieben, also konnten wir dir Land und Leute und den Wochenmarkt in Starnberg zeigen. Wenn du morgen abreisen willst, läßt du Franz mit fünf Pfund Spargel sitzen und...«

»Sechs«, verbessert Franz. »Ich bin immer für eine gewisse Reserve, wie du weißt.«

»Gut, also sechs und...«

»Die schafft ihr auch allein«, sagt Eve.

»Und vier enttäuschte Männer läßt du ebenfalls sitzen. Was denkst du, was der Dotkor für ein dummes Gesicht machen würde, wenn er käme, und du nicht da wärst.«

»Ihr könnt es ihm ja vorher am Telephon mitteilen. Und der vierte, der kennt mich ja noch gar nicht.«

»Das müßte sein Malerauge sehr bedauern.«

Da sitzt sie. Auf der einen Seite Franz, auf der anderen Klaus, beide sehen sie an, und es ist eine gute, geradezu leichte Stimmung um sie, ganz anders als am Abend zuvor. Das hat der Verlauf dieses Tages gebracht, er hat sie abgelenkt, nicht nur Eve, auch die Männer. Hier sitzt eine hübsche, junge Frau bei ihnen, das ist lange nicht mehr vorgekommen. Manchmal bringt Klaus zwar eine mit, aber meist trifft er sich mit einer neuen oder alten Bekannten im Yachtclub oder gleich auf dem Boot.

Und der Schock von gestern abend, daß es nicht Eva-Maria war, die sie abgeholt haben, hat sich total verflüchtigt. Klaus sieht den weichen, liebevollen Blick in Franzens Augen, so liebevoll hat er eigentlich nur sein Mariele angesehen. Und den Hund.

Wieder flammt über den Bergen ein Blitz, der Donner grollt immer noch fern.

»Kann sein, das Gewitter kommt über die Berge, kann sein nicht, das weiß man hier nie so genau.« Er steht auf und schließt die Verandatür.

»Ich schlage vor, wir legen uns jetzt alle mal eine halbe Stunde hin, wir waren schließlich lange unterwegs. Später essen wir dann unsere Renken und noch ein Käsebrot, wir können ein bißchen fernsehen, oder ich mache Musik für euch. Magst du Musik?«

Eve nickt. »Ich hatte wenig Gelegenheit, richtige Musik zu hören. Das meinst du doch?«

»Ja, das meine ich. Beethoven und Brahms. Und Schubert, mein ganz besonderer Liebling. Ich habe schöne Platten.«

»Musik war für mich das, was mein Vater gemacht hat. Angefangen vom Üben damals in Berlin, die dämliche Tuterei, wie Mutter es nannte, und das war wirklich nicht gut anzuhören. Später konnte er es ja dann sehr gut. Aber ich habe ihn ja meist als Solist erlebt, nie in einer Band.«

»Wenn du uns die Ehre antust, deine Abreise noch etwas zu verschieben, erstens wegen des Spargels und wegen dreier betrübter Männerherzen, siehst du, ich nehme den Maler aus, dann wirst du von mir wunderbare Musik zu hören bekommen.«

»Ich sage ja, ihr nehmt mich nicht ernst«, sie seufzt, doch auch in ihren Augen ist ein Lächeln. Wenn sie es ergründen könnte, würde sie begreifen, daß sie so ein Wohlgefühl, so ein Behagen, so ein erleichtertes Sichfallenlassen noch nie erlebt hat.

»Dann werde ich jetzt Alma verabschieden und auf morgen vertrösten. Den Spargel wird sie ja wohl inzwischen feucht eingewickelt haben.«

Wieder ein Blitz, ein Donner, schon wesentlich näher. Klaus tritt zu Eve, beugt sich herab und küßt sie auf die Wange.

»Und daß du es weißt, ich nehme dich sehr ernst. Und falls du Angst hast vor dem Gewitter, mein Zimmer ist gleich hier unten, links von der Treppe.«

Franz blickt ihm nach, er lächelt.

Dann sieht er Eve an. »Das habe ich mir gleich gedacht, daß er sich in dich verlieben wird.«

Sie ist ganz verblüfft und richtig verlegen.

»Ja, aber ...«, sagt sie und verstummt.

»Das geht schnell bei ihm. Du weißt ja, wie so was geht.«

Sie schüttelt den Kopf. »Nein«, sagt sie. »Woher soll ich es wissen? Ich war noch nie in meinem Leben verliebt.«

»Das kann es ja nicht geben«, sagt Franz fast erschüttert.

Ein Blitz, ein Donner, sehr viel näher. Das Gewitter ist übers Gebirge gezogen. Es wird regnen in dieser Nacht, erst sehr heftig und dann still, friedlich, ausdauernd.

»Das ist ja herrlich«, sagt Eve. »Das ist das Schönste, was ich je gesehen habe.«

Sie steht unter der Tür, tritt sogar ein paar Schritte in den Garten hinaus, von Jacko mißtrauisch beäugt.

»Das Schönste, was du je erlebt hast?« fragt Klaus.

»Dieser Regen. Daß es einen Himmel gibt, aus dem es so wunderbar regnen kann. Das macht mich ganz glücklich.«

Die Brüder lachen.

»Das können wir dir öfter bieten. Wenn dich das glücklich macht, darüber verfügen wir.«

»Offenbar hat dich an Las Vegas nicht nur der Spielbetrieb gestört«, sagt Franz, »auch das Wetter.«

»Das kannst du laut sagen. Wenn sich wirklich mal was bewegt hat, dann waren es Sandstürme oder ein wilder Guß. Aber Regen, so schöner, sanfter Regen, das kennen die dort gar nicht.« Sie tritt wieder einen Schritt vor die Tür, streckt beide Hände mit geöffneten Handflächen nach oben, läßt den Regen darauf fallen. Dann kommt sie zurück ins Zimmer. Steht da, die feuchten Hände von sich gestreckt.

»Was für ein schönes Land das hier ist«, sagt sie andächtig.

»Freut uns zu hören. Mich stört der Regen auch nicht«, sagt Franz. »Man braucht ihn einfach, damit etwas wächst und blüht. So einfach ist das.«

»Immerhin gibt es Leute in diesem schönen Land, die jedesmal meckern, wenn es regnet, und immer nach Sonne schreien. Und dann fahren sie südwärts, wo der Himmel blank ist und die Erde hart, und wo man arme kleine Hunde schlägt oder verhungern läßt. Nicht, mein Alter?«

Er beugt sich hinab und krault Jacko, der sich faul wieder hingelegt hat, nachdem er auch ein kleines Abendessen serviert bekommen hat.

Vor dem Regen gab es die geräucherten Renken. Die haben Eve großartig geschmeckt. »So etwas habe ich noch nie gegessen,« sagt sie.

Und dann: »Das möchte ich wieder einmal essen.«

»Wo denn?« fragt Klaus. »In Las Vegas oder in Berlin? Ich denke, du willst morgen abreisen.«

»Nun ärgere sie doch nicht«, verweist ihn Franz. »Sie wird nicht abreisen. Morgen gibt's Spargel, und übermorgen können wir wieder Renken holen. Was habt ihr denn immer so gegessen in diesem Spielerparadies?«

»Ach, es gab alles mögliche, gebratene Hühner und Steaks, das essen die Amerikaner am liebsten. Aber wir haben auch italienische und spanische Lokale, und mexikanische und so was. Bloß ich habe überhaupt nicht viel gegessen, meist so im Stehen und im Vorübergehen. Nur mein Frühstück, das war immer ausführlich, da habe ich mir Zeit genommen. Jedenfalls solange ich allein war.«

»Womit wir beim Thema wären.«

»Ja«, sagt sie ruhig und setzt sich wieder.

»Deine Schwester, das Kind, und der Mann, den du geheiratet hast.«

»Der Junge heißt Robert, ich nannte ihn Robby. Von Jollybee muß ich auch erzählen.«

»Wer ist das denn?«

»Die war in der letzten Zeit Georgies Begleiterin.«

»Seine Freundin?«

»Ich weiß nicht, wie weit das gegangen ist. Es war eine gewisse Abwechslung zu meiner kleinen Schwester, und außerdem hatte Jollybee viel Geld. Und das war nach Georgies Meinung das wichtigste an ihr. Wo Geld ist, kommt Geld dazu, erklärte er mir, wenn Jollybee neben mir am Tisch sitzt, gewinne ich immer.«

»Und wie nahm er sich als Vater aus?« fragt Franz.

»Seine Vatergefühle legten sich bald. Er fand das Kind sehr niedlich, betrachtete es mit Wohlgefallen, nachdem es geboren war. Aber ein Kind verlangt nun mal Zeit und Aufmerksamkeit, es schreit auch mal, stört die Nachtruhe, was Georgie allerdings nichts ausmachte, nachts war er sowieso meist nicht da. Aber am Tag wollte er schlafen. Ich hatte den beiden durch einen Stammgast eine kleine Wohnung besorgen lassen, aber dort saß Angelika meist allein mit dem Baby. Und das zerstörte bald ihre Freude an dem Kind, sie begann zu jammern und zu maulen, tauchte abends bei mir auf, um Georgie zu suchen. Dann machte ich ihr Vorwürfe, weil sie das Kind allein ließ. Sie antwortete mir pampig, manchmal weinte sie. Alles in allem wurde die Lage zunehmend schwierig. Auch für mich.«

»Und die reiche Dame?« fragt Klaus.

»Vor ungefähr drei Jahren tauchte sie zusammen mit Georgie im Club auf. Eine rasante Erscheinung. Sehr attraktiv, leuchtendrotes Haar, immer in irgendwelchen Glitzerkram gekleidet. Sie wohnte im Trump, fuhr einen Rolls mit Chauffeur.«

»Donnerwetter! Und woher hatte sie das Geld? Alles gewonnen?«

»Wohl kaum. Sie hat sich scheiden lassen und den Mann reichlich ausgenommen. Und wenn sie spielte, spielte sie mit Glück. Das war es, was Georgie an ihr faszinierte. Er hielt mir mal einen langen Vortrag darüber, wie so etwas geht. Goldene Hände muß man haben, so nannte er das. Und sich alles vom Leib halten, was stören kann. Und das tat er ja denn auch.«

»Soweit es Angelika und das Kind betraf.«

»Er trat nur noch mit Jollybee auf, er begleitete sie auf allen Wegen, fuhr mit dem Rolls durch die Gegend und kam sich wichtig vor. Und gewonnen hat er wohl auch zu dieser Zeit. Sie ist sehr viel älter als Angelika, Mitte Vierzig etwa, vielleicht sogar mehr, aber das störte ihn nicht. Von Liebe kann man in diesem Zusammenhang aber nicht reden. Angelika empfand es trotzdem als Kränkung. Als sie ihn einmal mit Jollybee bei mir im Club entdeckte, machte sie eine große Szene. Ich warf sie schließlich alle zusammen hinaus, das konnte ich mir erlauben, Harry, das Personal und auch die Gäste standen auf meiner Seite. Dann verschwand Georgie für längere Zeit, er ging mit der Dame auf Reisen, spielen kann man auch anderswo. Und dann begann Angelikas Krankheit.«

»Was für eine Krankheit?«

»Der Magen. Ihr war ständig übel, und wenn sie etwas gegessen hatte, erbrach sie es wieder. Die Ursachen waren zweifellos psychisch. Ich brachte sie zum Arzt, zu mehreren Ärzten, es half nichts. Psychosomatische Krankheit nennt man das, ihr könnt ja mal euren Doktor fragen, der wird euch das sicher erklären. Um das Kind kümmerte sie sich überhaupt nicht mehr, und da Georgie längere Zeit nicht wiederkam, wurde die Miete der Wohnung nicht bezahlt. Eine Weile tat ich es, aber sie ließ die Wohnung genauso verwahrlosen wie das Kind, sie weinte ständig, jammerte, sie könne die Einsamkeit nicht länger ertragen. Also zog sie wieder bei mir ein. Doch ich war nun auch schon ein Nervenbündel. Ob sie denn nicht nach Berlin zurückkehren wolle, fragte ich sie, doch da wurde sie total hysterisch. Sie schrieb schon lange keine Briefe mehr, und in Berlin wußten sie nichts von dem Kind.«

»Und jetzt?« fragt Franz. »Wissen sie es jetzt?«

»Von mir nicht. Ich habe sie zu Hause abgeliefert, mußte mir anhören, daß sie miserabel aussieht, was stimmt. Ich wohnte wieder zwei Tage im Hotel, meinen Bruder sah ich nicht. Und Angelika auch nicht. Meine Mutter war darüber ziemlich bestürzt. Sie will dich nicht sehen, sagte sie mir. Na gut, sagte ich darauf, das macht nichts, ich habe auch die Nase voll von ihr. Und dann flog ich nach München.«

»Und der Bub?« fragt Franz.

»Den hat Eva-Maria.«

*111*

## Eva-Maria

Wenn ein Mensch mit seinem Leben zufrieden war, so war es Eva-Maria. Ein Mißgriff war ihr unterlaufen, ihre Ehe mit Georg Seebacher, aber sie bedauerte auch den Abschnitt ihres Lebens nicht. Alles in allem war es eine interessante und lehrreiche Zeit gewesen. Zunächst allerdings war die geplante Karriere im Hotelfach geplatzt, doch dann hatte sie bewiesen, daß sie erfolgreich ein Lokal führen konnte, und zu ihren Reisen war sie auch gekommen.

Und bei alledem, das vergaß sie nicht: Sie hatte ihn geliebt. Und eine Weile war es ihr gelungen, ihn von seiner Sucht zu befreien. Nicht zu heilen, das war wohl unmöglich. Nach der ersten Zeit in Amerika waren sie in Kanada, Florida, es folgte ein kurzer Aufenthalt in New York, dann Boston, ohne Arbeit, und dann kam wieder Kanada. Da war sie Georg schon losgeworden.

In dem Hotel in Montreal schätzte man sie und ihre Arbeitskraft, sie kam nicht nur mit dem Studienfreund von Klaus gut aus, sondern auch mit dessen Frau, was wichtig war. Sie stand an der Rezeption, leitete später das Restaurant, Aufenthaltsgenehmigung und Arbeitserlaubnis hatte das Hotel ihr verschafft. Und nachdem sie ein halbes Jahr in Quebec in einem erstklassigen französischen Restaurant gearbeitet hatte, es gehörte einem Cousin ihrer Chefin, sprach sie nun auch perfekt Französisch.

Dazwischen lagen, wie geplant, einige Reisen, Hawaii, Hongkong, Thailand, die machte sie mit einigen jungen Leuten aus Stuttgart, die sie im Hotel kennengelernt hatte. Und einmal flog sie auch nach Deutschland, sie wollte ihre Eltern, ihre Geschwister und vor allem Onkel Joseph besuchen.

»Möchtst nicht endlich zurückkommen?« fragte der sie. »Sechs Jahre bist jetzt schon weg. Was denkst du, wie lange ich noch leben werde?«

»Noch lang«, erwiderte sie lachend. »Mir gefällts in Kanada.«

»Und dein Mann?« wollte Onkel Joseph wissen.

»Den bin ich los. Der sitzt in Las Vegas und spielt. Ich laß mich jetzt scheiden.«

»So«, sagte Onkel Joseph mißbilligend. Schließlich waren sie gute Katholiken in dieser Familie.

»Es ist nämlich so, und ich erzähls nur dir, ich habe einen neuen Mann.«

»Den willst heiraten?«

»Weiß ich noch nicht. Diesmal überlege ich es mir gut. Er gefällt mir, ich habe ihn gern. Er arbeitet auch bei uns im Hotel.«

»Ein Kanadier? Dann kommst du nie zurück.«

»Kein Kanadier, ein Österreicher. Er stammt aus Kärnten. Ein hübscher Mann, ganz dunkle Haare und dunkle Augen.«

»So. Und was macht er in dem Hotel bei euch da?«

»Er ist Kellner.«

»Einen Kellner willst du heiraten? Das wird ja immer besser.«

»Besser als ein Spieler ist es auf jeden Fall. Aber er macht das ja nur wegen der Sprachen und weil er in der Welt herumkommen will. Er hat schon in Santiago gearbeitet und an der Küste von Massachusetts, und auch mal in Frankreich, in der Bretagne. Er spricht Englisch, Französisch und Spanisch. Was sagst du dazu?«

Onkel Joseph hob die Schultern. »Was soll ich schon sagen? Wenn er dir gefällt «

»Er ist ein bisserl jünger als ich, aber das macht nix, ich hab Temperament für drei. Und jetzt das Beste: Seine Eltern haben eine Pension am Millstädter See. Und dahin will er zurück. Für den Fall, daß ich ihn heirat. Und dann machen wir aus der Pension ein Hotel.«

Nun mußte Onkel Joseph lachen, herzlich lachen.

Er stand auf, Eva-Maria auch, er nahm sie in die Arme und drückte sie an sich.

»Du bist ein Teufelsweib. Komisch, das hab ich schon gemerkt, als du noch ganz klein warst. Na, komm, darauf trinken wir einen Slibowitz. Dann heirate mal und komm bald rüber, nach Kärnten ist es nicht so weit wie nach Kanada. Und wenn ihr Geld braucht, na, du weißt ja, wo du es herbekommst.«

»Ist gut. Aber ich will es nicht erben, soviel ist klar, gell? Du gibst es mir lebendig.«

Zurück in Kanada begann sie mit viel Schwung einen neuen Abschnitt ihres Lebens. Die Heimkehr nach Kärnten jedoch verschob der Mann, den sie doch nicht gleich heiratete, um zwei Jahre. Er wollte noch für einige Zeit in Kalifornien arbeiten, diesmal als Chef im Lokal eines Golfclubs, ein gut bezahlter und interessanter Job, Eva-Maria sah es ein. Er hatte noch von seiner Stellung in Massachusetts her die Green Card, die ihm den weiteren Aufenthalt und Arbeit in den Staaten erlaubte.

»War eh schwer genug, sie zu bekommen. Nutzen wir sie noch«, sagte er. »Und vielleicht brauchen wir mal ein paar Kenntnisse vom Golfspiel. Könnt sein, wir haben so was später auch bei uns.«

Das leuchtete Eva-Maria ein, für Pläne war sie immer zu haben. Eine Zeitlang arbeitete sie im Golfclub an der Bar, dann lud ihre Freundin Joyce sie ein, für einige Zeit bei ihr zu wohnen. Sie und ihr Mann hatten ein schönes Haus in Malibu, er war Regieassistent in Hollywood, Joyce besaß einen Modesalon am Sunset Drive.

Eine schöne Zeit für Eva-Maria, sie hatte ausnahmsweise mal nichts zu tun, lag in der Sonne, badete im Meer und fing, wie üblich, bald wieder an, sich zu langweilen. So kam sie auf die Idee, wieder einmal nach Georg zu schauen. Sie wollte wissen, was aus ihm geworden war und aus diesem Mädchen aus Berlin. Erst kam sie in den Club, es war großer Betrieb an diesem Abend, Eve hatte keine Zeit für sie. Vielleicht komme Georgie später, vielleicht auch nicht.

»Und deine Schwester? Und das Kind?«

»Sie sind bei mir. Du weißt ja, wo das ist.«

Was Eva-Maria vorfand, mißfiel ihr. Die blasse Angelika, die elend aussah und ständig jammerte. Nach Georg befragt, zuckte sie die Achseln.

»Er hat ja wohl eine neue Freundin«, sagte sie.

Das Kind saß auf dem Boden, es quengelte vor sich hin, es sah ungepflegt aus, es war kaum möglich, mit ihm zu sprechen. Eva-Maria wurde wütend.

»Daß du dich nicht schämst! Ein Kind zu bekommen, und es dann zu vernachlässigen. Hast du denn gar kein Verantwortungsgefühl? Eve hat mir erzählt, damals, du freust dich auf das Kind.«

»Hab ich ja auch getan«, verteidigte sich Angelika. »Aber nun bin ich immer allein. Kein Mensch fragt nach mir und Robby. Wir sind ganz überflüssig auf dieser Welt.«

»Du redest einen Schmarrn daher, es ist kaum anzuhören. Ich komme morgen wieder vorbei. Heute ist es zu spät, etwas zu unternehmen. Ich werde morgen mit Robby spazierengehen und ihm ein paar neue Sachen kaufen, er sieht ja richtig dreckig aus.«

Eva-Maria übernachtete, wie ohnedies geplant, im Hotel. Am nächsten Vormittag fand sie sich wieder in Eves Wohnung ein. Eve schlief noch, Angelika saß zusammengekuschelt auf dem Sofa, das Kind neben ihr.

»Habt ihr ordentlich gefrühstückt?« fragte Eva-Maria streng.

»Ich habe keinen Appetit«, kam es von Angelika.

»Und der Bub?«

»Es ist keine Milch mehr da, ich kann ja nachher welche holen.«

Eva-Maria zog den Jungen mit beiden Händen hoch.

»Er kommt mit mir«, sagte sie energisch. »Ich hab noch mein Zimmer im Hotel, ich werde ihn baden, er wird ganz fein frühstücken, und dann gehen wir einkaufen. Das kannst du Eve ausrichten.«

Gegen Mittag erschien Eva-Maria wieder. Der Junge war neu eingekleidet, er sah ganz fröhlich aus und redete mehr als sonst.

»Wo ist Eve?«

»Beim Friseur.«

»Ich habe mir etwas überlegt. Ich habe in Malibu sowieso nichts zu tun, ich wohne dort sehr hübsch, wir haben einen großen Garten und einen netten Hund. Ich nehme Robby für eine Woche mit, oder auch für zwei. Da kannst du dich erholen und überlegen, wie das mit euch weitergehen soll. Er müßte schon besser sprechen für sein Alter, das ist ja nur so ein Gestammel, das er von sich gibt.«

»Was verstehst denn du von Kindern?« fragte Angelika.

»Mehr als du auf jeden Fall. In Montreal hatten wir oft Kinder im Haus. Und die Enkelkinder von meinem Chef haben am liebsten mit mir gespielt. Also...«

»Und was für eine Sprache soll er eigentlich sprechen?« fragte Angelika gereizt. »Deutsch oder Englisch? Oder am besten das schauerliche gequetschte Amerikanisch?«

»Wann wirst du endlich nach Berlin zurückkehren?« kam die Gegenfrage.

»Niemals.«

»Ich denke, Georg hat eine neue Freundin.«

Da fing Angelika an zu weinen. Das Kind verzog auch das Gesicht, es klammerte sich jedoch an Eva-Marias Hand.

»Du wirst darüber hinwegkommen«, sagte Eva-Maria kühl. »Ich habe ihn auch mal geliebt, und ich kann sehr gut ohne ihn leben. Das wird dir auch gelingen. Und nun hör auf zu heulen. Hier schreibe ich dir meine Adresse in Malibu auf. Und die Telefonnummer. Wann kommt Eve denn vom Friseur?«

»Gar nicht. Sie geht von dort aus gleich in ihren Club.«

»Auch gut. Du wirst ihr berichten, was los ist.«

Und damit verschwand Eva-Maria mit dem Kind aus Las Vegas, sie nahm nur wenige Sachen mit, eine zweite Hose, einen Schlafanzug, alles andere war sowieso zu schmutzig. Nur den kleinen Teddy, mit dem er am Tag zuvor auf dem Boden gesessen hatte, steckte sie noch ein.

Sie hatte nie ein Kind gehabt, und ob sie noch eins bekommen könnte, war fraglich. Sie nahm schon lange die Pille nicht mehr, sie war Ende Dreißig, passiert war bisher nichts. Noch während sie ihren Wagen, in dem das Kind saß, auf dem Highway 15 in Richtung Westen fuhr, beschloß sie, diesen Buben für eine Weile zu behalten. Jedenfalls so lange, wie sie sich in Kalifornien befand. Es konnte ihm nur guttun.

## *Immer noch der zweite Abend*

»Zuerst, als Angelika mir von Robbys Reise mit Eva-Maria erzählt hatte, fand ich das ganz gut. Der Zustand meiner Schwester war wirklich bedenklich, sie war krank, elend und verzweifelt, das Kind wurde nicht gut von ihr versorgt. Das wußte ich. Und ich selber war auch überfordert. Als ich gegen vier Uhr in der Nacht heimkam, lag Angelika noch angekleidet auf der Couch, sie hatte nicht geschlafen, nur geweint. Ich gab ihr eine Schlaftablette, wir würden morgen darüber reden. Sie schrie mich an, es sei schon morgen und sie wolle jetzt gleich darüber reden. Worüber denn? schrie ich zurück. Über ein vernachlässigtes Kind? Eva-Maria hat doch recht mit allem, was sie dir gesagt hat. Dann schlief sie endlich ein.«

Sie sitzen zusammen, entspannt und friedlich, trinken Wein, Eve spricht ruhig, sehr gelassen, nichts mehr von der Hektik, die in der vergangenen Nacht ihre Worte und ihr Gesicht zeichnete, ist zu spüren.

Klaus denkt: Es tut ihr gut, das alles auszusprechen. Wir sind fremde Menschen für sie, wir wissen nichts von alldem, was sie durchgemacht hat, aber sie muß einmal davon reden. Zu wem denn sonst? Die, die es miterlebt haben, die alles wußten, sind keine Gesprächspartner mehr, nicht der herzkranke Harry, nicht die hysterische Schwester, und der unberechenbare Georg war es sowieso nicht.

Draußen regnet es sacht, der Regen macht sie glücklich, die Renken haben ihr geschmeckt, und nun sagt sie etwas Seltsames.

»Ich glaube, ich reise morgen doch nicht ab. Falls ihr mich noch ein paar Tage ertragen könnt. Es ist heute so ... ich weiß auch nicht, wie ich das nennen soll. Es ist einfach heute so ein schöner Tag. Und wenn ich jetzt über diesen ganzen Quatsch rede, kommt es mir selber nicht mehr so wichtig vor. Dabei kenne ich euch erst seit gestern.« Es klingt verwundert.

»Ich habe so etwas Ähnliches auch gerade gedacht«, sagt Klaus. »Wir sind fremde Menschen für dich. Du wußtest nicht, was dich hier erwartet, zwei alte Trottel, die nichts auf der Welt interessiert als ihr eigenes Wohlergehen.«

»Na, na«, sagt Franz. »Hört sich ja komisch an aus deinem Mund. Als alten Trottel hast du dich noch nie gesehen.«

»Natürlich nicht. Tu ich auch jetzt nicht. Könnte aber sein, daß sie so was vermutet hätte, nicht? Es war schwierig für sie, hier anzukommen, das begreife ich jetzt erst richtig. Zwei Fremde. In einem anderen Erdteil. Kein Mensch, dem sie sich anvertrauen konnte. Harry wollen wir jetzt mal ausnehmen.«

»Er hat alles hautnah miterlebt und hat mit mir gelitten. Das war auch eine Belastung für mich. Ich wußte, daß er ein krankes Herz hat, er sollte sich nicht aufregen. Der Nachtbetrieb war sowieso schlecht für ihn. Wir wollten längst aufhören, mußten bloß erst geeignete Nachfolger finden.«

»Und die habt ihr gefunden?«

»Ich hoffe es. Es sind zwei. Sehr seltsam, aber es sind auch Brüder.«

»Hoffentlich nicht so alte Trottel wie wir«, sagt Franz anzüglich.

Eve lacht. »Nein, etwas jünger. Sie haben nie gespielt, sie hassen das Spiel, haben so Samariterideen. Die Menschheit verbessern durch gutes Zureden.«

»Na, ob die gerade die Richtigen sind, bezweifle ich«, sagt Klaus. »Sie müssen nun mal mit Spielern umgehen, und daß die durch gutes Zureden nicht zu bessern sind, weiß man ja. Und getrunken wird schließlich auch bei euch.«

»Selbstverständlich. Ein paar Einnahmen muß man ja haben in so einem Laden. Von Nächstenliebe allein erhält er sich nicht. Unsere Preise sind sogar ziemlich hoch.«

»Es kann dir egal sein. Du bist frei von dem Geschäft, du bist hier, es regnet immer noch. Und nun gib mir mal deine Hand!«

Eve blickt ihn erstaunt an, dann streckt sie vorsichtig die Hand zu ihm hinüber.

Klaus nimmt die Hand, beugt sich darüber und küßt sie.

»Das hat mein Bruder heute früh schon getan, und jetzt tue ich es. Weil wir uns freuen, daß du da bist.«

»Ein feiner Mann macht so etwas nicht im Sitzen«, moniert Franz. »Du hättest wenigstens aufstehen können.«

»Auch wieder wahr. Aber ich wollte unser friedliches Zusammensein nicht stören. Denn da ist noch etwas, was ich mir denke. Wir kennen uns erst so kurze Zeit, aber du hast etwas Seltenes hier gefunden. Vertrauen. Weil du uns vertraust, fällt es dir nicht mehr schwer, über alles zu sprechen. So wie es dir gestern abend noch schwerfiel. Eigentlich hättest du mit deiner Mutter so sprechen können. Ihr hättest du alles erzählen müssen.«

»Ich fürchte, dazu ist sie zu dumm«, sagt Eve knapp und deutlich. »Sie hat ihren Kindern nicht viel geben können. Ich meine, Verstand, Bildung, Menschenkenntnis. DDR her und hin, es gab auch dort Menschen, die klug und gut waren, die etwas gelernt haben, die ins Theater gegangen sind oder in Konzerte. Schließlich haben wir ja nicht auf dem Dorf gelebt, sondern in Berlin. Aber meine Mutter hat das ... das, ich weiß nicht, wie ich es nennen soll, das Schöne auf der Welt nie interessiert.«

»Es ist nicht nur das Schöne, es ist auch das Wichtige«, sagt Klaus.

»Es hat mich fast erschüttert, als Angelika mir erzählte, daß sie so gern in die Schule gegangen ist und gern auch weiter gegangen wäre, und am liebsten studiert hätte. Sie wäre gern Lehrerin geworden. Und das wäre ohne weiteres möglich gewesen, wir waren arme Leute, die durften studieren.«

»Und warum ist nichts daraus geworden?« fragt Franz.

»Weil kein Mensch dafür Verständnis hatte, weder meine Mutter noch mein Bruder. Der steckte sie zu seiner Freundin in das Friseurgeschäft, da machte sie eine Lehre, und damit mußte sie sich zufriedengeben. Wenn ich nicht gekommen wäre...« Sie schüttelt den Kopf. »Ich komme und nehme sie mit nach Amerika. Und von mir bekommt sie auch keine Bildung und keinen Verstand. Woher denn, ich bin ja genauso ungebildet aufgewachsen. Mich hat mein Vater mitgenommen, von dem konnte ich auch nichts Vernünftiges lernen.«

»Hat er eigentlich mit dir geschlafen?« fragt Klaus kühl.

»Aber Klaus!« ruft Franz empört.

»Ja«, sagt Eve genauso kühl. »Noch nicht in Budapest oder in Wien. Auf den Schiffen nicht, da wäre es aufgefallen. Der nette Kapitän auf dem Frachter hätte ihn wohl über Bord geschmissen. Später dann, das könnt ihr euch ja denken.«

Franz macht ein unglückliches Gesicht. Doch Eve ist so gelassen wie zuvor. Hat sie je davon gesprochen? Nicht einmal zu Harry.

»Wollen wir nicht noch weiter über Eva-Maria sprechen«, lenkt er ab.

Eve nickt. »Wir sind ganz vom Thema abgekommen.« Sie sieht Klaus an. »Vielleicht weil du das gesagt hast, das mit dem Vertrauen. Das muß es sein. Ich wußte gar nicht, daß es so etwas gibt. Darf ich noch einmal die Nase vor die Tür stecken?«

Klaus lacht und steht auf, geht zur Tür und öffnet sie weit. »Es regnet nur noch ein wenig. Aber immerhin, es regnet.«

Sie treten beide vor die Tür. Franz ist immer noch verärgert über die brutale Art, mit der Klaus diese schreckliche

Frage gestellt hat. Er war ja am vergangenen Abend nicht dabei und kann nicht wissen, daß die Vermutung naheliegt.

Franz nutzt die Gelegenheit, solange die beiden draußen sind, sich eine Zigarette anzuzünden.

Jacko schaut ihn tadelnd an, verläßt seinen Platz und legt sich weiter entfernt nieder.

»Du hast es nötig, dich so aufzuspielen«, sagt Franz. »Geh lieber ein bißchen hinaus, du hast doch gehört, es regnet nur noch ganz wenig.«

Auch das wenige ist Jacko schon zuviel, lieber atmet er ein bißchen Zigarettenrauch.

Draußen hat Klaus den Arm um Eves Schulter gelegt, zieht sie näher zu sich heran, küßt sie auf die Wange. Das hat er an diesem Abend schon einmal getan. Sie seufzt leise, gibt nach in seinem Arm.

Wird sie am Ende von ihm lernen, wie es ist, wenn man sich verliebt? Er weiß recht gut, wie das geht. Er neigt den Kopf ein wenig tiefer, küßt sie noch mal, nicht auf den Mund, in den Mundwinkel. Dann läßt er sie los. Er weiß auch sehr gut, wie man mit einer Frau umgehen muß.

»Ich habe gestern gesagt, Eva-Maria ist herzlos«, sagt Eve eine Weile später, als sie wieder zusammensitzen. »Das ist sicher ungerecht. Aber sie hat so eine Art, gegen die man hilflos ist. Sie weiß immer, was sie will. Und sie bekommt, was sie will.«

»Ja, ja, wir kennen sie«, sagt Franz.

»Ich habe sie im Laufe der Jahre auch ganz gut kennengelernt. Sie kam ja immer mal wieder, weil sie nach Georgie schauen müsse, so nannte sie das. Sie kannte seine ups and downs sehr gut. Als sie das vorletzte Mal kam, war Angelika im achten Monat. Sie sah mich nur kopfschüttelnd an. Daß du so dumm bist, sagte sie, warum hast du das nicht verhindert? Dagegen konnte ich nichts einwenden, sie hatte recht. Und als sie dann das letzte Mal kam, war Robert zwei Jahre alt, da nahm sie ihn mit. Ich fand das gar nicht so schlecht. Angelika würde sich beruhigen und sich dann vielleicht erholen. Ich erzählte es nur Harry, der Eva-Maria ja auch kannte, er fand es auch gut, wenn Robert eine Weile besser versorgt würde. Georgie konnte ich es nicht berichten, er war wieder mal auf Reisen.«

»Mit Jollybee«, nickte Klaus. »Ein zu hübscher Name. Ich kann die Lady direkt vor mir sehen. Und wo waren sie?«

»Keine Ahnung. Sie hatte noch ein Haus in Florida, und eine Wohnung in New York, und wenn sie gerade Lust dazu hatte, flog sie nach Paris. Da waren sie zu dieser Zeit, wie ich später erfuhr. Ich telefonierte ein paarmal mit Eva-Maria, und sie berichtete mir, wie gut es Robert ginge, was er zu essen bekäme, was für ein schönes Zimmer er hätte und wie ihn alle verwöhnten, die Köchin, das Hausmädchen und ihre Freundin Joyce. Ob sich Joyce denn nicht belästigt fühle durch das Kind, fragte ich. Sie ist ja kaum da, bekam ich zur Antwort, sie hat einen Modesalon und sehr gute Kundschaft, und ihr Mann dreht gerade einen Film in München, bei der Bavaria. Das fand Eva-Maria besonders komisch.«

»Wo war eigentlich die ganze Zeit Eva-Marias Freund?« fragt Franz. »Arbeitete der woanders?«

»Er führte das Restaurant in einem Golfclub in Santa Monica, das machte ihm offenbar Spaß, und er verdiente gut. Manchmal schläft er auch bei uns im Haus, wenn er mal Zeit hat, so Eva-Maria weiter, was selten vorkommt, er hat viel Arbeit. Sobald er genug davon hat, verlassen wir Amerika, es reicht nun. Wir kehren nach Europa zurück.«

»Hört sich ja alles recht gut an«, sagt Klaus.

»Später besuchte ich diese Bekannte von Eva-Maria. Sehr viel später. Da war Georgie schon tot. Und ich wußte nun, daß Eva-Maria mit Florian nach Europa zurückgekehrt war, wie sie das genannt hatte. Und Robby hatte sie einfach mitgenommen.«

*123*

Eine Weile schweigen sie alle drei. Eve macht nun doch ein unglückliches Gesicht, sie hat eine steile Falte auf der Stirn.

»Sie hat gar kein Geheimnis daraus gemacht, sie hat es mir sogar mitgeteilt. Es ist Schluß jetzt hier, sonst werden wir zu alt, um noch einmal neu beginnen zu können, das sagte sie am Telefon. Wir fliegen erst nach Kanada, ich muß mich wenigstens ordentlich verabschieden, sie waren immer so nett zu mir. Und dann geht es nach Hause. Und wo ist zu Hause? fragte ich. München? Nein, Österreich. Zuerst mal Wien, ich war noch nie in Wien. Bringst du mir Robby, oder soll ich ihn holen, fragte ich ganz harmlos. Und sie darauf: Wir nehmen ihn mit. Er hat es bei mir doch besser als in deinem blöden Las Vegas. Florian hat ihn auch sehr gern. Ich glaube, du bist verrückt, sagte ich darauf. Aber ich nahm es immer noch nicht ernst.«

Klaus sieht sie mitleidig an, und genau wie in der letzten Nacht möchte er sagen: Laß gut sein, hör auf! Gehen wir noch ein Stück in den Regen hinaus.

Aber sie müssen es heute hinter sich bringen. Sie muß fertig werden mit dieser Vergangenheit. Soweit es möglich ist.

»Drei Tage später tauchte Georgie wieder einmal auf, er kam wirklich aus Paris und war mißgestimmt. Er kam ohne Jollybee. Du mußt morgen nach L. A. fahren, nach Malibu, und deinen Sohn holen, sagte ich energisch. Warum denn das? Und so weiter, und so hin und her. Drei Tage sah ich ihn nicht, dann kam er wieder mal in den Club, sehr schlechter Laune, er hatte verloren, das merkte ich sofort, und er war betrunken. Jollybee war wieder nicht dabei, und ich folgerte daraus, daß sie genug von ihm hatte. Und so war es auch. Sie war in Paris geblieben und hatte sich offenbar einen Neuen angelacht. Na, wenn schon, sagte ich, so schön ist sie auch nicht. Du fährst morgen nach Malibu und holst den Jungen. Und wenn du das nicht tust, brauchst du dich bei mir nie wieder sehen lassen.«

Sie steht auf, geht zur Verandatür, schaut hinaus ins Dunkel und spricht gegen die Scheibe.

»Er fuhr wirklich am nächsten Tag. Der Rolls stand ihm nicht mehr zur Verfügung, er fuhr mit einem Leihwagen. Ob er seinen Rausch nicht ausgeschlafen hatte, ob es der Ärger über das verlustreiche Spiel war oder die Wut auf Jollybee, ich weiß es nicht. Er kam nie in Malibu an. Er verunglückte auf dieser Fahrt, kam in ein Krankenhaus, und da er natürlich zu dieser Zeit keine Wohnung in Las Vegas hatte, auch keine Adresse bei sich, erfuhr ich erst Tage später von dem Unfall. Da war er schon tot. Wie ihr seht, bin ich schuld an seinem Tod. Ich habe ihn auf die Reise geschickt.«

Eine Weile schweigen sie alle drei. Jacko gefällt das nicht. Er steht auf, streckt sich, geht zu Eve, legt seinen Kopf an ihr Knie, blickt zu ihr auf, und als sie anfängt, ihn zu streicheln, schließt er beseligt die Augen.

»Er will dich trösten«, sagt Klaus. »Er weiß genau, wie das ist, wenn man Trost und Liebe braucht. Und was Vertrauen ist, weiß er auch. Wie wär's, wenn wir noch ein paar Schritte an die Luft gehen? Draußen hängt so ein alter Anorak von mir, den hängst du dir um, und wir schauen mal, was mit dem Regen ist. Kommst du mit, Franz?«

»Nö, geht nur. Ich trinke noch einen Schluck Wein.«

»Und höchstens noch eine«, sagt Klaus mit einem Blick auf die Zigarettendose.

»Ich freue mich schon drauf, wenn ich mal erwachsen sein werde«, knurrt Franz.

Er schenkt sich ein Glas Wein ein und zündet sich mit Behagen die Zigarette an, nachdem die drei gegangen sind, denn Regen oder nicht, Jacko muß mitgehen.

Sie gehen nicht weit, nur auf der schmalen Straße zwischen ihrem Haus und denen der Nachbarn hin und her. Es regnet ganz sacht, die Luft ist kühl, frisch und mild zugleich.

»Eine Luft wie Champagner«, sagt Eve.

Klaus hat ihre Hand umfaßt, sie geht ganz selbstverständlich mit ihm. Noch nie im Leben ist sie mit einem Mann Hand in Hand gegangen. Und plötzlich, der Regen ist gar nicht mehr zu spüren, geht über dem See eine Lücke in den Wolken auf, man sieht den Mond.

»In drei Tagen haben wir Vollmond«, sagt Klaus. »Dann beginnt der Sommer. Wir werden schwimmen und segeln, abends machen wir Musik, und wenn es dir zu langweilig wird, fahren wir in die Berge. Oder mal nach München. Wir könnten mal ins Theater gehen. Oder in die Oper.«

»Ich war noch nie in einer Oper«, sagt Eve.

»Da werde ich mich gleich mal um Karten bemühen. Im Juli haben wir Festspiele. Ich habe eine gute Quelle, von der ich Karten bekomme.«

Vor der Haustür legt er den Arm um sie, zieht sie sacht an sich.

»Heute reden wir gar nichts mehr. Jetzt wird geschlafen. Morgen wird uns schon einfallen, was wir unternehmen. Nicht zuviel, Alma darf nicht wieder enttäuscht werden. Abends haben wir Gäste. Gut?«

Sie nickt. »Sehr gut.«

Er küßt sie wieder auf die Wange, dann auf den Mund. Leicht und zärtlich. Der Kuß eines Freundes, dem man vertraut.

## *Abschied von Amerika*

In dieser Nacht nimmt sie Abschied von Amerika. Sie könnte es nicht mit Worten ausdrücken, es geschieht einfach, und es ist ein Gefühl, das einer Befreiung gleicht. Sie hat den größten Teil ihres Lebens in den Vereinigten Staaten verbracht, aber Heimat sind sie nicht geworden. Und sie kennt so wenig von diesem mächtigen Land, Kalifornien, einen Teil davon, Las Vegas, sonst ist sie nirgendwo hingekommen. Heimat – das denkt sie auf einmal. Ein seltsames Wort, das ihr nie vorher in den Sinn gekommen ist. Sie hat keine Heimat. Nicht dort, wo sie herkommt, Berlin kann es nicht mehr sein. Und hier?

Sie verbietet sich den Gedanken sofort. Sie kann hier nicht bleiben, als gehöre sie dazu. Ein paar Tage noch, eine Woche höchstens. Weil es so wohltuend ist. Eine Hand, die sie hält, der sanfte Kuß auf ihre Lippen. Es hat sie nicht erschreckt, sie hat nicht abgewehrt, wie sie es seit Jahren tut, wenn ein Mann ihr nahekommt. Dieser Mann, diese beiden Männer, die gestern noch Fremde waren, vor denen sie am liebsten gleich wieder fortgelaufen wäre, sind anders.

Und da ist dieses andere seltsame Wort – Vertrauen. Ein schönes, klangvolles Wort, ein Wort, das sie lange nicht gehört hat.

Sie sieht sich im Zimmer um, es ist hübsch eingerichtet, die Tür zu einem Nebenraum hat sie geöffnet. Auf dem kleinen Tisch steht eine Flasche Mineralwasser, ein Glas. Auf der Kommode liegen zwei Bücher. Wer hat sie hingelegt? Franz? Klaus?

Es sind Romane, von ihr unbekannten deutschen Autoren. Aber sie kann jetzt nicht lesen, sie muß nachdenken.

Wenn man es denn nachdenken nennen will, was ihr so ungeordnet, teils sogar angsterregend durch den Kopf geht.

Zurück nach Amerika? Nein, auf keinen Fall. Also bleibt sie in Deutschland. Aber wo? Nach Berlin will sie nicht. Hier im Haus kann sie auch nicht bleiben. Also vielleicht München? Hat sie nicht gestern großartig verkündet, sie wollte immer schon mal nach München? Also.

Nur, was soll sie da machen? Sie muß einen Job finden, sie muß Geld verdienen. Fragt sich nur, wie. Sie hat nichts Vernünftiges gelernt, sie hat gar nichts gelernt. Gut, sie spricht Englisch, ganz gut Spanisch, perfekt Französisch. Sie hat gelernt, einen Computer zu bedienen. Harry hat sich immer dagegen gewehrt, doch sie hat es gelernt, sie wollte sich vor dem Personal im Club nicht blamieren. Um welche Art von Stellung bewirbt man sich in München? Sie hat ihr Auftreten, ihr Aussehen, ihre schwarzgrauen Augen. Da muß sie lächeln. Schwarzgraue Augen, so was.

Sie sitzt in einem bequemen Sessel und schaut ratlos vor sich hin. An Schlaf ist nicht zu denken, es ist kurz nach elf, seit Jahren ist sie nicht gewöhnt, um diese Zeit zu schlafen. Zudem kann sie nur mit Tabletten schlafen, auch das seit Jahren schon. Harry hat ihr die Schlaftabletten besorgt, er brauchte sie auch.

Wie viele sind es denn noch? Sie steht auf, kramt das Röhrchen aus der Umhängetasche. Es sind noch siebzehn Stück, lange wird sie damit nicht auskommen. Aber da gibt es ja den Doktor, der wird ihr wohl neue verschreiben können. Ohne Tabletten wird sie nie wieder schlafen können. Whisky gehört auch dazu.

Zwei, drei Whiskys hat sie jede Nacht getrunken, mehr nicht. Sie hätte jetzt gern einen, aber den gibt es wohl in diesem Haus nicht. Sie trinken Bier, sie trinken Wein, gestern abend einen Cognac, nach ihrer Ankunft haben sie Champagner getrunken.

Ist es wirklich wahr, daß sie erst gestern angekommen ist? Ihr kommt es nicht nur vor wie Tage, fast wie Wochen. So viel hat sie geredet, ihr ganzes Leben ist wie ein Film abgelaufen.

Der Zusammenbruch von Franz, der Doktor im Haus, der mit anhörte, was sie sprach. Doch dann dieser Tag heute, der See, die Berge, die Fahrt durch die Orte, und dann wieder ein Abend, eine Hand, die sie hielt.

Ich träume, denkt sie. Das ist nicht wahr, ich träume nur. Ich werde gleich in Las Vegas aufwachen.

Sie sitzt wieder in dem Sessel, die Beine in den Hosen von sich gestreckt. Schöne Beine, sicher, das schon.

Morgen für das Spargelessen wird sie ein Kleid anziehen. Viele Kleider hat sie nicht. Im Club trug sie entweder einen Hosenanzug oder ein Kostüm, meist schwarz, streng und einfach. Und es war geschwindelt, als sie sagte, sie habe Gepäck in Berlin. Mit den zwei Koffern, mit denen sie ankam, ist sie aus Las Vegas abgereist. Die Wohnung hat sie noch, alles, was sie besitzt, befindet sich dort. Doch die Wohnung wäre kein Problem, der Barkeeper vom Club nähme sie sofort, er lebt mit einem Freund zusammen, und die beiden suchen seit langem eine Bleibe nahe beim Club. Sie werden die Einrichtung übernehmen, alles andere können sie verschenken. Es gibt in Las Vegas genügend arme Leute.

Im Koffer hat sie nur zwei Kleider mitgebracht, ein schmales Schwarzes, für besondere Angelegenheiten, eine Party im Club, wenn einer Geburtstag hatte oder besonderes Glück im Spiel und dann alle einlud. Das andere Kleid ist grün, ein fahles Grün, es steht ihr gut.

Sie steht wieder auf, schaut in den Schrank, da hängen die Kleider. Sie wird morgen abend das Grüne anziehen. Oder lieber das Schwarze? Es hat ein kleines Dekolleté, nicht vorn, am Rücken.

Schmuck gehört natürlich dazu. Sie hat nur ein wenig

Modeschmuck, sonst nichts. Jollybee zum Beispiel, bei der glitzerte es rundum, vermutlich echt.

Die zwei Kleider genügen nicht. Sie steht vor dem Schrank und schaut erstaunt in die Luft. Es wird jetzt Sommer, hat Klaus gesagt. Sie wollen mit ihr nach München fahren. In die Oper gehen. Sie braucht ein Sommerkleid, vielleicht zwei. Und ein Abendkleid. Und passende Schuhe natürlich. Viel Geld hat sie nicht mehr. Sie hat keine Ahnung, wie teuer es ist, in Deutschland einzukaufen. Es gibt ein Konto in Las Vegas, das Geld müßte sie sich überweisen lassen. Klaus wird wissen, wie man das macht.

Komisch, sie hat sich nie für Geld interessiert. Im Grunde hat sie wenig gebraucht, Essen und Getränke im Club, ihr Frühstück. Doch Angelika hat dann allerhand gekostet. Es war wohl ein wenig weltfremd von ihr, die kleine Schwester mitzunehmen. Ein Gefühl für Familie, die es eigentlich nicht gab.

Was war bloß in ihrem Kopf vorgegangen?

Eigentlich hat gar nichts sie interessiert.

Auch das ist ein erschreckender Gedanke. Keine Musik, kein Theater, ganz selten mal Kino.

Plötzlich denkt sie an ihren Vater. Hat er eigentlich alles in ihr getötet, die Liebe, die Freude, die Musik? Er hat doch Musik gemacht, er hat von Mozart gesprochen, oder von Beethoven. Aber sie hatte sich ihm verschlossen.

Sie hat soviel versäumt im Leben. Kann man das nachholen?

Nein, kann man nicht.

Doch, denkt sie trotzig, sie wird es versuchen. Morgen wird sie Klaus bitten, ihr eine Platte vorzuspielen. Von Mozart. Oder von diesem Schubert, den er liebt.

Im Club haben sie nie Musik gemacht, keine ruhige, keine wilde, absichtlich nicht. Die ganze Stadt war so voll Lärm, bei ihnen sollte Ruhe sein. Hier sollte man nicht schreien, sondern sich unterhalten können, wenn man denn wollte. Es gab Menschen, die immer wieder kamen, die man kannte. Aber es kamen auch Fremde, oft Leute, denen man mißtraute. Ihr wachsamer Blick, die genaue Einschätzung der Gäste, das immerhin hatte sie gelernt. So wie es ihr damals mit Georgie gegangen war, mit der Waffe in der Tasche.

Der einzige Freund war Harry, dem sie immerhin das sorglose Leben verdankte, das sie viele Jahre führte.

Sorgloses Leben stimmt auch nicht, es war anstrengende, oft niederdrückende Arbeit.

Das alles geht ihr kunterbunt durch den Kopf.

Sie sitzt wieder in dem Sessel und denkt an Harry. Es wird ihm gutgehen bei seiner Schwester, hoffentlich hält sein Herz noch eine Weile durch. Ein Glück, daß er diese Schwester hat.

Sonst, soviel ist ihr klar, hätte sie ihn nie verlassen dürfen.

Sarah konnte Las Vegas nicht ausstehen und den Club auch nicht.

Sie erinnert sich an ein Gespräch, als Sarah einmal gekommen war, es ist Jahre her, sie kam selten.

»Harry, das ist doch kein Leben für dich. Bitte, hör auf damit, komm zu mir.«

Damals lebte ihr Mann, der Professor, noch.

Sie erinnert sich auch daran, was Harry sagte, nachdem Sarah wieder abgereist war.

»Aus mir ist nichts geworden, ein armer Emigrant. Dabei war ich jung genug, als ich kam, um etwas zu werden. Mein Vater ist schuld daran. Er hat sein Leben lang gelitten an seinem entwurzelten Dasein. Sarah hat Gott sei dank einen guten Mann geheiratet. Aber soll ich bei ihr unterkriechen? Mein Leben war so unnatürlich. Mein Vater war schuld.«

Sie hatte geschwiegen und ihn angesehen.

Mein Vater war schuld, das gab es also nicht nur in ihrem Leben. Auch sie war jung gewesen, auch sie hätte etwas werden können.

»Mein Vater haßt Amerika, er ist hier nie heimisch geworden. Und er mußte Deutschland hassen und die Nazis. Er war Biologe, hat an der Friedrich-Wilhelm-Universität in Berlin gelehrt. Er sprach immer davon, daß er nach Deutschland zurückkehren wolle. Aber er schaffte es nicht. Er konnte nicht vergessen, nicht verzeihen. Und so bin ich aufgewachsen. Meine Schwester hat es geschafft. Ich nicht. Frauen sind oftmals stärker, nicht wahr?«

Für sie stimmte das nicht. Ihr war nichts anderes eingefallen, als einen dummen Jungen zu heiraten, dessen Umarmungen sie genauso widerwillig erduldet hatte wie die ihres Vaters.

Und dann war sie allein, blieb allein.

Die ferne Familie in Berlin. Die vom Vater beschuldigte Mutter, ein Thema, das er immer wieder ansprach.

»Sie ist eine Ehebrecherin.«

Ein fürchterliches Wort. Sie hatte immer die Schultern eingezogen, wenn er es aussprach.

Warum war sie nur so dumm gewesen? So dumm, so ungebildet, so ahnungslos.

Was wäre aus ihr geworden ohne Harry? In einem Puff wäre sie sicher nicht gelandet, sie nicht.

Da sitzt sie, es ist mittlerweile zwölf Uhr, sie sitzt und starrt vor sich hin. Es ist alles, wie es immer war. Wenn sie nur einen Whisky hätte.

Sie wird jetzt die Tabletten nehmen, besser heute zwei. Ob es noch regnet? Sie öffnet leise das Fenster, kein Regen mehr, es ist still, unbeschreiblich still.

Sie denkt: Morgen.

Was wird morgen sein? Und sie denkt wieder die zwei seltsamen Worte: Heimat. Vertrauen.

Trotzdem kann sie hier nicht bleiben. Sie hat schließlich in L. A. Arbeit gefunden. Also wird sie auch in München Arbeit finden. Irgendwas.

Und plötzlich muß sie lachen.

Man nennt sie Eve. Was werden die beiden sagen, Franz und Klaus, wenn sie ihren wirklichen Namen erfahren?

Unwillkürlich fällt ihr Eva-Maria ein. Jeder hat sie immer bei ihrem vollen Namen genannt, sie legte Wert darauf. Eva-Maria. Ob sie die in dem Hotel in Montreal auch so genannt haben? Was werden sie erst sagen, hier, wenn sie wissen, wie ich wirklich heiße?

Evelyn, Anna, Klara.

Er wollte Evelyn, Anna, Klarinette.

Evelyn nach seiner Mutter, Anna nach seiner Großmutter irgendwo im Sudetenland, wo immer das war.

Der Standesbeamte ließ Klarinette nicht durchgehen.

»Dann wenigstens Klari«, hatte ihr Vater gesagt.

Es wurde Klara daraus.

Sie wird jetzt die beiden Tabletten nehmen. Sie könnte hinunterschleichen und wenigstens einen Cognac trinken. Aber sie traut sich nicht. Klaus schläft unten, er könnte sie hören.

Also besser drei Tabletten. Nein, das ist zuviel, dann ist sie morgen zu matt, zu schlaff.

Was wird morgen sein? Was übermorgen? Was überhaupt?

Und dann endlich – sie hat die Tabletten genommen – fällt ihr Robby ein.

Er ist der einzige Sohn von Georgie, jedenfalls soviel sie weiß.

Sie hört Georgs Stimme. Na, ist ja prächtig. Ich wollte schon immer ein Kind haben. Aber Eva-Maria mit ihrer verdammten Pille. Meine Mutter war auch dagegen, daß sie die nahm. Der Sohn von Georg Seebacher. Der Enkelsohn von Franz Seebacher.

Im Moment erfüllt sie wilde Wut auf Eva-Maria. Sie hat immer getan, was sie wollte, sie hat immer bekommen, was sie wollte.

Nun also auch ein Kind.

Nicht mit mir, denkt Evelyn Anna Klara Seebacher, ehe sie ins Bett sinkt, nun endlich müde von den Tabletten.

Wir werden Robby finden.

Meine Schwester ist eine Flasche. Und meine Mutter hat sowieso keine Ahnung.

Aber weiß ich denn, ob Franz Seebacher einen Enkelsohn will? Morgen nicht, übermorgen nicht, aber irgendwann werden wir davon sprechen.

Dann schläft sie endlich ein.

## Das Haus

Als Klaus daran ging, das Haus auf Marieles Wunsch umzubauen und zu vergrößern, brütete er eine Zeitlang über den Plänen. Das Grundstück war groß genug, daß er einen Seitenflügel anbauen konnte, was natürlich den Garten verkleinerte.

Einen besonderen Aufwand erforderte der Ausbau des Kellers, der bisher nur aus zwei kleinen Räumen bestanden hatte. Nun mußte es einen ordentlichen Heizungskeller geben, Heizung und Warmwasser für das Haus, ausreichend Platz für Vorräte.

Sodann mußte es zwei Wohnungen geben. Im ersten Stock für Mariele und Franz, ein großes Schlafzimmer, ein Salon für die Dame, ein Herrenzimmer. Rechts von der Treppe befanden sich die beiden Zimmer, die Eve derzeit bewohnte, denn sie hatten ja damit rechnen müssen, daß Georg und Eva-Maria eines Tages zurückkehren würden, zumindest als Besuch.

Für sich selbst hatte Klaus nicht viel Raum vorgesehen, denn er dachte damals nicht daran, sich am See zur Ruhe zu setzen, wie er es spöttisch nannte. Also ein Schlafzimmer und ein Arbeitszimmer, das er Studio nannte, beide im Parterre des neuerstandenen Seitenflügels.

Das schöne große Haus in München, in dem Franz und Mariele wohnten, sollte nicht verkauft werden, nur vermietet.

Gut zu überlegen war, wie das Parterre aussehen sollte, das dem See zugekehrt war. Die Veranda gab es noch nicht, doch es war Marieles größter Wunsch gewesen, einen Platz zu haben, wo man sitzen, auf den See und die Berge schauen konnte, ohne die Sonne auf dem Kopf zu haben.

Von der Veranda führten drei Stufen in den Garten. Von der Veranda kam man auch durch eine breite Tür in das größte Zimmer des Hauses, in dem sich ein Kamin befand, eine gemütliche Ecke um einen runden Tisch, ein großer, altmodischer Bücherschrank, von dem sich Mariele nicht trennen wollte. Hier bewahrte sie die vielen Bücher auf, die sie besaß. Im dahinterliegenden Zimmer befand sich der große Tisch, an dem gegessen wurde.

Im Verandazimmer spielte die Musik, Radio, ein Plattenspieler, und nun auch der Player für die CDs. Mit denen konnte sich Mariele nicht recht anfreunden, sie mochte sich von ihren großen Platten nicht trennen. Sie besaß sehr viele Einspielungen von Opern, und sofern es sich um Verdi oder Puccini handelte, hörte sie das lieber auf deutsch. Auch den Figaro oder den »Don Giovanni«. Zwar kannte sie alle Texte auswendig, aber es gefiel ihr einfach besser, wenn Don Giovanni sang »Reich mir die Hand, mein Leben« oder Cavaradossi »Wie sich die Bilder gleichen.« Sie sang dann gern leise mit, wenn sie allein war, auf italienisch konnte sie das nicht.

Im hinteren Teil des Erdgeschosses befanden sich Küche und Speisekammer, die Putzutensilien lagerten im Keller.

Alles in allem ein recht luxuriöses Haus, als es fertig war.

Mariele hatte mit großer Anteilnahme die Entwürfe betrachtet, und als der Umbau begann, kam sie oft mit hinaus.

»Mei«, sagte sie, »das wird ein wunderschönes Haus. Wird das nicht furchtbar teuer?«

Sie war schmal und blaß zu dieser Zeit, der Krebs zerstörte bereits ihren Körper.

»Meinst, daß der Schorschi hier mal mit uns wohnen wird?«

Nur ein einziges Mal sagte sie das, zu Klaus, nicht zu Franz. Der Schorschi hatte in diesem Haus nie gewohnt, und sie auch nicht.

Dafür blieb Klaus dann für immer draußen. Da war der Herzinfarkt, und er konnte den unglücklichen Franz nicht allein lassen.

Sein Boot war schließlich auch da.

Und dann, nicht zu vergessen, Jacko.

## *Harmonie*

Das Spargelessen ist natürlich ein großer Erfolg. Alma ist extra dageblieben und hilft beim Spargelschälen, später deckt sie den Tisch, besonders liebevoll an diesem Abend, mit einem Sträußchen Himmelsschlüssel in der Mitte.

»Wo haben Sie die denn her?« fragt Franz.

»Bei Bommers aus dem Garten, selbst gepflückt. Die sind ja verreist.«

»In der Toscana, ich weiß. Da gibt es bestimmt keine Himmelsschlüssel.«

Das kann er gar nicht wissen. Er ist nicht viel verreist, Mariele mochte nicht ins Ausland, höchstens nach Österreich, das war für sie kein Ausland, denn dort sprachen sie deutsch und liebten dieselbe Musik wie sie.

Alma steht einen Augenblick an der Tür, während sie die Hühnersuppe essen. Bisher waren die Herren immer unter sich, jetzt sitzt eine hübsche, junge Frau mit am Tisch.

Hübsch ist sie wirklich, dagegen läßt sich nichts sagen. Nachmittags ist sie wieder im See geschwommen, dann hat sie sich die Haare gewaschen und nun ein leichtes Make-up aufgelegt. Und sie hat ein grünes Kleid an, so ein mattes Grün, es gefällt Alma.

Alma ist selbst eine gutaussehende Frau, und sie hat eine außerordentlich hübsche Tochter und nun auch noch eine ansehnliche Schwiegertochter. Also kann sie mit Gleichmut eine andere schöne Frau betrachten, die ja doch zur Familie gehört. Sie hat heute den ganzen Tag Zeit gehabt, den Zugang zu sehen, zu hören und zu erleben.

Diese Eva-Maria ist freundlich, lächelt ihr zu, sagt danke, wenn sie etwas bekommt, das Frühstück, den Nachmittagstee, mittags gab es heute nur ein Omelett, das hat Alma fabriziert, das kann sie gut, und die Schwiegertochter hat gesagt: »Das schmeckt ja großartig. Sie müssen mir mal zeigen, Frau Alma, wie man das macht. Ich kann nämlich überhaupt nicht kochen.«

Na ja, da in Amerika, was sie da wohl gegessen haben? Ihr Schwiegersohn, der wirklich und wahrhaftig schon mal in Amerika war, hat gesagt, dort essen sie nur Steaks.

Nachdem Alma die zweite Platte mit dem dampfenden Spargel aufgetragen hat, bleibt sie noch einmal an der Tür stehen und sieht sich das an.

Klaus geht an ihr vorbei, er will eine zweite Flasche Wein holen.

Alma ist ihm nachgekommen, sie sagt: »Grad schad is, daß Ihre Schwägerin das nicht mehr erlebt hat.«

»Hm«, brummt Klaus.

»Aber es hätt ihr wohl großen Kummer gemacht, daß ihr Sohn nicht mit seiner Frau zurückgekommen ist.«

»Da dürften Sie recht haben«, erwidert Klaus abweisend.

»Und wissens, was auch schad ist?«

»Hm«, macht Klaus noch mal und zieht den Stöpsel aus der Flasche.

»Daß keine Kinder ham. Stellens Ihnen vor, die Eva-Maria wär mit zwei Kindern hier angekommen.«

Sie denkt dabei an ihre Kinder und den Enkelsohn, den sie kürzlich getauft haben.

»Wie man's nimmt«, sagt Klaus. »Wäre wohl etwas unruhig.«

Und er verschwindet mit der Flasche.

Das ist nach wie vor eine ungeklärte Frage. Alma erlebt die sogenannte Schwiegertochter nun am zweiten Tag. Wie wird man aber auf die Dauer die Existenz von zwei Evas verschweigen können? Doktor Freese weiß Bescheid. Aber der Maler Brodersen hat keine Ahnung, wer diese Eve ist.

Man hätte das mit Franz besprechen müssen, denkt Klaus.

Aber der war so beschäftigt mit seinem Spargel, daß man die letzte Stunde kein vernünftiges Wort mit ihm hat reden können.

Soll man Brodersen den ganzen Schlamassel erzählen oder ihn in dem Glauben lassen, Eve sei Eva-Maria?

Und wie gut kennen sich der Doktor und der Maler? Es ist das erste Mal, daß sie zusammen eingeladen sind. Klaus ist sicher, daß der Doktor niemandem erzählen wird, was sich vorgestern nacht zugetragen hat.

Also läßt man am besten alles so, wie es ist. Er füllt die Gläser wieder und macht sich über die zweite Portion Spargel her.

Selbstverständlich ist Brodersen begeistert von dem Zugang. Es macht Eve Komplimente, sie dankt mit artigem Lächeln, manchmal streift ihr Blick den Doktor, der nicht viel redet an diesem Abend. Und immer wieder sieht sie Klaus an, wenn sie nicht weiß, was sie auf eine Frage des Malers antworten soll.

»Sie haben lange in Kanada gelebt, gnädige Frau«, sagt er zum Beispiel. »Das ist ein Land, das mich interessiert, viel mehr als die USA. Ich würde gern einmal nach Vancouver reisen. Soll eine herrliche Gegend sein. Mit Bären in den Wäldern, mit herrlichen Traumlandschaften. Und die Vulkane, auf dem Weg nach Seattle. Feuerspeiende Naturwunder, das bedeutet viel mehr als jede Atombombe, das Höllenwunder unserer Zeit.«

Klaus springt ihr dann sofort bei, redet dies und das. Und lächelt ihr tröstend zu.

Sie hat wirklich das grüne Kleid an. Sie sieht sehr reizvoll aus, und es gibt keinen Grund, sich aufzuregen, keinen Grund für Tränen. Sie lächelt den Männern zu, sagt Franz, wie wunderbar es schmeckt, erzählt dem Doktor, wie schön es war, im See zu schwimmen.

»So«, sagt der, »Sie sind im See geschwommen? Ist es nicht noch etwas kalt?«

»Ja, schon«, erwidert sie verwirrt. Er hat doch gestern gesehen, daß sie im See geschwommen ist.

Er hält ihren Blick fest. Das verwirrt sie noch mehr. Seit wann, seit Jahren und Jahren nicht, hat sie der Blick eines Mannes verwirrt. Genaugenommen, eigentlich noch nie. Sie hat das Besteck niedergelegt, sieht den Mann an, der auch kein Fremder mehr ist, er weiß alles über sie.

»Komm«, sagt Klaus und legt seine Hand auf ihre. »Drei Stangen noch, und eine kleine Kartoffel. Wenn du nicht ordentlich ißt, darfst du nicht mehr in diesem kalten See baden.«

Sie sieht ihn an, und wirklich, es ist kaum zu glauben, steigt ein leichtes Rot in ihre Wangen.

Das ist seltsam. Vier Männer am Tisch, und keiner ist ein Feind.

Doktor Freese hat Franz den ganzen Abend lang vorsichtig beobachtet, aber der zeigt kein Anzeichen von Schwäche, das Essen schmeckt ihm, er sieht aus wie immer. Seltsam, dieser Zusammenbruch am Abend nach der Ankunft der unbekannten Schwiegertochter. Es muß eine Art Schock gewesen sein, konstatiert der Doktor, und er zählt zusammen, was er weiß. Der Kummer mit dem Sohn, sein Verschwinden, die Angst um die sterbende Frau, die Trauer über ihren Tod. Er hat Maria Seebacher nicht kennengelernt, er weiß nur von Klaus, wie glücklich diese Ehe war. Und dann kam die andere Eva, zusammen mit dem Schrecken über das, was sie berichtete. Das hat seine Seele wohl abgewehrt, und der Körper hat sich angeschlossen. Ein psychosomatischer Effekt, denkt der Doktor, ganz verständlich.

Aber nun hat Franz das offenbar überwunden, besser gesagt, er hat es weggesteckt.

Er wird ihn trotzdem nicht mehr aus den Augen lassen. Aufmerksam betrachtet er auch die junge Frau. Sie scheint entspannt, sie spricht, sie lächelt, ihr schmeckt das Essen, nur manchmal flackert Unsicherheit über ihr Gesicht, wenn das Gespräch in gefährliche Bahnen kommt. Was er weiß, was Klaus weiß, braucht der Maler nicht zu erfahren.

Der Doktor ist sogar ein wenig eifersüchtig. Der Maler ist ein gutaussehender Mann, sein dunkles Haar liegt in einer schwungvollen Tolle über der Stirn, es ist alles in allem ziemlich lang, und sein Blick ist so, wie der Blick eines Malers wohl sein muß, eindringlich, forschend, er studiert das Gesicht der jungen Frau genau, er muß neugierig auf sie gewesen sein, denn er war schließlich an jenem Abend im Haus, als der Brief kam. Im Laufe des Abends kommt die Frage, ob Eve ihm wohl einmal sitzen könne für ein Portrait? Daraufhin sieht sie Klaus an. Auf ihn ist der Doktor auch eifersüchtig. Er bemerkt wohl, wie vertraut das Verhältnis zwischen den beiden ist, nach wenigen Tagen schon.

Und er denkt: Er ist viel zu alt für sie. Aber sie hat wohl doch einen Vaterkomplex .

Über den Maler weiß der Doktor so gut wie gar nichts. Ist er verheiratet, hat er eine Freundin? Jedenfalls betont er immer wieder, wie gut es ihm in Bayern gefällt, später, als sie für eine Weile im Garten stehen, weist er mit großen Gebärden in die Landschaft hinaus, tut so, als kenne er hier jeden Meter.

Doktor Freese ist geschieden. Seine Frau hat sich von ihm getrennt, als er beschloß, die Praxis von Doktor Lindner zu übernehmen. Sie haben jung geheiratet, sie ist auch Ärztin, und sie strebt die Laufbahn einer Schönheitschirurgin an, zur Zeit arbeitet sie bei einem Arzt dieses Faches.

Zugegeben, Tutzing ist wohl nicht der rechte Platz für eine Karriere auf diesem Gebiet. Sehr glücklich war die Ehe sowieso nicht gewesen, Ulrich Freese hat sich ohne großen Kummer von seiner Frau getrennt, Kinder haben sie glücklicherweise nicht, die wollte sie nicht.

Er zahlt ihr einen stattlichen Betrag für ihren Unterhalt, bis sie eines Tages, vielleicht, so berühmt sein wird, daß sie mehr verdient als er.

Der Maler Brodersen redet wirklich viel an diesem Abend, die Gegenwart einer jungen, hübschen Frau belebt ihn. Später, sie sind wieder allein, sagt Eve: »Er hat so wunderschöne Worte gebraucht.«

»Wieso das?« fragt Klaus.

»Er hat von einem See erzählt, einem anderen See, und er sprach von dem Sonnenuntergang.« Sie wiederholt seine Worte. »Die Sonne versank ganz plötzlich hinter den Bergen, als sei sie in eine Schlucht gestürzt. Und dann lag ein goldener Saum auf den Bergen, wie von einer Märchenhand gestickt. Bei uns in der Heide sinkt die Sonne viel langsamer. Und erst am Meer. Da meint man, sie versinkt im Meer, ganz langsam, dann kommt eine rotgoldene Abenddämmerung, und noch lange danach spiegelt der Himmel den Sonnenuntergang, rot, rosa, türkis, blau liegt ein Zauberteppich über dem Meer, über dem Watt. Die Sonne ist nicht mehr da, aber sie grüßt noch lange aus ihrem verborgenen Traumreich.« – »Wir wissen immerhin, daß sie noch da ist«, hat der Doktor darauf profan erwidert. »Bloß mal eben um die Ecke.«

Die Worte des Malers haben Eve beeindruckt.

»Ich habe gar nicht gewußt, wie schön die deutsche Sprache ist«, sagt sie. »Ein goldener Saum auf den Bergen. Eine Märchenhand. Eine rotgoldene Abenddämmerung. Ein Zauberteppich über dem Meer. Die Sonne grüßt aus ihrem Traumreich.« »Das hast du dir aber gut gemerkt«, grinst Klaus. »Ja, ja, er hat schwungvoll dahergeredet. Man hätte meinen können, er sei ein Poet und nicht ein Malersmann. Haben wir seine Bilder eigentlich schon einmal angesehen, Franz?«

»Nicht, daß ich wüßte. Er hat uns noch nicht dazu aufgefordert. Du weißt ja, ich habe ihn kennengelernt, als er droben auf der Ilkahöhe saß und malte. Gefiel mir ganz gut. Aber ich bin ja kein Experte. Mir gefallen normale Bilder, nicht der neumodische Kram von heute. Weißt du«, sagt er zu Eve, »ich bin ein Mensch von gestern. Das ist wie bei der

Musik, mir gefällt halt Mozart besser als der moderne Bumsbumskrach, den sie heute machen.«

»Wann darf ich Musik hören?« fragt Eve.

»Wenn du willst, noch heute. Oder bist du sehr müde?«

Sie schüttelt den Kopf. »Ich kann sowieso nicht früh einschlafen.«

Klaus nickt. »Verständlich. Nehmen wir also Mozart, die g-moll-Symphonie. Die ist für den Anfang gerade richtig.«

Franz gähnt. Er will die g-moll nicht hören, Mariele liebte sie besonders.

»Es hat euch geschmeckt?« fragt er.

»Es hat wunderbar geschmeckt«, sagt Eve. »Ich kann mich nicht erinnern, wann ich das letzte Mal in meinem Leben Spargel gegessen habe. Bei meiner Mutter wohl. In Berlin gab es guten Spargel.« Plötzlich fällt ihr der Name ein. »Er kommt aus Beelitz, dort wächst der Berliner Spargel. Wir konnten uns das nur nicht leisten.« Sie lächelt. »Das ist hundert Jahre her.« Sie schweigt, die Männer sehen sie an, in ihrem Gesicht spiegelt sich ein großes Verwundern. Und dann kommt es leise: »Mir ist, als habe ein neues Leben begonnen.«

»Das ist ja wohl auch so«, sagt Franz und betrachtet sie mit Wohlgefallen.

»Ein neues Leben, ja«, wiederholt Eve. »Ich weiß nicht, wie das sein soll. Aber ich kehre nicht nach Amerika zurück. Und denkt bitte nicht, daß ich euch weiter auf die Nerven fallen will. Ich werde nach München fahren und mir einen Job suchen.«

»Das ist okay«, sagt Klaus freundlich. »Ich habe ein paar gute Verbindungen in der Stadt, und ich denke, daß ich dir behilflich sein kann, etwas zu finden, das zu dir paßt. Aber ich würde vorschlagen: Laß dir noch etwas Zeit. Du hast schwer gearbeitet in den letzten Jahren, ein wenig Urlaub steht dir zu.«

»Urlaub?« fragt Eve verständnislos.

»In Deutschland ist das ein Begriff erster Güte. Hier machen alle immerzu Urlaub. Nicht am Starnberger See, zugegeben. Vielleicht willst du lieber in die Toscana fahren?«

Eve lacht. »Ich finde es herrlich hier. Ich kenne keinen Ort der Welt, der mir besser gefallen könnte.«

Nun schweigen die Brüder beide, gerührt.

»Also, dann machen wir so weiter wie bisher. Du schwimmst im See, wir gehen spazieren, essen gut, und in einem Monat oder so suchen wir einen Job für dich. Nun komm mal mit hinaus in den Garten, wir haben Vollmond.«

»Morgen«, widerspricht Franz.

»Na gut, morgen. Aber so gut wie.«

Franz gähnt wieder. »Ich geh schlafen.«

»Machen wir später auch. Jetzt schauen wir erst mal den Mond an. Schade, daß Brodersen nicht mehr hier ist, vielleicht fielen ihm noch ein paar passende Worte zum Mond ein.«

Draußen dann, am Ufer des Sees stehend, dessen Oberfläche silbern schimmert, legt Klaus den Arm um ihre Schultern.

»Schön, nicht?« sagt sie. »Brodersen wüßte sicher was Passendes. Mir fällt bloß ein: Guter Mond du gehst so stille durch die Abendwolken hin... Weiter weiß ich auch nicht mehr.«

»Und woher kennst du es? Aus Amerika doch sicher nicht. Von deiner Mutter?«

»Von ihr bestimmt nicht. Nein, so etwas konnte mein Vater. Gedichte rezitierte er oft.« Und nach einer kleinen Pause. »Sicher habe ich ihm unrecht getan. Wenn eben das nicht gewesen wäre.«

»Ja. Vielleicht war er ein Mensch, der Liebe gesucht hat. Auf dem falschen Weg halt. Seine Kindheit war ja wohl freudlos. Jedenfalls soweit du davon weißt!«

»Irgendwie zerrissen war sie, das schon. Aber was konnte ich dafür?«

Er zieht sie ein wenig fester an sich.

»Du bist jetzt ein großes Mädchen. Und du wirst dich daran gewöhnen müssen, daß man dich liebhat. Und du sollst dich nicht dagegen wehren. Es wäre schade um dich.«

Sie gibt keine Antwort, schaut hinauf in den Mond. Wann hat sie jemals den Mond betrachtet?

»Ich wehre mich ja nicht«, sagt sie dann leise. »Bloß ich...«

»Was?«

»Ich kann nicht damit umgehen.«

»Womit kannst du nicht umgehen?«

»Daß man mich liebhat. Und daß auch ich... ich meine, daß ich auch jemanden liebhaben könnte.«

»Ich fürchte, du kannst es schon.«

Nun küßt er sie wieder auf die Wange, reißt sich dann zusammen.

»Wie ist es? Willst du noch Mozart hören oder gleich schlafen gehen?«

»So früh kann ich ja nicht schlafen.«

Und dann sagte sie ihm, daß sie ohne Whisky und ohne Tabletten nicht schlafen kann.

Selbstverständlich haben sie Whisky im Haus. Also sitzen sie noch zusammen und hören die g-moll-Symphonie.

Und es ist wirklich das erste Mal in ihrem Leben, daß Evelyn sie hört. Harmonie – hat sie je gewußt, was dieses Wort bedeutet? Heimat, Vertrauen, Harmonie, und ob das ein neues Leben ist. Sie kann nicht von heute auf morgen darin untertauchen. Aber es hat begonnen, es geht viel schneller, als sie selbst es erkennt.

Sie trinken jeder zwei Whiskys, sie reden nicht mehr. Klaus bringt sie zur Treppe und verabschiedet sich mit einem Kuß auf ihre Wange.

»Du alter Esel«, sagt er eine Weile später, als er sich im Spiegel betrachtet.

## *Wochenende plus Besucher*

Am nächsten Morgen, es ist ein Samstag, die Brüder sitzen beim Frühstück, kommt Eve langsam die Treppe herunter, Jacko stürzt ihr entgegen, doch unter der Tür zum Wohnzimmer bleibt sie zögernd stehen.

»Ich weiß nicht...«, beginnt sie.

»Guten Morgen«, sagt Klaus. »Was weißt du nicht?«

»Guten Morgen. Ich habe nichts anzuziehen.«

Klaus lacht. »Das klingt ja ganz nach einer normalen Frau.«

Auch Franz schmunzelt. Diesen Ausspruch kennt er sogar von seinem braven Mariele.

»Du hast doch etwas an.«

Es ist ein einfacher hellgrauer Kittel, vorn geknöpft, kniekurz.

»Das ist bloß so ein Fetzen, ich verstehe gar nicht, warum ich den eingepackt habe. Ich habe ihn immer zu meinem späten Frühstück angezogen. Und ich kann ja nicht immer den blauen Bademantel von Klaus anziehen.«

»Kannst du schon, ich habe noch einen. Aber das ist ja sehr niedlich, was du da anhast.«

Sie sieht vorwurfsvoll an sich herunter. »Kann ich nicht finden.«

»Nun setz dich erst mal, sonst wird der Kaffee kalt.«

»Ich habe nichts Passendes dabei, wenn jetzt so schönes Wetter ist«, bleibt sie beim Thema. »Zwei Hosenanzüge, Jeans, ein paar Blusen und T-Shirts. Und zwei Kleider, das ist alles.«

»Und Schuhe vermutlich, ein paar Dessous und... was noch?«

»Dies und das noch. Aber eben nichts Hübsches, wenn das Wetter so herrlich ist.«

Das ist es wirklich. Der Himmel ist strahlend blau, keine Wolke zu sehen, und sehr warm ist es auch geworden.

»Das geht schon mal bis auf weiteres«, sagt Klaus. »Jeans und T-Shirts, damit kommst du heute durchs Leben. Aber wenn wir fein essen gehen, heute zum Beispiel, brauchst du ein Sommerkleid.«

»Wir gehen heute nicht zum Essen«, widerspricht Franz. »Bei diesem Wetter kommt halb München heraus, und da sind alle Lokale proppenvoll.«

»Willst du schon wieder kochen?« fragt Klaus.

»Na, warum denn nicht? Ich gehe gleich runter zum Lidl und schau, was er gefangen hat. Essen wir heute Fisch. Und morgen...«, er überlegt. »Ich könnte uns Spaghetti machen, mit einer schönen Sauce Bolognese. Oder lieber Fettucine, die sind nicht so lang, das ißt sich leichter.«

»Aber da hast du ja wieder soviel Arbeit«, sagt Eve und beißt in ihr Brötchen. Die hat Franz geholt, denn am Samstag kommt Alma nicht.

»Ist doch bestens«, sagt Klaus. »Während du einkaufst, fahren wir nach Starnberg und kaufen ein Sommerkleid.«

»So auf die schnelle?« wendet Franz ein. »Finde ich nicht gut. Wenn schon, muß es ein hübsches Kleid sein.«

»Das kriegen wir bestimmt in Starnberg.«

»Shorts habe ich auch noch. Falls ihr nichts dagegen habt.«

»Was sollen wir dagegen haben? Was denkst du, wo du hier bist. Bei den Moslems? Du wirst staunen, wie die Frauen hier herumlaufen.«

Alma kommt doch. Sie bringt einen Kuchen mit, den ihre Schwiegertochter gebacken hat. Und dann muß sie die Spülmaschine ausräumen, in die sie am Abend zuvor das gebrauchte Geschirr verstaut hat, und außerdem muß sie sich umschauen, wie es im Haus aussieht.

»Nach gestern abend muß ich wohl ein bisserl Ordnung machen.«

»Wo denn?« fragt Franz. »Ist doch alles in Ordnung.«
Alma findet das eine und das andere, was zu tun ist.

»Brauchens mich denn heute? Sie gehn ja sicher zum Essen aus.«

»Machen wir«, antwortet Klaus schnell. Alma muß nicht wieder den ganzen Tag herumhängen, ein wenig Ruhe brauchen sie an diesem Tag schon.

Franz bekommt den Wagen zum Einkaufen, vorher setzt er Eve und Klaus am Yachtclub ab, damit sie endlich seine Jolle zu sehen bekommt.

Es sind viele Segel auf dem See, obwohl so gut wie kein Wind weht.

»Das ist langweilig, nur so herumzuschippern. Du kommst einmal mit, wenn wir eine frische Brise haben.«

»Ja, gern«, sagt Eve und bewundert die »Bianca«, und dann erfährt Klaus, daß sie schon einmal gesegelt ist.

»In Las Vegas?«

Sie lacht. »Nein, auf der Havel. Da war ein netter älterer Herr, der hat mich mal mitgenommen.«

»Und wie bist du da hingekommen an die Havel?«

»Mutter ist ein paarmal mit Bert und mir hinausgefahren. Mit der S-Bahn. Die war immer ganz leer, die Westberliner benutzten die S-Bahn nicht, denn die wurde von Ostberlin betrieben. Wir waren nicht oft da, dreimal im ganzen. Meine Mutter mußte ja arbeiten, und wir gingen in die Schule.«

Jacko ist in vorsichtigem Abstand von dem Boot stehengeblieben. Klaus hat ihn schon zweimal mitgenommen, aber es gefiel ihm nicht, rundherum nur Wasser.

Klaus begrüßt ein paar Bekannte im Yachtclub, auch die hübsche Brünette aus Gauting ist da, sie sitzen eine Weile auf der Terrasse und trinken einen Gin Fizz.

Er hat Eve als seine Schwägerin vorgestellt. Kein Mensch kann von ihm verlangen, daß er sagt, meine Nichte. Und das ist sie ja schließlich auch nicht.

Zum Mittagessen gibt es Spargelsuppe und anschließend Hecht, den hatte der Lidl wirklich an diesem Tag vorrätig.

Vor dem Essen ist Eve geschwommen. Das Wasser sei wirklich schon viel wärmer, sagt sie, was natürlich nur Einbildung ist. Klaus steckt den Fuß hinein und schüttelt sich. Franz hat keine Zeit. Eve fragt, ob sie ihm helfen könne.

»Ist nicht nötig. Es sind neue Kartoffeln, ich koche sie mit der Schale. Morgen vielleicht.«

Nach dem Essen sind sie alle müde und wollen sich hinlegen. Für Eve wird ein prachtvoller Liegestuhl aus dem Keller geholt und im Garten aufgestellt.

Nicht viel später kommt Brodersen zu Besuch, mit einem großen Rosenstrauß für die Dame, er möchte sich bedanken für den herrlichen Abend.

Da müssen sie ihn natürlich zum Kaffee einladen, dank Alma ist Kuchen im Haus. Und Brodersen denkt nicht daran, sich nach Kaffee und Kuchen zu verabschieden, er bleibt einfach da und redet wieder allerhand Poetisches.

Am Abend sind sie dann wirklich sehr müde, Franz zieht sich bald zurück, für Eve und Klaus gibt es heute Schubertlieder, drei Whiskys für jeden, und als Eve die Treppe hinaufsteigt, in Jeans und einer hellen Bluse, fallen ihr schon die Augen zu.

Sie betrachtet die Schlaftabletten. Vielleicht genügt heute eine halbe? Sie beißt die Tablette durch, doch ehe die geschluckte Hälfte wirken kann, schläft sie schon.

Am Morgen, als sie aufwacht, wundert sie sich. Für ihre Verhältnisse wacht sie sogar sehr früh auf, es ist erst acht Uhr.

Sie liegt im Bett, die Arme hinter dem Kopf verschränkt, schaut die Decke an und wundert sich.

Es ist Sonntag. Mittwoch ist sie angekommen. Das kann es doch gar nicht geben, daß sie sich wie zu Hause fühlt. Dann muß sie an Georgie denken. Ihm hat sie es zu verdanken, daß sie hier ist. Er ist tot. Warum war er bloß so dumm und hat sein Leben so sinnlos vergeudet?

Und dann denkt sie an Eva-Maria, ganz ohne Zorn, im Gegenteil, auch mit Dankbarkeit. Normalerweise müßte Eva-Maria in diesem Bett liegen.

Als Franz die Treppe hinuntergeht, bemüht er sich, ganz leise zu sein, aber sie hört ihn doch.

Mit einem Satz springt sie aus dem Bett, heute wird sie den Frühstückstisch decken.

Es wird wirklich ein ruhiger Tag, Alma kommt nicht, Franz und Eve schwimmen im See, ziemlich weit hinaus heute, dann pusselt Franz in seinem Kräutergärtchen herum, Eve und Klaus gehen mit Jacko spazieren, und Klaus hält dabei einen Vortrag über das Leben von Franz Schubert. Davon hat Eve nie etwas gehört. Ihr Vater hat zwar über Musik gesprochen, auch über Komponisten, Schubert jedoch kam nicht vor.

»Mozart hat ein Klarinettenkonzert geschrieben«, sagt Klaus, »darum hat er sich wahrscheinlich für ihn interessiert.«

»Er ist auch sehr jung gestorben, nicht wahr?«

»Er ist fünfunddreißig Jahre alt geworden. Schubert hat nicht mal soviel erreicht, er starb mit einunddreißig. Und es ist nicht zu fassen, wieviel sie, beide, in dieser kurzen Lebenszeit geschaffen haben. Da sieht man erst, was für armselige Würmer wir Menschen von heute sind.«

»Und Beethoven? Wie lange hat er gelebt?«

»Etwas länger, über fünfzig hat er erreicht. Genau weiß ich es nicht. Wir können nachher ins Lexikon schauen.«

Er sieht sie von der Seite, sie geht neben ihm, das Gesicht ist voll Leben, voll Anteilnahme, und er muß sich zusammenreißen, damit er nicht stehenbleibt und sie in die Arme nimmt.

»Wir haben allerhand Lexika im Haus«, sagt er statt dessen. »Sie stehen dir selbstverständlich zur Verfügung.«

»Ich weiß vieles nicht«, sagt sie. »Was Musik betrifft, na ja, einiges schon von Vater, was er halt so geredet hat. Aber ich bin nie in ein Konzert gekommen, das ist doch unbegreiflich. Und was ich an Bildung mitbekommen habe, das habe ich Harry zu verdanken. Er hat mir immer Bücher gebracht, er bestand darauf, daß ich Gedichte lese, Goethe und Schiller und so. Er kannte viele auswendig, auch ganz lange Balladen. Das wiederum kam durch seinen Vater, der sein Leben lang so unglücklich war, daß er Deutschland verlassen mußte. Er ist so gern ins Theater gegangen, hat Harry mir erzählt. Und oft, wenn er von der Schule kam oder später vom College, da saß sein Vater da mit dem ›Faust‹. Immer wieder und immer wieder. Er wußte noch die Namen der Schauspieler, die er früher in Berlin gesehen hatte.«

Nun bleibt sie stehen und sieht Klaus an.

»Warum ist er dann bloß nicht zurückgekehrt? Der Krieg war doch eines Tages aus und Hitler weg. Wenn er doch so unglücklich war in Amerika, warum zum Teufel ist er dann geblieben? Das habe ich Harry gefragt. Und er sagte, da war ein tiefer Abgrund und darüber führte wohl für ihn keine Brücke. Kam wohl auch dazu, daß seine Frau ihn verlassen hat. Sie war keine Jüdin, sie ließ sich scheiden, nach Amerika wollte sie sowieso nicht. Ja, so ist das. Harry hat, solange ich ihn kannte, unter dem Leben seines Vaters gelitten. Als Kind hat er es wohl nicht begriffen, aber später eben, je älter er wurde, desto öfter sprach er von seinem Vater. Komisch, nicht, was Väter einem so antun können.«

»Aber du hast seinen Vater nicht mehr kennengelernt?«

»Ach wo, der war schon längst tot, als ich Harry auf dem Busterminal von San Francisco begegnet bin.«

Nun faßt Klaus doch nach ihrer Hand, sie soll nicht anfangen zu grübeln an diesem Sommertag.

»Ich glaube, wir müssen umkehren, wir sind schon gleich in Feldafing. Sonst muß Franz seine Spaghetti allein essen.«

Es gibt noch mal Spargelsuppe, von sechs Pfund Spargel bleibt eine ganze Menge Sud übrig, die Pasta mit einer köstlichen Sauce, eine große Schüssel Salat, einen leichten Landwein dazu.

»Heute gibt es einen langen Mittagsschlaf«, verkündet Franz.

»Für uns alle«, sagt Klaus. »Und heute abend kommt die ›Unvollendete‹ von Schubert dran. Am liebsten würde ich dir ja die ›Winterreise‹ vorspielen, Eve, aber das geht im Juni nicht. Da mußt du bis zum November warten.«

Sie schlägt beide Hände vors Gesicht, und sie lacht hinter diesen Händen.

»November! Wo werde ich wohl sein im November?«

»Diese Frage ist für uns alle sehr interessant, nicht, Franz? Wenn sie nicht Heimweh bekommt nach Las Vegas, wird sie vermutlich hier sein, oder ganz in der Nähe. Nachdem ich ihr einen erstklassigen Job besorgt habe. Ohne Nachtbetrieb.«

Sie hat in ihrem Leben noch nie einen Mittagsschlaf gemacht, doch sie schläft wirklich ein auf den weich gepolsterten Daunen ihres Liegestuhls.

Wahrscheinlich hätte sie länger geschlafen, aber ein Schatten fällt über sie, Fingerspitzen streifen leicht über ihre Wange. Sie öffnet die Augen hinter der Sonnenbrille.

»Oh!«

Der Doktor steht vor ihr.

»Tut mir leid, daß ich Sie geweckt habe, Frau Seebacher. Aber was Sie hier machen, ist sehr gefährlich. Sie liegen mitten in der Sonne. Es ist besser, an einer schattigen Stelle zu schlafen.«

Sie trägt Shorts und ein schmales Tuch über der Brust.

»Hat man Sie denn wenigstens ordentlich eingecremt?«

Sie schüttelt nur den Kopf, will sich aufrichten, sie ist ein wenig benommen, zuviel Sonne ist nun einmal schädlich.

»Ich weiß, Sie kommen aus einem sonnigen Land, aber so eine Knallsonne ist nun einmal ungesund.«

Er reicht ihr die Hand, sie steht ein wenig mühsam auf. Jacko steht schwanzwedelnd bei ihnen, er hat den Doktor schon begrüßt.

»Ich habe dort nie in der Sonne gelegen. Das wäre wohl wirklich gefährlich. Ich habe gar nicht gehört, daß Sie gekommen sind, Herr Doktor.«

»Ich bin auf dem Seeweg gekommen«, er weist mit der Hand auf das kleine Ruderboot, das er an der Treppe, die ins Wasser führt, festgemacht hat. »Ich wollte nicht läuten, um euch nicht zu stören. Aber als ich Sie hier liegen sah, bin ich an Land gekommen. Helfen Sie mir, wir stellen den Liegestuhl woanders hin, und dann bin ich gleich wieder weg.«

Mit Schatten sieht es schlecht aus, das Stück Garten zwischen Veranda und See ist nicht groß, es gibt nur eine etwas kümmerliche Birke, ein paar Sträucher, eine kleine Tanne.

Sie bindet das Tuch fester, das zu rutschen beginnt.

Er streift vorsichtig wieder mit dem Finger über ihre Schulter.

»Glühendheiß. Ich muß mich über die Herren wundern.«

»Sie dachten wohl, ich würde mich oben hinlegen. Das haben sie ja auch getan. Es war meine Idee, draußen zu bleiben. Ich wollte auch nicht lange bleiben, nur so ein bißchen in die Gegend schauen. Nie im Leben hätte ich erwartet, daß ich einschlafe. Mitten am Tag. Das ist mir noch nie passiert.«

Sie entschuldigt sich wie ein Kind, das man bei einer Unart ertappt hat.

»Ich könnte den Liegestuhl auf die Veranda stellen«, schlägt er vor, auch er ist jetzt ein wenig befangen.

»Da gibt es eine Bank und ein paar Sessel, da ist gar kein Platz für den Liegestuhl.«

»Nun, man könnte die Sessel ins Zimmer räumen und dann wäre Platz und...«

Jetzt lacht sie, nimmt die Sonnenbrille ab.

»Wir setzen uns eine Weile dahin und vergessen den Liegestuhl.«

»Ich wollte Sie wirklich nicht stören, Frau Seebacher.«

»Sie haben mich schon gestört, Herr Doktor, und mich vor dem Hautkrebs gerettet, dafür bedanke ich mich. Und sagen Sie bitte Eve zu mir.« Sie stockt, schluckt und fügt hinzu: »Oder noch besser Evelyn, so heiße ich nämlich wirklich. Und seit Jahren hat mich kein Mensch so genannt.«

»Evelyn!« wiederholt er überrascht. »Na, so was! Davon haben Sie nicht gesprochen.«

»Wie sollte ich auch! Ich habe es ja fast selbst vergessen.«

Sie stehen jetzt auf der Veranda, sie fummelt wieder an dem rutschenden Tuch herum.

»Darf ich?« fragt er. Löst den Knoten in ihrem Rücken und knüpft ihn neu.

»Ich habe auch noch etwas anderes anzuziehen«, sagt sie und kommt sich vor wie ein unschuldiges Mädchen. Und das ist sie im Grunde ja auch.

»Mir gefällt es sehr gut so.«

Er sieht sie an, er lächelt, er sieht nicht auf ihren Busen oder das lockere Tuch, er sieht in ihre Augen.

Sie sieht ihn auch an, und ihr Blick ist voll Staunen, voll Verwunderung, aber ein wenig Angst ist auch dabei.

Sie stehen dicht nebeneinander, und er möchte dasselbe tun, was Klaus am Vormittag während des Spazierganges auch gern getan hätte, sie in die Arme nehmen.

Weiter ist er noch nicht, gerade nur das, sie in die Arme nehmen, festhalten und ...

Und was noch?

»Tja, dann werde ich wieder in See stechen.« Jetzt ist er wirklich verwirrt, aber im Grunde nicht einmal überrascht.

Da hat etwas angefangen. Er weiß es eigentlich schon seit dem ersten Abend.

Und was weiß sie? Sie hat keine Ahnung, wie das geht, wenn man sich verliebt. Hat sie gesagt.

Wenn es geschieht, dann weiß man es auf einmal eben doch. Ganz von selbst.

Dann stürzt Jacko an ihnen vorbei ins Haus, und auf der Veranda erscheint Klaus.

»Nanu, nanu, wen haben wir denn da? Seit wann sind Sie denn da, Doktor? Ich habe gar nichts gehört.«

Und noch einmal das Ganze von vorn, das Boot am Steg, wie er leise an Land gestiegen ist. Aber das von der Sonne und dem nicht eingecremten Körper wiederholt er nicht. Er sagt nur: »Ich habe Evelyn im Schlaf gestört.«

»Evelyn?« fragt Klaus. Dann zieht er die Brauen hoch und schiebt die Unterlippe vor.

»So, so, ein neuer Name. Das ist immer bedenklich.«

Evelyn lacht. »Soll ich vielleicht Tee kochen? Oder lieber Kaffee? Kuchen ist noch da.«

Sie sagt das ganz selbstverständlich. Fühlt sich als Hausfrau.

»Danke, danke, für mich nicht«, wehrt der Doktor ab. »Ich bin gleich wieder fort.«

»Wie wärs mit einem kühlen Drink«, schlägt Klaus vor. »Ein Glas Cynar mit etwas Eis und Zitronensaft? Sehr gesund, Sie haben mir den Cynar selbst empfohlen, Doktor.«

»Ja, es ist ein Aperitif auf Artischockengrundlage. Und Artischocken sind nun mal sehr gesund.«

Sie sind bei harmloser Konversation angelangt.

Klaus holt die Flasche, das Eis, die Zitronen und bringt noch ein großes Wasser mit.

Eve und der Doktor schweigen, blicken auf den See hinaus.

»Wollen Sie sich nicht setzen, Herr Doktor?« fragt Eve höflich und weist auf einen der Sessel.

»Danke. Ich wollte ja eigentlich nicht länger bleiben.«

»Sie wollten wieder in See stechen. Aber bleiben Sie doch noch auf einen Drink. Ich geh bloß schnell... Ich will mir nur eben was anderes anziehen.«

Wenn es nur ein Flirt wäre, müßte er nun sagen, bleiben Sie, wie Sie sind, es gefällt mir ausgezeichnet.

Er sagt es nicht. Den Flirt hat er übersprungen.

Es bleibt bei der Konversation, auch nachdem Eve wieder da ist, noch in Shorts, aber mit einem T-Shirt, das nicht rutscht.

Sie sprechen ein bißchen über die Landschaft, die Boote auf dem See, über die Schwimmer, die man hier und da sieht.

»Sie waren heute auch schon im Wasser?« fragt der Doktor und sieht Eve an, die Anrede vermeidet er. Frau Seebacher kommt ihm selber albern vor, Evelyn bringt er nicht über die Lippen, dann würde Klaus ihn wohl über die Verandabrüstung schmeißen.

»Ja, natürlich. Ich finde, es ist schon viel wärmer. Franz war auch im Wasser.«

»Nur ich und Jacko nicht«, sagt Klaus.

Kurz darauf kommt Franz. Er wundert sich nicht weiter, daß der Doktor da ist, kann ja sein, sie haben ihm die Tür aufgemacht. Aber er bekommt das Boot gezeigt, und nun sagt der Doktor Freese doch, und der Tadel in seiner Stimme ist nicht zu überhören: »Eve lag dort in dem Liegestuhl, in der prallen Sonne. Da konnte ich nicht vorbeifahren.«

»Ach so«, sagt Franz. »Hier liegen doch immerzu die Leute in der Sonne, wenn sie denn scheint.«

»Das ist außerordentlich ungesund«, sagt der Doktor mit Nachdruck.

»Ja, ja, die Sache mit dem Ozonloch. Aber wir sind hier schließlich nicht in Australien«, sagt Klaus, er macht eine arrogante Miene, hat die Brauen hochgezogen.

»Haben Sie nicht einen Sonnenschirm im Haus?« beharrt der Doktor. »Bäume, die Schatten geben, haben Sie nicht in diesem Garten.«

Franz blickt sich erstaunt um, als sähe er diesen Garten zum ersten Mal. »Stimmt. Es fehlt ein richtiger Baum. Die kleine Tanne und diese morbide Birke, das ist alles, was wir haben. Wenn meine Frau noch lebte, hätte sie längst dafür gesorgt, daß hier ein anständiger Baum gepflanzt wird. Sie mochte auch nicht in der Sonne sitzen.«

»So oft scheint sie ja gar nicht«, sagt Klaus. Seine Miene ist noch arroganter geworden.

Franz braucht niemandem etwas zu erklären. Er weiß schon alles, und er hat es kommen sehen. Die Gefühle von Klaus sind kein Geheimnis für ihn, er kennt ihn lange genug.

Und der Spargelabend war auch lang genug, es ist ihm aufgefallen, wie schweigsam der Doktor war, wie er ungehindert dem Maler seine glanzvollen Auftritte ließ. Und wie er manchmal nachdenklich die junge Frau ansah.

»Doch, doch«, sagt Franz. »Wir haben einen großen Sonnenschirm im Keller. Ich werde gleich mal nachschauen, in welcher Ecke er vergammelt.«

Der Doktor steht rasch auf.

»Wenn ich Ihnen helfen kann.«

»Aber bitte«, das kommt nun von Eve, denn die veränderte Stimmung ist ihr nicht entgangen, »macht nicht so ein Getöse wegen mir. Ich lege mich heute nicht mehr auf den Liegestuhl. Morgen werden wir den Sonnenschirm suchen. Ich werde ihn suchen, Sie brauchen sich nicht zu bemühen, Herr Doktor.«

›Herr Doktor‹ spricht sie ihn nach wie vor feierlich an. Seinen Vornamen kennt sie nicht einmal. Franz nippt an seinem Glas, er hat auch einen Drink bekommen. Ein Bier wäre ihm lieber. Er räkelt sich auf seinem Stuhl, er hat gut geschlafen, und jetzt unterhält er sich bestens.

»Übrigens«, sagt der Doktor, »mit Grapefruitsaft schmeckt der Cynar auch sehr gut. Ich werde jetzt gehen.« Er steht auf.

»Schon?« fragt Franz

»Ich habe noch zu tun.«

»Heute ist Sonntag.«

»Sicher. Aber es bleibt immer allerhand liegen, Post und Rechnungen und so. Eine Sekretärin kann ich mir noch nicht leisten.«

»Aber Sie haben doch die tüchtige Schwester Luise.«

»Und ob sie tüchtig ist! Sie kümmert sich um die Patienten und versteht es großartig, mit ihnen umzugehen. Sie kann sehr gut Spritzen geben, Blutdruck messen und was sonst noch an Routinearbeit zu leisten ist. Doch, ich bin sehr froh, daß ich sie habe.«

Klaus steht nun auf.

»Schade, daß Sie schon gehen, Doktor. Wollen Sie wirklich mit dem Kahn da unten reisen?«

»Es bleibt mir nichts anderes übrig, ich habe ihn ja nur geliehen.«

»Servus, Doktor«, sagt Franz und schüttelt die dargebotene Hand.

Klaus ist schon vorausgegangen, zum Steg und zu dem Treppchen, das ins Wasser führt. Es ist ihm klar, daß es nicht so einfach sein wird von oben in das kleine wackelnde Boot zu steigen, er wird da wohl mit anpacken müssen. Eve geht mit bis zur Verandabrüstung, dort nimmt er ihre Hand.

»Auf Wiedersehen, Evelyn«, sagt er leise.

Es ist wirklich schwierig, ins Boot zu gelangen. Der Doktor trägt schließlich keine Badehose, zwar ein offenes, kurzärmeliges Hemd, aber darunter eine lange graue Hose. Und blaue Turnschuhe.

Und die beiden untersten Sprossen des Leiterchens sind eben glitschig. Seine Hosenbeine werden naß, die Schuhe sowieso. Klaus kniet auf dem Steg und versucht, das Boot festzuhalten, aber er reicht nicht bis hinunter, sie müßten sonst beide auf das Leiterchen, aber dazu ist es zu schmal. Schließlich springt der Doktor kurz entschlossen in das Boot, es schaukelt zwar gewaltig, aber es kippt nicht um. Er sinkt mit einem Plumps auf die Ruderbank.

Kein sehr eleganter Abgang.

Klaus winkt ihm nach, und kommt grinsend auf die Veranda. »Ja, ja, von der Seefahrt muß man was verstehen. Was war das vorhin für ein Unsinn mit der Evelyn?«

## *Disharmonie*

Zweimal fahren sie auch nach München, sie schlendern durch die Stadt, Eve bekommt die Residenz gezeigt, den Hofgarten mit seinen Arkaden, die neue Staatskanzlei und natürlich auch das Maximilianeum.

»Die Pinakothek ist geschlossen zur Zeit, wird renoviert, das verschieben wir auf später.«

Hingerissen steht Eve vor der Oper.

Daneben ist das Residenztheater, das frühere Cuvilliéstheater. Klaus erzählt, was geschehen ist.

»Alles war kaputt nach dem Krieg, die mit ihren verdammten Bomben. Das Residenztheater wurde bereits 1951 eröffnet, war damals sehr beeindruckend, obwohl alle schimpften, weil der Bau zu teuer war. Und die echte Einrichtung war halt nicht mehr drin. Aber sie ist gerettet worden, du kannst sie inmitten der Residenz besichtigen. Die Oper wurde erst '63 eröffnet. In alter Pracht. Da schimpfte keiner mehr über die Kosten, Geld hatten die Deutschen nun ausreichend.«

Evelyn rechnet nach. '63, da war sie zwei Jahre alt. Und da hatte sie noch nie etwas von München gehört. Zu der Zeit gab es offenbar diesen sogenannten Jugendfreund ihrer Mutter noch nicht.

»Wir hatten allerdings schon seit 1945 eine Oper, das Prinzregententheater, das zeigen wir dir auch gelegentlich. Ein herrliches Haus. Mit einer wunderbaren Akustik. Es lag lange brach, aber nun wird es wieder bespielt.«

Es ist viel, was auf sie einstürmt, sie kann nicht alles behalten. Außerdem ist es ein Unterschied, ob man etwas erlebt hat oder ob man es erzählt bekommt.

»Allerdings macht es nicht mehr soviel Spaß wie früher,

in die Oper zu gehen. Die Inszenierungen sind greulich, die Regisseure spinnen. Alles wollen sie neu und anders machen, aber sie verderben es nur«, das erläutert Franz. »Ich gehe am liebsten in alte Inszenierungen, manche Opern laufen schon an die zwanzig Jahre und mehr. Es sind natürlich andere Sänger, aber man muß sich nicht ständig über das Bühnenbild und die Kostüme ärgern und über die idiotische Rumhampelei, die sie einem heute anbieten. Darüber kann die schönste Musik und der beste Gesang nicht hinwegtrösten.«

Franz redet sich ordentlich in Eifer. Denn mit Mariele ist er oft in die Oper gegangen, und ihr hat es zuletzt auch nicht mehr gefallen, was da geboten wird.

Das Sommerkleid wird auch gekauft und ein paar leichte Sandaletten, was ein Fehler ist, wie sich herausstellt, es kommen Wolken, es wird grau und trüb, und merklich kühler.

»Das tut mir leid für dich«, sagt Franz.

»Aber warum denn? Es ist doch viel anregender, wenn das Wetter wechselt. Jeden Tag dasselbe finde ich langweilig.«

Anregend, hat sie gesagt, und damit erinnert sie sich an den Brief aus Prag, den ihre Mutter ihr gezeigt hat. Was mag das Leben ihres Vaters so anregend machen? Jahrelang hat sie es vermieden, an ihn zu denken. Es scheint ihm nicht schlecht zu gehen, er hat sogar Hilfe angeboten.

Komisch, sie würde es gern wissen.

Klaus hat ihr inzwischen auch das Klarinettenkonzert von Mozart vorgespielt. Sie hat sehr aufmerksam zugehört, denn zuhören hat sie nun gelernt.

Ob der Vater das kann? Sicher nicht. Aber was macht er in Prag? Macht er noch Musik? Wovon lebt er?

Er ist ein alter Mann jetzt. Er ist so alt wie Franz, oder älter? Sie weiß das nicht genau.

Sie redet nicht mehr von ihm, mit keinem Wort. Aber sie grübelt vor sich hin. Da sind lauter lose Stücke in ihrem Leben, die sie nicht zusammensetzen kann. Und das stört in gewisser Weise den Frieden ihres Lebens.

Quälend ist auch der Gedanke an Berlin. Was macht Angelika? Und weiß die Mutter nun Bescheid, weiß sie, was passiert ist?

Manchmal denkt sie, sie müßte sich ein Ticket kaufen und nach Berlin fliegen. Viel Geld hat sie nicht mehr, aber dafür würde es gerade reichen. Auch davon redet sie nicht. Nur manchmal von dem Job, den sie haben möchte.

»Kommt schon«, hat Klaus sie beruhigt. »Das kann ich im Handumdrehen organisieren.«

Nein, so richtig glücklich ist ihr Leben derzeit nicht. Sie geht auf einer Wolke von Watte spazieren, weich und schwebend, aber darunter muß ein Abgrund sein.

Sie spricht nicht davon. Das Leben, das sie führt, ist leicht und angenehm, aber sie ist weder jung noch dumm genug, um sich damit zufriedenzugeben.

Sie sitzt im Garten, auf der Veranda, hilft im Haus ein bißchen, was überflüssig ist, Alma ist da, sie kauft ein, bereitet das Essen, Franz kocht die ganze Woche nicht. Zweimal essen sie in München, einmal im Franziskaner, weil sie das kennenlernen muß, das ist München total, ein anderes Mal in Schwabing, beim Italiener, der ehemaligen Kneipe von Eva-Maria. Das bekommt sie also auch erzählt.

Gegen Ende der Woche essen sie beim Lidl, unten am See, das Wetter ist wieder besser geworden, die Wolken gezackt, die Sonne scheint, die Berge drücken herab, es ist Föhn. Der Maler Brodersen kommt manchmal vorbei, er sorgt für Unterhaltung, aber wer nicht kommt, ist Doktor Freese.

»Kommt der Doktor eigentlich nur, wenn man krank ist?« fragt Evelyn eines Tages, und Klaus kontert: »Soll das heißen, du vermißt ihn?«

Sie schlendert nun manchmal auch allein durch den Ort, kennt sich ganz gut aus, hat auch die Praxis von Doktor

Freese entdeckt, er heißt Ulrich. Es stehen noch beide Namen auf dem Schild. Dr. Kurt Lindner. Darunter Dr. Ulrich Freese. Die Praxis ist gleich um die Ecke der Hauptstraße, sicher eine gute Lage. Aber es gibt genügend andere Ärzte im Ort, das entdeckt sie auch.

Sie möchte fragen, warum er denn überhaupt hier ist, wenn er doch in München eine Praxis hatte.

Aber er hatte ja keine. Heutzutage eine Praxis einzurichten ist teuer. Die von Doktor Lindner war vorhanden, noch dazu mit Schwester Luise versehen.

Sie kann sich die Frage selbst beantworten.

Sie scheut sich, bei Franz und Klaus vom Doktor zu sprechen.

Doch einmal, sie ist mit Franz allein, wagt sie eine Frage: »Warum ist Doktor Freese eigentlich nach Tutzing gekommen?«

»So genau weiß ich das auch nicht«, antwortet Franz friedlich. »Es gefällt ihm hier. Er hat früher in der Klinik gearbeitet bei den Schwestern. Es sei eine so angenehme Atmosphäre gewesen, hat er mal gesagt. Und Doktor Lindner hat er da kennengernt, der hat dort operiert. Er ist heute Ende Siebzig, die Hände, nicht wahr?« Franz hebt seine Hände hoch, sie zittern nicht im geringsten. »Und eine gut eingerichtete Praxis zu übernehmen ist ein Glücksfall für einen jungen Arzt.«

»Aber so jung ist er doch gar nicht mehr.«

Franz wirft ihr einen kurzen prüfenden Blick zu.

»Sicher. Ist er nicht. Aber soviel ich weiß, stammt er aus, na ja, wie soll man es nennen, aus schwierigen Verhältnissen. Seine Eltern sind geschieden, er hat sich sehr mühselig durchs Studium schlagen müssen, immer selbst dazuverdient, das verlängert ein Studium, ist ja klar. Und dann, als er alles hatte, Physikum und Examen, ich weiß nicht, was ein Doktor alles braucht, war er zuerst in der Universitätsklinik in München, und dann kam er hierher. Hier war auf einmal alles leichter. Angenehmer. Und Doktor Lindner ist wirklich ein erstklassiger Arzt, und ein liebenswerter Mensch. So kam das.«

»Aha«, sagt Evelyn nicht sehr geistreich.

Von der Schönheitschirurgin, für die Ulrich Freese immer noch reichlich zahlen muß, wissen sie beide nichts. Davon hat er nie gesprochen.

In dieser ganzen Woche ist Franz nicht einmal in der Firma gewesen, was er sonst immer getan hat. Zumal ihm Ludwig Moser kürzlich gesagt hat, wie sehr er sich immer auf diesen Tag freut. Franz lernt dann auch sofort die neuen Mitarbeiter kennen, wenn es welche gibt.

Vor ungefähr einem halben Jahr hat Moser eine junge Dame angestellt, gewissermaßen als seine rechte Hand. Franz hat dazu ein bedenkliches Gesicht gemacht, was hat eine Frau bei Bädern, Sanitär, Heizung verloren?

Eine Sekretärin, selbstverständlich, die hat man, auch ein paar Mädchen, die Briefe und Rechnungen schreiben. Aber in der praktischen Arbeit der Firma gab es immer nur Männer, auch die Lehrlinge waren männlich.

Gundula Faber, die Moser einfach Gundi nennt, kennt sich recht gut aus in der Branche. Ihr Vater besitzt in München einen kleinen Laden und eine Werkstatt. Installationen, Reparaturen, Verbesserungen, Modernisierungen bei Neu- und Umbauten werden Meister Faber hier und da anvertraut. Aber er kommt auch, wenn ein Rohr verstopft ist, wenn eine Toilette Tag und Nacht rauscht und rinnt.

Dies hatte Gundula bei ihrem Vater gelernt. Auf die Dauer genügte es ihr nicht. Sie ging noch mal zur Schule, machte ihr Abitur nach, und dann besuchte sie eine Fachhochschule. Heute kann sie nicht nur einen Wasserhahn reparieren oder eine verstopfte Leitung freimachen, sie kann beispielsweise einen Kostenvoranschlag machen, falls einer ein Haus bauen oder modernisieren will.

»Sie hat einen blitzgescheiten Kopf«, hat Moser damals gesagt, als er Franz von Gundula erzählte. »Sie kann schneller rechnen als ich.«

Das hat Franz gewaltig beeindruckt, denn der Moser konnte schon immer schneller rechnen als er.

So hat er sich daran gewöhnt, daß in seiner Firma eine Frau in leitender Position tätig ist. Einmal sagte er zu Moser: »So eine Tochter hätte ich haben mögen.«

Als sie in der kommenden Woche nach München fahren, sagt Franz plötzlich: »Vielleicht gibt es ja in der Firma einen Job für Eve. Hast du schon mal darüber nachgedacht?«

»Hab ich nicht. Ich denke, der Moser hat so ein fabelhaftes Mädchen.«

»Die ist eine Fachkraft. Aber ich denke mir, vielleicht im Büro, da haben wir doch immer ein paar Frauen angestellt.«

Eve, die hinten sitzt, sagt heftig: »Ich will keinen Job durch Protektion bekommen.«

»Da wird dir vermutlich gar nichts anderes übrigbleiben, mein Kind«, sagt Klaus. »Arbeitslose gibt es ausreichend, wie du weißt. Und du hast weder Zeugnisse noch Referenzen, es sei denn, du bekommst sie von mir. Außerdem hat dir schließlich Harry zu deinem letzten Job verholfen, wenn ich das richtig kapiert habe.«

Evelyn schweigt verärgert. Er hat ja recht.

»Ich dachte an Wengert«, sinniert Klaus vor sich hin. »Der hat doch das Haus in Bogenhausen voll mit hübschen Mädchen. Und schließlich habe ich ihm das Haus gebaut, es ist schon mehr ein Palais.«

»Der Filmfritze?« fragt Franz wegwerfend. »Was soll sie denn bei dem machen?«

»Gäste empfangen, Gäste unterhalten, ein Glas Champagner mit ihnen trinken, bei dem ist doch ständig etwas los. Auch mal über die Bücher reden, die Drehbücher, meine ich.«

Über die Schulter erläutert er: »Wengert ist Filmproduzent. Arbeitet jetzt allerdings hauptsächlich fürs Fernsehen. Kommt gut an. Sein Laden läuft.«

»Eine blödsinnige Idee«, kommt es von Franz. »Gäste empfangen, Gäste unterhalten, Champagner mit ihnen trinken, das ist doch kein Beruf für eine kluge Frau.«

»Na, so was Ähnliches hat sie schließlich bisher auch gemacht.«

Evelyn schweigt verbittert. Sie ist jetzt richtig wütend. Sie reden über sie wie über einen Gegenstand. Sie wird es ihnen zeigen, sie wird selbst einen Job finden. Unwillkürlich ballt sie die Fäuste. Nun gerade. Sie wird es ihnen zeigen.

»An einen anderen habe ich auch gedacht«, erläutert Klaus weiter. »Hammerfeld, du kennst ihn. Kollege von mir. Der Bursche ist irgendwie in. Das letzte war dieser riesige Baukomplex in Schwabing, wo die alte Fabrik stand. Ein Riesending, siebenundzwanzig Häuser, eins scheußlicher als das andere. Postmodern eben. Ich habe ihn mal protegiert in seiner Anfangszeit, als er noch den Linksdrall hatte. Er war so ein übriggebliebener Achtundsechziger. Ich habe ihm mal klargemacht, was ich von ihm halte. Das hat er eingesehen, und da er begabt war, ging es dann aufwärts mit ihm. Ich werde ihn gelegentlich besuchen, er wohnt draußen im Isartal.«

Klaus dreht sich um und sagt gönnerhaft: »Wir finden schon was für dich, du wirst sehen.«

Evelyn schweigt. Das erste Mal, seit sie bei den Brüdern ist, fühlt sie sich unglücklich. Das erste Mal, nachdem die Anfangsgespräche vorüber sind, fühlt sie sich verlassen. Sie hat nur noch wenig Geld. Und sie müßte eigentlich wissen, was in Berlin los ist.

»Eilt ja nicht«, sagt Klaus selbstgefällig. »Jetzt machst du erst mal Urlaub.«

Eine Weile fahren sie schweigend weiter.

Dann sagt Franz: »Ich hätte sie ja gern mal mitgenommen zur Firma, damit sie sieht, wo ich herkomme. Aber es ist schwierig, das zu erklären.«

Klaus weiß, wovon er redet, und Evelyn weiß es inzwischen auch. Moser kennt Eva-Maria. Er hat von Georgs Tod erfahren und daß man seine Frau erwartet.

Und nun? Man stelle sich vor, Franz kommt mit einer ganz fremden Frau in die Firma, dann müßte er die ganze belämmerte Geschichte erzählen.

Muß nicht sein.

Eva-Maria und Georg sind geschieden, Georg hat wieder geheiratet. So was gibt es ja. So was ist ganz normal. Die näheren Umstände braucht Moser nicht zu erfahren.

Aber Franz scheut die Gegenüberstellung. Moser ist nicht nur sein Nachfolger, sondern auch sein Freund. Irgendeine Lügengeschichte will er nicht erzählen. Die Wahrheit auch nicht.

»Wenn wenigstens der Bub da wäre«, sagt er aus seinen Gedanken heraus.

Sie sind auf der Autobahn, kurz vor München.

Klaus gibt ihm einen kurzen Blick von der Seite.

»Du sprichst von Robert?«

»Ja, ich spreche von Robert.«

Franz kann sich nicht umdrehen, er sitzt heute am Steuer. Klaus spricht wieder über die Schulter. »Laß dich nicht verrückt machen!«

Evelyn schweigt.

»Als dein Brief kam, mit der Nachricht, Georg sei tot, haben wir das Moser natürlich erzählt. Das heißt, Franz hat es erzählt. Und gesagt, daß seine Schwiegertochter, also Eva-Maria, ihr Kommen angekündigt hat.« Er sieht Franz an. »Hast du ihm auch erzählt, daß Eva-Maria kein Geld hatte und du ihr das Geld für das Ticket geschickt hast.«

»Ja, das habe ich blödsinnigerweise auch erzählt.«

»Ich verstehe«, sagt Evelyn. »Wenn Eva-Maria gekommen wäre mit einem Kind, dann hätte das Herrn Moser gefallen. Das meint ihr doch.«

»Ja, das meinen wir. Und selbst wenn eine andere Frau mit einem Kind von Georg gekommen wäre, dann hätte es Moser vermutlich akzeptiert. Georg geschieden, neue Frau, Kind. Georg ist tot. Das könnte man gut verkaufen.«

»Bitte!« sagt Franz und haut mit beiden Händen auf das Steuerrad.

»Ich habe das eben mal kurz gefaßt. Natürlich kann man auf das Kind verzichten. Eve ist halt die Frau, die Georg nach seiner Scheidung geheiratet hat. Dazu muß man keine näheren Erklärungen abgeben. Also nimm sie halt mit.«

Franz muß mit dem Tempo runtergehen, die Autobahn ist zu Ende, sie steuern mitten hinein in das Chaos auf den Münchner Stadteinfahrten.

»Ich nehme sie nicht mit«, sagt Franz. »Ich muß mir das erst überlegen.«

»Ich bin wirklich eine fürchterliche Belastung für euch«, sagt Evelyn, und nun klingt wieder die bekannte Hysterie in ihrer Stimme. »Wäre ich doch nie gekommen.«

Klaus lacht. »Shut up! Du bist keine Belastung für uns. Du bist eine Freude für uns. Und ob du Herrn Moser heute oder später kennenlernst, spielt keine Rolle. Und in der Firma wirst du nicht arbeiten, überlaß das mir.«

»Du bist wie immer ein Genie«, sagt Franz. Es klingt ein wenig bissig.

Klaus geht nicht weiter darauf ein.

»Ich stelle mir das so vor, du überläßt mir den Wagen, und ich fahre mal mit Eve zum Schloß Nymphenburg. Das muß sie schließlich auch kennenlernen. Wenn wir uns da umgesehen haben, fahren wir zum Käfer und essen da. So zwischen drei und fünf ist es dort sehr angenehm. Die Mittagsgäste sind weg und die Abendgäste noch nicht da. Lis wird sich freuen, mich endlich einmal wiederzusehen. Du nimmst dir ein Taxi und kommst nach. Dann kannst du unten gleich einkaufen.«

»Ich kaufe meist beim Dallmayr ein«, sagt Franz trotzig.

»Heute mal beim Käfer. Eve muß diesen Laden einmal sehen, ich wette, so etwas gibt es in Las Vegas nicht.«

Sie schweigen, bis Franz bei der Firma ausgestiegen ist.

Das Schloß Nymphenburg ist sehenswert. Evelyn hört sich geduldig an, was Klaus über Ludwig den Ersten und seine Galerie schöner Frauen und natürlich über Lola Montez erzählt. Das hat sie alles nicht gewußt.

»Hat dieser Jugendfreund deiner Mutter nicht davon gesprochen?«

»Ich weiß es nicht«, sagt sie müde.

Sie ist wirklich unglücklich an diesem Tag. Die Welt ist wie zugenagelt. Zeugnisse, Referenzen, was für Worte. So doof sind die Deutschen nicht, und die Bayern schon gar nicht, daß sie bereitwillig die Hände aufhalten, nur weil eine Frau aus den USA kommt, aus Las Vegas, und ihr einen guten Job anbieten. Einfach so.

Drüben hat man immer ein wenig auf die Deutschen herabgesehen. Aber mit Harry war alles ganz leicht. Nicht wie in den mageren Kinderjahren in der DDR.

Hier aber ist alles anders. Und es ist fremd.

Auf einmal durchzuckt der Gedanke ihren Kopf: Ich kann zurückkehren.

Wohin? Kein Harry, kein Las Vegas.

Und was wird aus Angelika? Was aus dem Kind?

Später, sie essen beim Käfer, sehr gut übrigens, denkt sie immer wieder dasselbe.

Ich muß weg. Ich muß es allein schaffen.

Und zum ersten Mal denkt sie: Warum nicht in Berlin?

## *Telefon*

Die Heimfahrt verläuft ziemlich schweigsam. Franz hat noch ein bißchen eingekauft, Eve hat den Laden bewundert, von seinem Besuch in der Firma hat Franz kaum etwas erzählt, alles in Ordnung, schöne Grüße.

Und dann, sie sind schon auf der Autobahn, sagt er doch: »Der Moser wundert sich, warum Eva-Maria nicht einmal mitkommt. Ich sitze da wie ein Depp. Ich weiß nicht, was ich sagen soll.«

»Da du ein ungeschickter Lügner bist, wie jeder weiß, hast du vermutlich Unsinn geredet. Also dann erzähl ihm beim nächstenmal die ganze Geschichte«, sagt Klaus, der diesmal am Steuer sitzt.

»Die ganze Geschichte«, erwidert Franz hohnvoll. »Wie geht die denn?«

Und dann reden sie nicht mehr.

Keine Zweifel, weder das gute Essen noch der Einkauf im Laden hat die Disharmonie vertrieben.

Evelyn verspürt das genau. Und sie denkt wieder dasselbe: Ich muß weg. Und warum nicht nach Berlin?

Der Himmel hat sich bezogen, und als sie durch Starnberg fahren, fängt es an zu regnen.

Franz stellt ein paar Schüsselchen mit den Salaten hin, die er gekauft hat, schneidet ein paar Scheiben vom Baguette auf, und die Schüssel mit der guten Roten Grütze. »Bitte, sich zu bedienen«, sagt er und verkündet, daß er heute abend mal fernsehen möchte, irgendein Krimi interessiere ihn.

Das ist ein schlechtes Zeichen. Ferngesehen wird selten in diesem Haus, mal die Nachrichten, eine Dokumentation, sonst reden sie lieber oder hören Musik.

Evelyn kauert sich zu dem Hund nieder und streichelt ihn.

»Wollen wir nicht ein kleines Stück spazierengehen, Jacko?« flüstert sie ihm zu. »Du warst den ganzen Tag allein.«

Jacko begleitet sie zur Haustür, auf der Schwelle bleibt er kopfschüttelnd stehen. Sieht sie denn nicht, daß es regnet?

Im Fernsehen also erst Nachrichten, und ehe der Krimi beginnt, sagt sie zu Klaus: »Könnte ich ein paar Bogen Schreibpapier haben? Ich möchte einen Brief schreiben.«

Klaus betrachtet sie prüfend, lächelt dann und legt den Arm um ihre Schulter.

»Komm mit, mein Liebes.«

In seinem Studio ist alles vorhanden, Computer, Telefon mit Fax, Schreibmaschine. Und natürlich Briefpapier. Für alle Fälle. »Du kannst auch gern auf der Maschine schreiben, wenn du willst.«

»Nein, nein, danke. Ich schreibe mit der Hand.«

Während es sich die Herren vor dem Fernseher bequem machen, geht sie die Treppe hinauf in ihr Zimmer, breitet das Papier auf dem kleinen Schreibtisch aus, nimmt den Kugelschreiber in die Hand, sitzt und starrt in die Luft.

An wen soll sie eigentlich schreiben? An ihre Mutter oder an Angelika? Was hat sich ereignet, seit sie Berlin verlassen hat, was hat Angelika erzählt? Möglicherweise ging es sehr dramatisch zu. Und sie wissen nicht einmal ihre Adresse. Sie hat Angelika zwar erzählt, wohin sie fährt, den Ort, die Straße und den Namen Seebacher kennt sie sowieso. Aber ob Angelika überhaupt zugehört hat, ob es sie interessiert, ist die Frage. Nein, es ist keine Frage. Es war ihr total egal.

Das hat sie sogar ausgesprochen.

»Es ist mir schnuppe, wo du hinfährst.«

Womit hat sie eigentlich die Abneigung, ja den Haß der kleinen Schwester verdient? Weil sie Robby nicht zurückgebracht hat?

Evelyn stützt die Ellenbogen auf den Schreibtisch, preßt das Gesicht in die geballten Hände. Alles, alles hat sie falsch gemacht. Sie wollte der kleinen Schwester etwas von der Welt zeigen. Na was schon? Las Vegas. Immerhin war sie mit Georg in Acapulco, auch an der kalifornischen Küste, sogar in San Francisco, anfangs, als er sich noch mit ihr abgab.

Angelika strahlte, fand Amerika ganz wundervoll, zeigte sich in ihren neuen Kleidern. Bekam ein Kind und hatte nichts dagegen. Dann kam das seltsame Arrangement mit der Heirat. Natürlich habe ich alles falsch gemacht, denkt sie. Ich hätte sie beide in eine Maschine nach Deutschland setzen müssen, ob nach Berlin oder nach München, ganz gleich, hier hätten sie heiraten können, das Kind wäre ganz normal zur Welt gekommen, und Georg hätte sich an die Vaterrolle gewöhnt, zu Beginn hat sie ihm ja richtig Spaß gemacht. Na gut, er wäre wieder spielen gegangen, aber angenommen sie wäre in diesem Haus gelandet, dann wäre Angelika gut versorgt, das Kind auch und...

Und wie war das eigentlich? War denn Georg schon von Eva-Maria geschieden, als das Kind unterwegs war?

Evelyn läßt die Hände sinken. In ihrem Kopf ist so ein Wirrwarr, sie weiß es nicht mehr.

Natürlich mußte er geschieden gewesen sein, sonst hätte sie ihn ja nicht heiraten können. Vermutlich hat das in Las Vegas sowieso keinen Menschen interessiert.

Also noch einmal von vorn: Hätte sie die beiden nach Deutschland verfrachtet, hätten sie hier geheiratet, dann säße unten jetzt Angelika mit vor dem Fernseher. Robby läge schon im Bett. Ihre Gedanken bleiben bei Robby hängen. Das ist auch etwas, was sie tun muß und zwar bald. Sie muß herausbringen, wo Eva-Maria ist. Man könnte einen Detektiv beauftragen.

Sie steht auf und lacht vor Zorn.

Sie weiß nicht einmal den Namen von Eva-Marias Mann. Sie weiß nur, daß er Florian heißt. Er ist Österreicher. Sie können genausogut in Kanada geblieben sein. In dem Hotel in Montreal könnte sie nachfragen. Auch die Freundin von Eva-Maria, die den Laden am Sunset-Drive hat, weiß vielleicht etwas.

Aber vor allem, und das zuerst, muß sie wissen, was in Berlin los ist. Und so ein alberner Brief nützt gar nichts, sie muß mit ihnen sprechen.

Evelyn geht zum Fenster, öffnet es weit, es ist ziemlich dunkel draußen, es regnet immer noch. Sie starrt hinaus, und es kommt ihr die rettende Idee: Sie wird telefonieren. Früher gab es kein Telefon in der DDR, aber jetzt hat ihre Mutter einen Anschluß, und dort wird sie anrufen, und zwar sofort.

Sie steht auf und überlegt. Es gibt drei Telefone im Haus. Wenn sie jetzt runtergeht und sagt, daß sie telefonieren möchte, wird man das ganz normal finden.

»Ich weiß nicht, was ich schreiben soll. Besser ich rede mal mit ihnen«, so etwa.

Natürlich wird keiner zuhören, der Krimi läuft ja noch, aber sie wird zumindest hinterher erzählen müssen, was gesprochen worden ist.

Sie muß gar nicht.

Gar nichts muß sie. Nur telefonieren. Und nun weiß sie auch, wie.

Sie kramt in ihrer Tasche nach der Telefonkarte, die hat sie bereits in Berlin gekauft, nach der Nummer, steckt beides in die Tasche ihrer Jacke, und schleicht lautlos die Treppe hinab.

Sie kennt eine Telefonzelle, die ist gar nicht weit entfernt. Und als sie leise die Haustür öffnet, sieht sie, daß es kaum mehr regnet.

Der Anorak von Klaus hängt nicht mehr da, macht nichts. Sie zieht die Tür hinter sich zu, aber so, daß das Schloß nicht einrastet, damit sie genauso lautlos wieder hinein kann. Hier kommt keiner ungebeten ins Haus, die Leute sind ordentlich an diesem See. Außerdem ist Jacko da, er würde sofort merken, wenn ein Fremder ins Haus käme.

Es ist nicht weit bis zur Telefonzelle, aber leider ist es ein Münzapparat. Komisch, sie hat gar nicht gewußt, daß es in Deutschland noch so etwas gibt.

Also dann bis zur Hauptstraße, von dort nach links und ein Stück ortsauswärts, da kennt sie auch eine Telefonzelle. Es ist ganz leer auf der Straße. Es regnet bereits wieder etwas mehr, sie streicht ärgerlich ihr Haar zurück, sie hätte ja wenigstens ein Tuch darum machen können. Zum Friseur müßte sie auch einmal, zum Schneiden, sie kann lange Haare nicht ausstehen. Höchstens bis zur Schulter. Diesmal wird sie sie kürzer schneiden lassen, das steht ihr gut.

Die Straße ist leer, die Telefonzelle glücklicherweise auch. Evelyn steckt die Karte ein, wählt die Nummer in Berlin. Es dauert ziemlich lange, bis sich jemand meldet, sie will schon wieder einhängen.

Dann die Stimme ihrer Mutter, unwirsch.

»Ja?«

»Entschuldige, wenn ich störe.«

»Ach, du bist das. Ich sehe gerade einen Krimi.«

»Tut mir leid. Soll ich später anrufen?«

»Nee, nee, so spannend ist der auch nicht. Schön, daß du dich mal meldest.«

Das klingt schon besser.

»Ich wollte mal wissen, wie es euch so geht«, beginnt sie zögernd. Diese verdammten Krimis.

»Rufst du aus Amerika an? Was ist denn bei euch? Vormittag oder Nachmittag, ich kann mir das nie merken.«

»Ich rufe aus Deutschland an. Aus Bayern.«

»Aus Bayern? Was machst du denn da?«

»Aber ich habe doch gesagt, daß ich nach München fliege.«

»Haste gesagt, stimmt. Und da biste noch?«

»Ist Angelika da?«

»Nee, die ist mit ihrer Freundin Tatjana zum Baden gefahren. War wieder irre heiß heute.«

»So. Zum Baden. Wohin denn?«

»Weeß ick nich. Zu irgendnem See. Stell dir vor, Tatjana hat jetzt einen reichen Freund. Der fährt einen Mercedes. Stell dir vor, einen Mercedes.«

»Ist ja toll.«

Tatjana ist Angelikas beste Freundin, das weiß Evelyn.

»Und der hat noch seinen Freund dabei, damit Angi auch Gesellschaft hat.« Sie hört ein Kichern aus Berlin. »Kann ja sein, sie lacht sich auch so einen gepolsterten Heini an.«

»Wie geht es dir denn?«

»Wie soll's mir schon gehn! Wie immer ebent.«

»Und Angi?«

»Der geht's prima. Ich habe sie schon wieder bißken aufgepäppelt. Sah ja sehr mickrig aus, als du sie hier abgeliefert hast.«

Evelyn schluckt.

»Ja, die Sache mit ihrem Magen. Geht es ihr besser?«

»Dem Magen fehlt gar nichts. Wieso bist du in Bayern?«

»Ich bin am Starnberger See.« Kleine Pause. »Bei meinem Schwiegervater.«

»Bei wat? Bei wem biste?«

»Bei meinem Schwiegervater. Der wohnt am Starnberger See.«

»Bist du denn verheiratet?«

»Aber du weißt doch ...«

»Ja, ja, ick weeß. Biste denn wieder verheiratet?«

Ein leichter Schwindel überfällt Evelyn Seebacher, sie lehnt an der Wand der Telefonzelle, ihre Stirn wird feucht.

»Hat denn Angelika nichts davon erzählt?«

»Keen Wort. Sie hat immer bloß von deinem Harry erzählt. Der ist es doch nicht.«

»Nein, der ist es nicht. Ich habe Georg Seebacher geheiratet.«

*175*

»Ein Deutscher?«
»Ja.«
»Und du bist nun am Starnberger See?«
»Ja.«
»Momang mal, ick mach nur den Fernseher aus.«
Der Krimi wird ausgeschaltet, das Geräusch im Hintergrund verstummt.

»Tut mir leid, daß ich dir den Krimi vermassle.«
»Nich so wichtig. Gibt ja jeden Abend welche. Aus allen Sendern. Ist mir oft zu dämlich. Am Starnberger See?«
»Kennst du ja.«
»Woher soll ick det kennen?«
»Na, dein Jugendfreund damals, der hat doch davon erzählt. Daran erinnere ich mich sogar.«
»Ach, der Josi. Ja, haste recht, der hat davon gesprochen. War ooch n Bayer. Der stammte von da.«
»Wieso hattest du eigentlich einen Jugendfreund aus Bayern, Mama?«
»Jugendfreund! Ich hab ebent so gesagt. War ein netter Mensch. Jugendfreund ist jut.« Jetzt kommt ein Lachen aus Berlin.

»Der hat uns damals ausgebuddelt, als wir verschüttet waren, meine Tante und ich. Der war Soldat damals. Und nach einem Angriff buddelten sie in den Kellern, ob da noch einer am Leben war. Paar warn tot bei uns, aber Tante Lilli und ich, wir lebten. Ich hab schrecklich geheult, und er hat mich in den Arm genommen und getröstet. Na ja, kannste nich wissen, wie det war. Deine lieben Amerikaner ham uns ja pausenlos die Bomben auf den Kopp geschmissen.«

»Und den hast du später wiedergesehen?«
»Aber klar! Tante Lilli bedankte sich vielmals bei ihm und gab ihm die Adresse von ihrer Schwester im Wedding, wo wir denn unterkamen. Und du wirst es nich glooben, er kam nach dem Krieg, ein paar Jahre später, und wollte wis-

sen, wie es uns ging. Ein lieber Mensch. Ein Bayer, ja, det stimmt: An den erinnerste dich?«

»Ja, klar.« Jetzt wären die Fragen fällig, wieso er gekommen war, ob auch nach dem Mauerbau, wo er nach dem Krieg war, oder ob er zufällig Angelikas Vater war.

Doch das ginge zu weit. Kein Telefongespräch konnte so etwas erklären.

»Wann fliegste denn wieder nach Amerika?«

»Am liebsten gar nicht.«

Schweigen in Berlin.

»Na, so wat. Jefällt dir nich mehr?«

»Nein.«

»Na, versteh ick. Nach allem, was Angi so erzählt hat, war det ja ooch keen Zuckerschlecken nich.«

»War es nicht. Was macht Angi denn jetzt? Arbeitet sie wieder?«

»Nee, ich mußte sie ja erst was rausfuttern, nich? Bert meckert mich ooch ewig deswegen an. Ick hab ja nur die kleene Rente, aber wir machen det schon. Und wenn sie sich vielleicht een reichen Freund anlacht, det wär das beste.«

»Ich denke, das ist Tatjanas Freund.«

»Ick meene, der andere, der mit beim Baden is. Der hat keen Mercedes. Kann ja sein, er kriegt mal eenen. Wär doch det beste für Angi.«

»Liebt sie den denn?«

»Quatsch. Sie lernt ihn heute erst kennen. Muß ja nicht der sein. Ick meen bloß.«

Evelyn lacht. Ein gepreßtes Lachen, es bleibt ihr in der Kehle stecken.

Und wieder die Frage. »Sonst hat sie dir nichts erzählt? Daß sie sich mal verliebt hat?«

»Jotte doch, hatse erzählt. Der is mit ihr nach Acapupa gefahren oder sonst irgendwohin. War wohl nicht so wichtig, wat.«

»Nein«, sagt Evelyn langsam. »War nicht so wichtig.«

»Is denn dein Mann bei dir? Oder is der noch in Amerika?«

»In Amerika«, sagt sie leise. »Aber ehe ich... also ich weiß nicht, ich möchte euch gern noch mal in Berlin besuchen.«

»Det machste. Freut uns sehr. Übrigens hat dein Vater wieder geschrieben.«

»So?«

»Wir solln ihn besuchen in Prag. Jeht ihm gut. Wie findste das?«

»Ungeheuerlich.«

»Na, ebent.«

»Gute Nacht, Mama. Schönen Gruß an Angelika.«

»Mach ick. Und laß mal wieder wat von dir hören.«

Sie steht wie betäubt in der Telefonzelle, an die Wand gelehnt, es dauert lange, bis sie es fertigbringt, den Hörer einzuhängen. Draußen regnet es wieder heftiger, in der Telefonzelle ist es warm, ihre Stirn ist naß. Ihre Wangen auch, sie weint.

Sie weint vor Schreck, vor Scham, vor Entsetzen.

Nun ist sie also auch in das Lügennetz verstrickt. Ihr Mann sei noch in Amerika, hat sie gesagt. Warum eigentlich? Warum konnte sie nicht klar und deutlich sagen, mein Mann ist tot. Hat dir Angelika das nicht erzählt? Auch nicht, daß es eigentlich ihr Mann war, der mit ihr verreist ist und von dem sie ein Kind hat?

Warum belügt Angelika die Mutter? Den Bruder und den ganzen übrigen Anhang genauso, die Freundin Tatjana zum Beispiel. War auch so eine blöde Anwanzerei in der DDR gewesen, den Kindern russische Namen zu geben.

Sie hat das Kind verschwiegen. Sie ist ja nicht verheiratet. Sie ist ohne Kind gekommen. Was Bert von sich gegeben hätte, erst recht seine Frau, das kann sich Evelyn gut vorstellen. Er also sollte es nicht wissen. Aber der Mutter hätte sie es sagen können. Doch die hätte es nicht für sich behalten, und dann hätten es alle gewußt, Bert, seine Frau, die komische Verwandtschaft, Tatjana und alle sonstigen Freundinnen.

Jetzt ist es also ihre Aufgabe, in Berlin die Wahrheit zu verbreiten.

Wir haben ein Kind, Angelika hat es geboren, der Mann, mit dem ich verheiratet war, ist der Vater. Was heißt, verheiratet war? Eben hat sie ja gesagt, ihr Mann sei in Amerika. Also noch mal von vorn...

Ihr ist, als bekäme sie keine Luft mehr, sie reißt die Tür auf, taumelt ins Freie, lehnt sich nun draußen an die Wand der Telefonzelle. Es regnet wieder heftiger, sie merkt es gar nicht.

Nur eins fällt ihr wieder ein. Sie muß hier verschwinden, sofort, auf der Stelle, auf Nimmerwiedersehen. Egal wohin, auf jeden Fall weit, weit weg. Sie hat die amerikanische Staatsangehörigkeit, damit läßt sich viel anfangen. Busse auf einem Terminal putzen kann sie immer noch. Oder in einem Imbiß bedienen. Oder in einer Bar Gläser abräumen. Oder...

Aber ehe sie wegläuft, muß sie ins Haus zurück. Sie braucht ihre Papiere und das Geld, das sie noch hat. Zu dumm, wenn sie die große Umhängetasche mitgenommen hätte, brauchte sie gar nicht mehr zurück. Könnte einfach verschwinden.

Sie hat die Tür nicht zugezogen, vielleicht gelingt es ihr unbemerkt ins Haus zu gelangen. Vielleicht ist der Krimi noch nicht aus. Sie werden denken, sie ist oben, sie hat das Licht brennen lassen.

Aber sie steht da, an die Telefonzelle gelehnt, und kann keinen Fuß vor den anderen setzen.

Der Mann, der schräg gegenüber auf der anderen Straßenseite in seinem Auto sitzt, beobachtet sie schon eine ganze Weile. Er kann nicht verstehen, was los ist. Er sieht nur in der langsam steigenden Dunkelheit, daß die Frau am

Ende ist. Er ist von einer späten Visite zurückgekommen, langsam auf den Ort zugefahren, hat die Telefonzelle auf der anderen Seite nicht im geringsten beachtet, aber dann hat er doch mitgekriegt, daß jemand darin ist, und ...

Das ist doch ...? Unsinn!

Er bremst, läßt den Wagen langsam zurückrollen, bremst wieder, hält und sieht vom Wagen aus, daß es Evelyn ist, die dort telefoniert.

Warum hier? Sie haben schließlich Telefon im Haus. Mit wem spricht sie so lange?

Dann sieht er, wie sie sich drinnen an die Wand lehnt, eine Ewigkeit erscheint es ihm. Dann kommt sie raus, und nun lehnt sie wieder da.

Er muß wissen, was geschehen ist. Sie braucht Hilfe. Er steigt aus, läßt die Wagentür extra laut zufallen, sie soll hören und sehen, daß jemand über die Straße kommt. Aber sie sieht und hört nichts.

Er steht dicht vor ihr, sie scheint es nicht zu bemerken. Ihr Gesicht ist naß von Tränen.

»Evelyn!« sagt er leise. Nimmt sie einfach in die Arme, zieht sie an sich, legt sein Gesicht in ihr nasses Haar.

## *Trost und ein wenig mehr...*

Sie wehrt sich nicht, drängt ihn nicht weg, weicht nicht zurück, denn sie weiß sofort, wer sie in den Armen hält. Nach einer Weile hört sie auf zu zittern.

Er hebt den Kopf und blickt in ihr Gesicht.

»Besser?«

Sie nickt. Sie sagt: »Danke.«

»Wofür dankst du mir?«

Sie hebt die Schultern.

»Daß du da bist. Ich hätte keinen Schritt gehen können.«

»Du bist ja ganz naß. Und hast keinen Mantel an.«

Langsam kommt sie zu sich.

»Ich wollte bloß mal schnell telefonieren.«

»Und warum nicht von zu Hause aus? Geht es um ein Geheimnis?«

»So kann man es kaum nennen.«

Sie trägt den hellen Hosenanzug, den er schon kennt, auch die Jacke ist naß.

»Komm mit«, sagt er, nimmt ihre Hand, hält sie fest, denn nun kommt doch wirklich ein Auto angefahren, ziemlich schnell sogar. Gleich darauf ein zweites.

Dann sind sie bei seinem Wagen. Doktor Freese öffnet die Tür zum Beifahrersitz, sie steigt ein.

Als er neben ihr sitzt, fragt er: »Wo soll ich dich hinfahren?«

Sie lacht kurz auf. »Am besten bis ans Ende der Welt.«

»Fahren wir vorher mal zu mir, du wirst die nasse Jacke ausziehen, dein Haar trocknen, einen Cognac trinken. Und mir erzählen, was an diesem Telefongespräch so aufregend war. Wenn du willst. Ich will dich nicht quälen.«

Er fährt an, sie sagt: »Ich werde dir nichts Neues erzählen können. Nichts, was du nicht schon weißt. Ich habe mit meiner Mutter telefoniert, ich wollte bloß mal hören, wie es geht. Meine Schwester war nicht da, mit Freunden zum Baden gefahren. In Berlin regnet es offenbar nicht. Ich nehme an, nachmittags waren sie zum Baden, und jetzt essen sie irgendwo zu Abend. Tatjana hat einen reichen Freund, der einen Mercedes fährt. Und der Freund hat einen Freund, der ist auch dabei. Und meine Mutter hofft, daß sich Angelika auch einen reichen Freund angelt. Ganz normale Geschichte, nicht? Kein Grund zur Aufregung, nicht?«

Sie plappert, ihre Stimme klirrt, sie ist der Hysterie nahe, das hört er auch.

»Und was hat dich so aufgeregt?«

»Ich muß weg von hier. Sofort und für immer. Nicht nur von hier, die in Berlin gehen mich auch nichts mehr an. Ich habe nur überlegt, wie komme ich ins Haus, zu meinem Paß und meinem Geld, ohne daß es einer merkt.«

»Demnach haben sie auch nicht bemerkt, daß du weggegangen bist?«

»Nein. Sie sehen einen Krimi. Vermutlich denselben, den meine Mutter auch sieht. Den habe ich ihr jetzt verpatzt.«

Der Doktor biegt um die Ecke zu seinem Haus. Das heißt, es ist nicht sein Haus, es gehört immer noch Doktor Lindner. Der wohnt oben mit seiner Frau. Freese hat unten die Praxis und seine Wohnung.

Das Tor zur Einfahrt hat er offengelassen, als er vor einer Stunde, nein, inzwischen sind es fast zwei Stunden, den Anruf bekam. Ein Treppensturz, es sah schlimmer aus, als es war. Der Mann hat nichts gebrochen, Prellungen, Hämatome, ein Schock. Er trug seinen drei Monate alten Sohn auf dem Arm, als er stürzte. Dem Kind ist nichts passiert, er hat es geschickt gehalten, doch dadurch konnte er sich nicht abstützen.

Doktor Freese wollte ihn in die Klinik bringen lassen, doch das wollte der Patient nicht.

»Nein, geht schon wieder. Und ich kann meine Frau nicht allein lassen. Sie sehen ja, sie ist ganz durcheinander.«

Das stimmte, die junge Frau weinte, hielt das Kind im Arm, dann küßte sie den Mann, dann weinte sie weiter.

Doktor Freese kennt sie, er hat sie bei einer schweren Grippe behandelt, als sie schwanger war, und er hat mit dem Gynäkologen besprochen, was man ihr geben darf und was nicht.

Er fährt in den Hof, aber noch nicht in die Garage, er wird sie später heimfahren.

Sie bleibt sitzen, auch als er die Wagentür auf ihrer Seite geöffnet hat.

»Soll ich wirklich mitkommen?« fragt sie. »Sie wollen sicher Ihre Ruhe haben.«

Sie sagt wieder ›Sie‹.

»Wo kommen Sie denn überhaupt her, so spät?«

»Ich habe einen Krankenbesuch gemacht. Das heißt, es war ein Unfall. Und nun, komm!«

Er streckt ihr die Hand hin, sie steigt aus.

Während sie ins Haus gehen, erzählt er die Sache mit dem Treppensturz.

»Wenn er das Kind hätte fallen lassen, wäre es schlimm gewesen. Sie wohnen da in einem alten Bauernhaus, und die Treppe ist ziemlich steil. Und so hat er den Sturz natürlich nicht abbremsen können, mit den Händen, verstehst du?«

Evelyn nickt. »Ich sehe es vor mir.«

»Darum hat er sich ziemlich weh getan. Er ist ein junger, gewandter Mann, durchaus sportlich, ohne Kind auf dem Arm wäre vermutlich gar nichts weiter passiert. Morgen werde ich wieder hinfahren und werde ihn in die Klinik mitnehmen, ob er will oder nicht, er muß geröntgt werden und ordentlich verbunden. Heute war er nicht ansprechbar. Und vor allem sie nicht.«

Also erzählt er noch von der jungen Frau und ihrem Zustand.

Sie sind in der kleinen Diele, rechts geht es zur Praxis, links liegt seine Wohnung, nur drei Zimmer, aber das Wohnzimmer ist hübsch eingerichtet, er hat der Schönheitschirurgin nicht die Möbel überlassen, die er von seiner Mutter bekommen hat.

»Gib mir die Jacke!«

Evelyn zieht die Jacke aus, er legt die Hand auf ihren Rücken, die Bluse ist trocken, die Jacke ist nicht durchgeweicht.

»Ist die Hose auch naß?«

»Nur unten ein bißchen, am Knöchel«, jetzt lächelt sie. Streift die Slipper von den Füßen, er weist auf den tiefen Sessel, und als sie sitzt, zieht er einen kleinen heran, damit sie die Füße darauf legen kann. Nicht ohne die Füße zu befühlen, sie könnten ja naß sein.

»Du bist wirklich lieb«, sagt Evelyn.

»Es ist mein Beruf«, sagt er.

»Daß du lieb bist?«

»Nicht immer und überall. Aber daß ich mich darum kümmere, ob jemand nasse Füße hat.«

Er geht zu einem Schrank, holt die Cognacflasche, füllt zwei Gläser, reicht ihr das eine. Sie nippt, nimmt dann einen größeren Schluck.

»Gut«, sagt sie.

Dann geht er und kommt mit einem Handtuch wieder, damit sie ihr Haar abrubbeln kann, geht wieder, bringt einen Fön, steckt ihn an und beginnt vorsichtig ihr Haar zu trocknen. Sie lehnt sich zurück und schließt die Augen, fährt sich mit der Hand durchs Haar.

»Wenn es auch einen Kamm im Hause gibt, wäre es großartig«, murmelt sie.

Kamm hat er natürlich, sogar einen Spiegel bringt er mit.

»Ich wollte sowieso zum Friseur gehen.«

»Eigentlich aber wolltest du wieder einmal auf und davon gehen, wenn ich richtig verstanden habe. Fehlte nur der Paß und das Geld.«

»So ist es.«

Sie bekommt einen zweiten Cognac, die Haare sind trocken.

»Du willst natürlich wissen, was mich an dem Telefongespräch so aufgeregt hat. Ich werde so genau wie möglich berichten, was wir gesprochen haben.« Sie schweigt, blickt in das Glas, das sie in der Hand hält.

»Du hast vorhin von dem Mann erzählt, der mit dem Kind auf dem Arm die Treppe hinuntergefallen ist. Von der Frau, die geweint hat. Sag mir eins, Herr Doktor, ich bin ja vielleicht zu blöd, ich habe nie ein Kind bekommen. Aber ist es nicht der normale Zustand, daß eine Frau, die ein Kind geboren hat, also eine Mutter, dieses Kind liebt?«

»Der normale Zustand, ja. Aber es gibt Ausnahmen.«

»Zum Beispiel?«

»Es gibt Frauen, die haben postnatale Störungen. Sie können das Kind nicht annehmen, sie wenden sich ab. Der Zustand hängt meist mit dem dazugehörenden Mann zusammen.«

»Also, wenn ein Mann eine Frau verläßt. Wenn er sie nicht mehr um sich haben will. Wenn er sie im Stich läßt, oder wie man das nennen soll, dann überträgt sich der Haß, den die Frau gegen den Mann empfindet, auf das Kind. Meinst du es so?«

»Beispielsweise. Es kann auch mit einer unwürdigen Zeugung zusammenhängen. Mit einer Vergewaltigung, einer Erniedrigung. Das Kind wurde mit Abscheu empfangen. Der Abscheu gegen den Mann überträgt sich auf das Kind. Man hat das sicher viel erlebt in der Nachkriegszeit, als so viele Frauen von den Russen vergewaltigt worden sind. Ich habe mal eine Vorlesung darüber gehört. Es gab Frauen, denen eine Abtreibung nicht gelang, die das Kind sofort nach der Geburt getötet haben.«

»Ja, das verstehe ich.«

»Man muß gar nicht auf unsere Nachkriegszeit zurückgehen, Frauen wurden immer und zu jeder Zeit von Siegern vergewaltigt, das ist alt wie die Weltgeschichte. Und genauso jung. Wenn du liest, was sich jetzt im ehemaligen Jugoslawien abgespielt hat, so sind wir in der Gegenwart. Mord und Totschlag und eben auch Vergewaltigung. Ich weiß nicht, wieviel ihr in Amerika von diesen Vorgängen gehört habt.«

»In Las Vegas so gut wie gar nichts. Außerdem hat der Durchschnittsamerikaner keine Ahnung von Europa. Und auch nicht das geringste Interesse daran. Politiker, nun ja, die müssen sich wohl oder übel damit beschäftigen. Aber für Uncle Sam liegt Europa so ungefähr zwischen Paris und Sibirien. Und nun will ich dir erzählen, wie das Gespräch mit meiner Mutter gelaufen ist: Ich störte sie bei ihrem Krimi. Dann erzählte sie, daß meine Schwester mit Freundin und Freunden zum Baden gefahren ist. War höchst erstaunt, daß ich mich in Bayern befand. Hatte keine Ahnung, daß ich einen Herrn Seebacher geheiratet hatte. Und daß Angelika ein Kind bekommen hat, davon wußte sie nichts. Angelika hat nichts, aber auch nichts berichtet. Sie hat das Kind verschwiegen.«

»Und was hast du gesagt?«

»Nichts zu diesem Thema. Und als sie fragte, ob mein Mann noch in Amerika sei, sagte ich ja.«

Der Herr Doktor hat Kamm, Spiegel und Fön zur Seite gelegt und sitzt nun auch in einem Sessel.

»Verstehe«, sagt er dann.

»Verstehst du nicht. Ich bin nun auch eine elende Lügnerin. Soll ich nach Berlin fliegen und reinen Tisch machen?«

»Und? Willst du?«

»Den Teufel werde ich tun. Ich will sie alle nie wiedersehen.«

»Und das Kind?«

»Eben. Vielleicht will Eva-Maria ihn adoptieren. Erstens weiß ich nicht, wo sie ist. Und zweitens gibt es ja irgendwelche Gesetze, was Adoptionen betrifft.«

»Die werden in Österreich nicht viel anders sein als bei uns. Ein Vater, falls vorhanden, muß seine Einwilligung geben. Eine Mutter, falls vorhanden, auch.«

»Vater gibt es nicht. Und Mutter hat offenbar nie ein Kind geboren. Was sagen Sie nun dazu, Herr Doktor?«

»Ich heiße Ulrich.«

»Aha. Also, was sagst du dazu, Ulrich?«

»Tja, das ist wirklich schwierig. Natürlich würde eine gynäkologische Untersuchung jederzeit beweisen, daß Angelika ein Kind geboren hat. Das ist aber schon alles, was sich dazu sagen läßt.«

»Und was für eine Rolle spiele ich dabei? Das ist es, was mich so verrückt macht. Angenommen, ich wäre nie hierhergekommen, dann wüßte keiner, weder du noch Franz noch Klaus, was passiert ist. Und du mußt zugeben, der größte Idiot in dieser Story bin ich. Komme hier angeflogen und erzähle den ganzen Salat. Ich habe ja gleich am ersten Abend gesagt, ich muß wieder weg. Ehe ich irgendwas erzählt habe. Du weißt es, du warst dabei. Ich wollte sofort weg. Warum bin ich bloß geblieben?«

Sie stellt das leere Glas auf das kleine Tischchen, steht heftig auf, sieht ihn wütend an.

»Warum habt ihr mich nicht gehen lassen? Sofort und für immer. Ich wollte es. Warum bin ich bloß geblieben?«

Ulrich Freese steht ebenfalls auf.

»Ich bin sehr froh, daß du geblieben bist, Evelyn.«

»Das kannst du nicht im Ernst meinen.« Nun stehen wieder Tränen in ihren Augen. »Mein ganzes Leben war ein Chaos. Und jetzt ist es das mehr denn je.«

Er macht die zwei Schritte, die sie von ihm trennen, streckt vorsichtig die Arme nach ihr aus.

»Sag das nicht!«

»Es stimmt doch. Und nun ist es schlimmer denn je.«

Sie weicht auch diesmal nicht zurück. Er nimmt sie vorsichtig in die Arme, und nun küßt er sie auf die Stirn. Ganz

*187*

sanft, ganz zärtlich. Biegt den Kopf zurück, sieht sie an. Ihre Augen sind geschlossen, doch darunter laufen Tränen hervor.

Er küßt die Tränen weg, dann küßt er ihren Mund.

Sie weicht auch diesmal nicht zurück. Sie erwidert den Kuß nicht, das kann sie gar nicht, aber sie hält still.

»Könnte ja sein, daß du meinetwegen gekommen bist.«

Sie öffnet die Augen.

»Deinetwegen?«

»Na ja, es gibt so etwas... Die Wege eines Menschen sind oft wundersam. Man kann es Zufall nennen. Oder Schicksal. Oder wie immer. Ich kann nicht so gut formulieren wie unser Freund, der Maler. Ich bin sehr glücklich, daß du da bist. Und ich will, daß du bleibst. Hier in meiner Nähe. Und vielleicht – sogar bei mir.«

Sie sieht ihn an, ihre schwarzgrauen Augen, wie Klaus sie genannt hat, sind nun wirklich ganz schwarz.

Sie biegt sich zurück aus seinen Armen, flüstert: »Das kann es nicht geben.«

»Doch, Evelyn, das gibt es. Sieh mal, ich bin Arzt, ich bin an realistisches Denken und Handeln gewöhnt, aber wie ist es möglich, daß ich gerade heute abend auf dieser Straße gefahren bin und dich in der Telefonzelle entdeckt habe. Wie ist so was möglich?«

»Sag bloß, der arme Mann ist meinetwegen die Treppe hinuntergefallen?«

»Nein, soweit will ich denn doch nicht gehn. Darf ich dich noch einmal küssen?«

»Bitte«, sagt sie leise.

Nun ist es schon ein richtiger Kuß, und sie erwidert ihn zaghaft.

Doktor Freese läßt sie los, reißt sich zusammen.

»Und nun fahre ich dich nach Hause, und du gehst schlafen. Morgen werden wir...«

Wie auf ein Stichwort klingelt das Telefon.

Er nimmt den Hörer ab, hört schweigend zu, dann sagt er: »Sie ist bei mir.«

Er lauscht schweigend, lächelt.

»Ich bringe sie gleich nach Hause.«

Nach Hause, wie das klingt.

Evelyn lauscht diesen Worten nach. Nach Hause? Wo kann das denn sein, für sie.

Das gibt es für sie nicht.

Franz, Klaus und Jacko stehen vor der Haustür, als der Doktorwagen vorfährt.

Jacko bellt aufgeregt, drängt sich dann an Evelyns Knie. Klaus hat die Stirn gerunzelt.

»Kann mir jemand erklären ...«, beginnt er.

»Muß es gleich sein?« fragt der Doktor friedlich.

»Kommt herein«, sagt Franz. »Wo um Himmels willen warst du denn, Eve? Bei dem Regen?«

Richtig, es regnet wieder mehr.

»Sie ist spazierengegangen«, sagt der Doktor, als sie im Zimmer sind. »Ihr wißt doch, daß sie den Regen liebt. Und ich kam von einem Patienten zurück und habe sie mitgenommen, sie war ganz naß. Wir haben einen Cognac getrunken und uns unterhalten.« Er hebt die Jacke hoch, die sie nur um die Schultern gelegt hat. »Die Jacke ist immer noch naß, man sollte sie auf einen Bügel hängen. Ja, und dann solltet ihr mal einen Regenmantel kaufen. Obwohl der Wetterbericht heute sehr freundlich klang, es kommt ein Hoch.«

Er spricht nicht vom Telefon, nicht von der Telefonzelle, an der sie lehnte. Sie kann, wenn sie will, morgen alles erzählen. Sie muß nicht.

Aus dem Verandazimmer kommt laute Musik. Beethovens Fünfte.

»Entschuldigt, bitte«, sagt Evelyn. »Ich dachte, ihr merkt das nicht. Ich wollte nur ein paar Schritte gehen.«

189

Also lügt sie weiter. Jedenfalls an diesem Abend, in dieser Nacht, es ist mittlerweile halb zwölf.

»Noch einen Cognac?« fragt Franz.

»Ich hab schon zwei«, sagt Evelyn, und nun lacht sie sogar, ganz unbeschwert. »Aber einen vertrage ich schon noch.«

»Und Sie, Herr Doktor?« fragt Klaus pikiert.

»Ich glaube, ich habe erst einen. Ich war ja auch nicht naßgeregnet.« Und nun lacht er auch.

Also trinken sie jeder einen Cognac, sitzen eine Weile still und hören Beethoven zu.

»Tja, dann will ich mal«, sagt der Doktor und steht auf, als der letzte Ton verklungen ist.

Evelyn blickt von einem zum anderen.

»Entschuldigt, bitte«, sagt sie.

»Das hatten wir schon«, sagt Klaus und betrachtet sie nachdenklich.

»Gute Nacht, Herr Doktor«, sagt sie artig. »Und vielen Dank.«

Sie gibt ihm nicht die Hand, sie lächelt nur, geht die Treppe hinauf. Beschwingt, könnte man es nennen.

Die drei Männer sehen ihr nach.

»Wir haben uns Sorgen gemacht«, sagt Franz. »Sie wollte einen Brief schreiben, und als wir gar nichts mehr hörten, haben wir oben geklopft.«

»Ach ja«, sagt der Doktor. »Wirklich, ziemlich leichtsinnig, so im Regen herumzulaufen.«

Klaus bringt ihn zur Tür.

»Ich finde das sehr seltsam«, sagt er.

»Sie sagen es«, erwidert der Doktor Freese und klettert in sein Auto.

## Eva-Maria bringt sie auf Trab

Natürlich erzählt sie am nächsten Morgen genau den Verlauf des Telefongesprächs.

»Ich war ratlos. Am liebsten wäre ich auf und davon gegangen.«

»Wieder einmal«, sagt Klaus. »Und der Doktor hat dich zurückgehalten, gerettet und getröstet.«

»So ist es«, erwidert sie ernst.

»Und das hat dir gefallen.«

»Ach, hör doch auf«, sagt Franz ärgerlich. »Seien wir froh, daß er da war. Und was machen wir nun?«

»Vor allen Dingen müssen wir herausbringen, wo sich Eva-Maria aufhält.« Wir, sagt sie nun ganz selbstverständlich. »Ich habe daran gedacht, in Montreal anzurufen, in dem Hotel, wo sie gearbeitet hat. Die wissen es vielleicht. Ich weiß ja nicht einmal, wie sie jetzt heißt.«

»Das ist gar kein Problem«, sagt Franz. »Wir rufen in Traunstein an bei ihrer Familie. Am besten bei ihrem geliebten Onkel Joseph. Der weiß bestimmt, wo sie ist.«

Vierzehn Tage später kommt Eva-Maria mit Robby angereist. Der Bub ist jetzt fast vier Jahre alt, er ist ein hübscher Junge, sehr selbstsicher, spricht fließend, mit österreichischem Akzent, er ist gut erzogen, benimmt sich tadellos.

Diese zwei Wochen sind ganz friedlich vergangen, keine Vorwürfe von Evelyn mehr, keine Selbstbeschuldigungen, nicht einmal mehr Traurigkeit. Sie leben ganz ohne Komplikationen miteinander, schwimmen jeden Tag, auch Klaus, denn es ist warm geworden, die Sonne scheint, und der See hat nun eine angenehme Temperatur, zweiundzwanzig Grad.

»Viel wärmer wird er sowieso nie«, sagt Franz.

Doktor Freese bekommen sie nur zweimal zu sehen, einmal kommt er am Nachmittag vorbei, nach der Sprechstunde, um zu erfahren, wie es geht. Ein anderes Mal ruft Franz ihn an, ob er nicht am Abend kommen möchte, zu einem kleinen Essen und einem Glas Wein.

»Wozu denn das?« mauert Klaus, der immer noch an seiner Eifersucht knabbert. Aber der Doktor benimmt sich formell, er duzt sie nicht mehr, sie ihn auch nicht. Er macht nicht den geringsten Versuch, die Vertraulichkeit jenes Abends zurückzuholen.

Das verunsichert Evelyn und erleichtert sie gleichzeitig. Es war eben nur dieser Abend, denkt sie.

Aber wenn er sie ansieht, weiß sie, daß es mehr ist. Und so wie sie ihn ansieht, steht es in ihren Augen auch geschrieben.

Eva-Maria bringt Leben ins Haus. Sie ist, wie sie immer war, tatkräftig, tüchtig und Herrin der Lage.

Zum Beispiel der Name, unter dem Robby mit ihr gereist ist. »Robert Seebacher natürlich. Er reiste ja als mein Sohn.«

»Aber du heißt doch jetzt anders«, wundert sich Evelyn.

»Wieso?«

»Ich denke, du hast Florian geheiratet?«

»Das habe ich nur gesagt. Ich habe ihn nicht geheiratet, denn erst mußte ich mir das alles mal ansehen, nicht wahr? Ich kann schließlich nicht Onkel Josephs Geld in eine Sache stecken, die nicht lukrativ erscheint.«

»Und ist sie das nicht«? fragt Franz.

»Es ist eine kleine Pension, ziemlich altmodisch. Dazu noch ein ganzes Stück vom See entfernt. Man müßte modernisieren beziehungsweise, was ich mal gedacht habe, ein Hotel bauen. Ist aber Unsinn, kommt nicht in Frage. Die Eltern von Florian sind ein bisserl ablehnend gegen mich. Und noch mehr sind es seine Schwestern.«

»Schwestern hat er auch«, sagt Klaus.

»Drei. Eine ist älter als er, die anderen jünger. Die mögen mich nicht besonders. Eine, die ältere, arbeitet in der Pension, redet immer vom Heiraten, hat aber noch keinen gefunden, immerhin ist sie vierunddreißig. Die Mizzi ist Serviererin in einem Hotel in Bad Kleinkirchheim, und die jüngste hat sich nun glücklich verlobt und hängt zu Hause herum. Und da ist noch etwas, das will ich gar nicht verschweigen, Florian hat mich betrogen, damals als er in dem Golfclub in Santa Monica gearbeitet hat. Ich habe es gewußt, nicht davon gesprochen, aber nichts vergessen. Er ist sehr tüchtig, sehr aktiv. Ich glaube nicht, daß er sich auf die Dauer am Millstädter See zufriedengeben wird, mit dem Leben dort. So. Nun wißt ihr Bescheid.«

Sie sitzen wieder einmal auf der Veranda, es ist sehr warm, Robby kugelt mit Jacko im Gras herum.

»Und was wirst du tun?« fragt Franz nach einer Schweigepause.

»Das weiß ich noch nicht. Besteht immer noch die Möglichkeit, daß ich zurückgehe nach Kanada, die nehmen mich mit Kußhand wieder. Ich habe mich dort sehr wohl gefühlt.« Sie lächelt Klaus an. »Das habe ich dir zu verdanken.«

Klaus verneigt sich, dann sieht er Evelyn an.

»Du siehst, ich bin gar nicht ungeschickt darin, eine junge Dame mit einem passenden Job zu versorgen.«

»Onkel Joseph«, fährt Eva-Maria fort, »hat noch viel mehr Geld als früher, er spekuliert mit sehr viel Talent an der Börse. Ein bißchen verstehe ich nun auch davon und werde mich in Zukunft beraten lassen. Ich kann eine Pension, ein kleines Hotel übernehmen, ich kann wieder ein Lokal aufmachen, wie seinerzeit in München. Dazu kann ich Florian als Partner nehmen oder auch nicht. Das kann in Deutschland sein, in Österreich oder in Italien. Viele Leute schwärmen von Mallorca, das dürfte auch kein schlechtes Geschäft werden. Wie gesagt, ich überlege mir das noch eine Weile.« Mit dem Überlegen ist sie wohl schon länger beschäftigt, denn sie redet sofort weiter.

»Zum Beispiel der Chiemsee, nicht? Eine schöne Gegend, ich kenne sie gut, ich bin dort aufgewachsen. Der See ist noch schöner zum Schwimmen als eurer hier, auf der einen Seite Berge, auf der anderen Seite großes, weites Land, mit noch einigen Seen. Hübsche Hotels dagegen gibt es am Chiemsee wenig. Die Bayern sind sehr unlustig, wenn es darum geht, den Fremdenverkehr anzukurbeln. Habt ihr schon mal von Gut Ising gehört?«

Klaus hat eine Ahnung. »Hat irgendwas mit Pferden zu tun.«

»Richtig. Ein Reitbetrieb, eine Gastwirtschaft, ein kleines Hotel. Das war es früher. Ich bin mit Onkel Joseph hingefahren, als ich ihn das letzte Mal besucht habe. Ein kleines Dorf, eine schöne Kirche, ein Internat. Und ein prachtvolles, großzügig ausgebautes Hotel inzwischen, hübsche Zimmer, ausreichend Räume für Feste und Tagungen, eine große Bar und ein erstklassiges Restaurant, die Leute kommen von weither, um dort zu essen. Der Reitbetrieb ist vergrößert, eine Riesenhalle, es werden dort international Reiter ausgebildet beziehungsweise fortgebildet. Wie findet ihr das?«

»Ich wußte nicht, daß du dich für Pferde interessierst«, sagt Klaus.

»Das ist deren Sondernummer. Man könnte zum Beispiel auf der Ostseite des Sees einen Golfplatz anlegen, das Gelände ist groß genug. Und ein First-class-Restaurant lohnt sich immer, so viele gibt es dort auch wieder nicht. Auf der Westseite in Aschau der Winkler, und ich mach das im Osten. Ein gutes Hotel, ein Restaurant, gute Werbung. Jede Wette, daß ich das kann?«

Franz lacht. »Du hast dich nicht verändert, Eva-Maria.«

»Warum sollte ich?«

»Sie hat sich sehr wohl verändert«, sagt Klaus. »Sie ist hübscher geworden, noch hübscher, und ihren Charme hat sie auch weiterentwickelt.«

Sie lächeln sich an.

»Auch hier an eurem See fehlt ein gutes Hotel, kein Maritim, kein Steigenberger weit und breit. Ein Dorint, drüben auf der anderen Seite, das habe ich mir angesehen. Das ist zu wenig für diese schöne Landschaft. Übrigens bekommst du einen guten Job bei mir, Evelyn. Da braucht sich Klaus gar nicht weiter zu bemühen.«

Das mit der Suche nach dem Job hat sie inzwischen begriffen, auch den Namen Evelyn hat sie ohne weiteres akzeptiert, nachdem sie ihn von Doktor Freese gehört hat, der an einem Abend, zusammen mit dem Maler Brodersen, eingeladen war, damit sie nun beide die echte Eva kennenlernen.

Jetzt wohnen zwei Damen Seebacher im Haus, und ein Bub, der auch diesen Namen führt.

Georg Seebacher hat ihn seinerzeit nach der Geburt ordentlich auf seinen Namen registrieren lassen, er ist der Vater, kein Mensch kam auf den Gedanken, daß die Frau, die das Kind geboren hatte, einen anderen Namen führen könnte. Aber nun müsse der Junge endlich getauft werden, verkündet Eva-Maria, katholisch natürlich.

»Aber vor allen Dingen muß festgestellt werden«, und nun blickt sie Evelyn streng an, »ob deine Schwester bei ihrer Verweigerung bleibt. Kein Mensch will ihr das Kind wegnehmen. Manche Frauen entwickeln Muttergefühle erst später. Und darum wird dir nichts anderes übrigbleiben, als nach Berlin zu fliegen und mit ihr zu sprechen. Am besten allein, ohne Familienanhang.«

Denn die Geschichte von dem Telefongespräch kennt Eva-Maria inzwischen auch.

»Du fragst sie, ob sie zur Taufe ihres Sohnes nach Traunstein kommen will. Da kann sie sich alles in Ruhe ansehen, und dann wird sie vielleicht wissen, was sie will.«

Eva-Maria schläft mit Robby in dem zweiten Zimmer, das bisher Evelyn zur Verfügung gestanden hat und das für Mosers Kinder bei einem Wochenendbesuch vorgesehen war.

Übrigens ist die Sache mit der Firma nun auch geklärt, Eva-Maria hat Franz begleitet, Evelyn war dabei und Robby auch. Inwieweit Ludwig Moser alles kapiert hat, bleibt fraglich. Denn als er den Besuch zum Auto begleitete, fragte er Franz leise: »Welche von den Damen ist denn nun die Mutter von dem Buben?«

»Tja«, machte Franz. »Soviel ich weiß, keine von beiden.« Verdutzt blieb Moser am Tor stehen und blickte dem Wagen nach.

Am nächsten Tag erklärt Eva-Maria, daß sie nun mal für einige Tage zu Onkel Joseph fahren wird. Sie packt das Nötigste zusammen, setzt Robby hinten ins Auto, ein flotter Renault ist es, und, wie sie gleich anfangs betont hat, es ist ihr eigener Wagen, sie hat ihn selbst gekauft.

»Man muß unabhängig sein. Florian fährt den Wagen seines Vaters, so eine alte Rostlaube, das ist nichts für mich.«

Ehe sie abfährt, es ist am späten Vormittag, blickt sie Evelyn genau an.

»Du überlegst dir jetzt mal, wie du das mit Berlin machst. So bald wie möglich. Ich werde in Traunstein mit dem Pfarrer sprechen, auch mit den zuständigen amtlichen Stellen. Es muß alles seine Ordnung haben. Wenn deine Schwester den Jungen zur Adoption freigibt, soll es mir recht sein. Oder willst du ihn lieber?«

»Gott behüte, nein, wie kommst du darauf?«

»Du bist schließlich seine Tante. Und warst mit seinem Vater verheiratet. Ich will mich absolut nicht in euer Familienleben drängen.«

Dann fährt sie ab. Wie am Tag zuvor der Moser, steht Evelyn mit dummem Gesicht vor der Tür und sieht dem Wagen nach. Franz und Klaus stehen hinter ihr, haben alles mitangehört.

»Na, dann hast du ja zu tun«, sagt Klaus. »Die kann einem einheizen, was?« Er legt tröstend die Hand auf ihren Arm.

Franz aber sagt: »Hoffentlich bleibt sie eine Weile bei ihrem Onkel Joseph. Damit wir wieder Ruhe im Haus haben.«

Es war ein wenig viel für Franz. Für Klaus ebenso. Zwei Frauen und ein Kind, so groß ist das Haus auch wieder nicht. Eva-Maria ist nun einmal beherrschend, und Franz stellt gerade fest, daß der Bub sehr nett sei, aber irgendwelche großväterlichen Gefühle habe er nicht entwickelt.

»Ich kenne ja deine Schwester nicht«, sagt Franz noch, nur um etwas zu sagen, denn Evelyns starre Miene betrübt ihn. »Was willst du denn tun?«

»Eben«, sagt Klaus. »Mußt du wirklich nach Berlin? Und soll das etwa heißen, daß wir alle zu dieser Taufe fahren sollen? Also ohne mich.«

»Ich denke, ich gehe jetzt erst mal schwimmen«, sagt Evelyn zum Erstaunen der Brüder.

»Und ich brauch jetzt ein Bier«, sagt Franz.

Sie geht hinauf in ihr Zimmer, streift die Jeans herunter und das Shirt, zieht das hellgrüne Sommerkleid mit dem weiten Rock an, das sie gekauft haben, bürstet ihr Haar, sie trägt es jetzt wirklich kürzer, legt ein wenig Schatten auf ihre Lider und einen Hauch Rouge auf ihre Lippen. Und dann verläßt sie wieder einmal heimlich das Haus.

Schwester Luise fragt als erstes: »Sind Sie angemeldet?« Es ist eine rein rhetorische Frage, denn wenn ein Patient angemeldet ist, weiß sie das.

Evelyn bekommt einen ausführlichen Vordruck hingeschoben, doch sie schreibt nur Evelyn Seebacher darauf, und als Grund ihres Besuches schreibt sie einfach: Beratung.

Alle anderen Spalten läßt sie unausgefüllt.

Schwester Luise weiß trotzdem Bescheid.

»Aha«, sagt sie, »Sie sind die neue Schwiegertochter von Franz Seebacher. Sie waren der Grund, daß er einen Zusammenbruch hatte, als Sie angekommen waren.«

Evelyn nickt stumm. Hat der Doktor das erzählt? Na ja, warum nicht. Der Abend war ja auch für ihn recht strapaziös.

Er kommt, nachdem sein Patient gegangen ist, vertröstet die anderen, die noch im Wartezimmer sitzen, mit einem Gruß und ein paar freundlichen Worten und geht mit Evelyn auf die andere Seite in seine Wohnung.

»Du bist nicht krank?«

»Nein. Nur ratlos.«

Sie berichtet kurz von dem Besuch in der Firma und von den Plänen Eva-Marias.

»Eine energische Person, ich habe sie ja kennengelernt.«

»Was soll ich denn bloß machen? Sie verlangt, daß ich nach Berlin fliege und mit Angelika spreche.«

»Paß auf, Evelyn. Du hast gesehen, daß ich noch zwei Patienten habe. Der eine bekommt eine Spritze, und die alte Dame will mir ein wenig von ihren Leiden erzählen. Ersteres geht schnell, das zweite dauert ein bißchen länger. Angenommen, es kommt keiner mehr, dann bin ich in einer halben Stunde etwa fertig. Wie wäre es, wenn wir zusammen Mittagessen gehen und du mir in Ruhe erklärst, was dir Sorgen macht? Dort im Schrank, du weißt ja, stehen Cognac und Whisky, aber nach der feinen englischen Art trinkt man ja vormittags keinen Whisky.«

Unwillkürlich muß sie lachen. »Ich habe nicht die Absicht.«

»Findet heute bei euch ein großes Mittagessen statt?«

»Gar nicht. Eva-Maria ist mit Robby zu Onkel Joseph gefahren, dort bleibt sie mindestens fünf Tage, wie sie erklärt hat.

»Gut. Hier liegen Zeitungen, ›Süddeutsche‹, ›Abendzeitung‹, da schaust du jetzt mal rein, und dann gehen wir essen. Schwester Luise werde ich erklären, du bist ein besonders schwerer Fall, den ich nur außerhalb der Praxis behandeln kann. Und bei den Seebachers rufe ich an und sage, daß du mit mir essen gehst. Franz kocht also heute nicht?«

»Nein, Alma.«

»Sehr gut. Also bis gleich.«

Er legt sacht die Hand unter ihr Kinn und küßt sie, nur leicht und flüchtig, auf den Mund.

Nachdem er das Zimmer verlassen hat, steht Evelyn regungslos und bewegungslos und vergißt fast zu atmen. Auf diesen Kuß hat sie gewartet, auch wenn sie es nicht wußte. Aber nun weiß sie es.

Es ist wie ein Wunder, aber auch wieder nicht. Es ist auf einmal ganz – ja, was eigentlich? Ganz normal.

Bilde dir bloß keinen Blödsinn ein, redet sie sich selber gut zu. Behaupte bloß nicht, du hast dich verliebt.

Verliebt? Das kann es nicht geben, sie weiß ja gar nicht, was das eigentlich ist.

Sie geht wirklich an den Schrank, in dem die Flaschen stehen, aber sie schenkt sich nichts ein. Sie will nicht nach Schnaps riechen, falls er sie noch einmal küssen sollte. Sie geht ans Fenster, schaut hinaus, hier sieht man keinen See und keine Berge, nur einen kleinen Vorgarten, die Einfahrt und dann die Straße.

Es dauert keine halbe Stunde, nur zwanzig Minuten, dann kommt er. Die Leiden der alten Dame waren offenbar heute nicht sehr schlimm, aber vielleicht hat er verstanden, ihr rasch Trost zu spenden.

»Das kannst du gut«, sagt sie, als er vor ihr steht.

»Was?«

»Jemanden trösten. Ich meine, deine letzte Patientin.«

»Es geht ihr nicht schlecht. Sie ist nur sehr einsam. Der Mann gestorben, die Kinder weggezogen. Darüber will sie halt mal reden. Ich habe ihr gesagt, sie soll morgen wiederkommen, ich hätte gerade einen eiligen Fall.«

»Der bin ich«, sagt sie. Und dann tut sie etwas, was sie nie getan hat. Und was ihr nie eingefallen wäre, bisher, früher. Sie legt die Arme um seinen Hals und bietet ihm ihren Mund.

Sie küssen sich, ziemlich lang.

Dann hält er sie fest, ihm ist das Blut zu Kopf gestiegen. Er lauscht nach draußen. Schwester Luise geht über Mittag nie nach Hause, sie wohnt in Feldafing. Sie kocht sich Kaffee und ißt ein Brot dazu.

»Komm«, sagt er und greift nach ihrer Hand. »Ich kenne ein hübsches Lokal, wo du gut zu essen bekommst.«

»Ach, essen«, sagt Evelyn abwehrend.

Ein paar erklärende Worte zu Schwester Luise, die vielsagend schweigt.

Evelyn lächelt ihr schüchtern zu.

»Das ist also die Frau Seebacher aus Amerika«, kann sich Schwester Luise nicht verkneifen. »Die so überraschend kam, nicht?«

»Eigentlich kommen sie alle beide aus Amerika«, versucht es der Doktor mit einer Erklärung.

»Ja, und nun ist auch noch ein Kind da«, weiß Schwester Luise.

»Ein Kind, ja.«

Und ungeniert fragt Schwester Luise: »Ihr Kind, Frau Seebacher?«

»Ja. Ja, gewissermaßen, ja«, erwidert Evelyn, nun vollends verwirrt.

»Woher wissen Sie denn das, Schwester?« fragt der Doktor streng.

»Na, die Bommers sind doch wieder da. Und Frau Bommer ist doch unsere Patientin.«

»Klar. Na, dann wollen wir mal. Bis später, Schwester.«

»Vergessen Sie nicht, Herr Doktor, um drei beginnt unsere Sprechstunde.«

»Weiß ich. Also dann.«

Er lacht noch, als er im Auto sitzt.

»Sie paßt gut auf dich auf«, stellt Evelyn fest.

»So kann man es nennen. Klaus paßt auch gut auf dich auf. Er war ziemlich ungehalten, als ich ihm sagte, daß ich mit dir zum Essen gehen wolle.«

Sie legt den Kopf zurück auf die Lehne des Sitzes.

»Es ist total verrückt. Ich habe dir gesagt, mein Leben ist ein Chaos. Es wird immer schlimmer. Seit Eva-Maria da ist, gibt es neue Probleme. Außerdem will sie ein Hotel bauen. Am Chiemsee. Und ich bekomme einen Job bei ihr.«

»Das glaube ich nicht«, sagt er und legt die Hand auf ihr Knie. »Daß sie ein Hotel bauen wird, das schon, sie ist eine erstaunliche Person. Aber du bleibst bei mir.«

Darauf schweigen sie.

Du bleibst bei mir, du bleibst bei mir, summt es in ihrem Kopf. Was meint er denn damit? Was soll das denn heißen? Sie blickt hinaus auf den sonnenglitzernden See, er ist spiegelglatt, der blaue Himmel spiegelt sich in ihm, kein Wind weht. Das wird Klaus aber ärgern, das denkt sie auch. Sie ist nun schon ein paarmal mit ihm rausgefahren, das macht ihr Spaß, das Wasser ist nicht nur wunderbar zum Schwimmen. Sie schwimmt jeden Tag, es geht ihr gut, besser, als es ihr je gegangen ist, wenn nur nicht...

»Weißt du«, sagt sie, »Eva-Maria will nämlich, daß ich...«

»Später«, sagt er.

Sie fahren um die Südspitze des Sees herum, durch Seeshaupt, und dann ist es kein weiter Weg bis nach St. Heinrich. Im Lokal »Fischerrosl«, wo man besonders gut essen kann, hat er einen Tisch bestellt, auf alle Fälle, denn hier kommen viele Leute zum Essen, bis von München her, nicht nur am Sonntag, auch an einem gewöhnlichen Werktag wie diesem. Die meisten sitzen draußen vor dem Haus, aber er hat den Tisch im Lokal bestellt, wo er am liebsten sitzt, sie kennen ihn hier.

»Das ist die Marienkirche«, sagt er, als er einparkt. »Aber es gibt wirklich einen Sankt Heinrich, ich erzähle dir die Geschichte später einmal. Denn ich hoffe, du wirst noch öfter mit mir hier essen gehen.«

Er wird freundlich empfangen, Grüß Gott, Herr Doktor, sagen sie, und Evelyn sagt: »Du kommst öfter hierher zum Essen?«

»Genau. Aber meist allein.«

»Du hast keine Freundin?« fragt sie.

»Nein. Keine Freundin. Aber eine Frau. Von der bin ich jedoch geschieden.«

»Ach so«, sagt sie.

Sie essen ein Süppchen, dann Renken aus dem See.

Und dann berichtet sie präzise, was Eva-Maria plant, von dem Hotel, das sie bauen will, von Onkel Joseph, der das Geld spendiert, von der Taufe des Kindes, katholisch natürlich, und davon, daß man von ihr verlangt, die Angelegenheit mit ihrer Schwester Angelika zu klären.

»Ich soll nach Berlin fliegen und soll... Was soll ich eigentlich? Angelika soll bescheinigen oder irgend so was, daß Robby nicht ihr Kind ist. Und ich bin die Mutter oder Eva-Maria ist die Mutter. Das geht doch nicht. Wie soll ich das machen?«

Ulrich Freese sieht sie ruhig an und sagt: »So geht es natürlich nicht, Angelika muß sich zur Mutterschaft bekennen und muß das Kind zur Adoption freigeben. Eva-Maria ist klug genug, um das zu wissen.«

»Was soll ich tun?«

»Du fliegst nach Berlin. Möchtest du, daß ich mitkomme?«

Evelyn sieht ihn sprachlos an.

»Du?«

»Warum ich nicht?« Er legt seine Hand auf ihre Hand, die geballt auf dem Tisch liegt.

»Nehmen wir mal an, wir können das irgendwie friedlich regeln, Las Vegas hin oder her. Wir sind hier in Deutschland. Bei uns läuft das anders. Wir werden schon einigermaßen Ordnung in diesen Fall bekommen, sofern das möglich ist. Ich will dir gern zur Seite stehen.«

»Ach«, seufzt sie. »Wäre ich doch nie ...«

»Ja, ich weiß, was du sagen willst. Wäre ich doch nie hierhergekommen. Aber nun bist du da. Und wie ich schon neulich gesagt habe, bin ich froh, daß du da bist.«

»Das hast du gesagt, ja. Aber du hast es nicht so gemeint.«

»Wie du denkst, Evelyn. Nun laß uns noch ein paar Schritte am See spazierengehn, dann muß ich in die Praxis, sonst bekomme ich Ärger mit Schwester Luise. Viel könnte ich ertragen, aber das nicht. Sie ist die wichtigste Person in meinem Leben. Sagen wir mal, bis jetzt. Ich hoffe, daß sie dich leiden mag.«

»Warum?«

»Es erleichtert uns das Leben. Soll ich dich nach Berlin begleiten, wenn du wirklich mit deiner Schwester sprechen willst?«

»Was heißt will! Ich muß. Und du? Kannst du denn so einfach fort?«

»Es ist jetzt August, ich könnte ja mal ein paar Tage Ferien machen. Das machen die meisten Leute.«

»Ferien in Berlin?«

»Warum nicht? Auf dem Lande lebe ich ja hier.«

Er lacht. »Ich weiß auch, wo wir wohnen werden in Berlin. Im Grand Hotel, das ist todschick, so hat es mir jedenfalls eine Patientin geschildert. Das war für Honeckers feudale Gäste gebaut worden. Die Führungsschicht der Kommunisten hat ja nicht schlecht gelebt.«

»Ja, ich habe es gesehen, von außen. Es ist Unter den Linden gleich um die Ecke.«

Er will sie nach Hause fahren, aber sie will nicht, sie wird da wieder aussteigen, wo er sie an jenem Abend gesehen hat, gegenüber der Telefonzelle.

Sie küssen sich, diesmal im Auto sitzend, und das geht jetzt mühelos. Sie hat schnell gelernt.

»Kannst du das Wort Liebe schon hören«, fragt er leise an ihrem Ohr.

Sie schüttelt den Kopf, aber sie sagt leise: »Ja.«

»Mir ist so, als ob wir damit zu tun haben. Mir geht es so.«

Sie schüttelt immer noch den Kopf.

»Ist es schwierig, damit umzugehen?«

»Doch. Nein. Vielleicht auch nicht. Ich muß das erst lernen.«

»Ich finde, du bist sehr begabt.«

Er küßt sie noch einmal, dann steigt sie aus. Vor sich hinsummend, träumend geht sie den Weg nach Hause. Von Klaus wird sie wohl ein paar spöttische Worte hören.

Aber es ist ganz still im Haus, Alma rumort in der Küche, von ihr erfährt Evelyn, daß der Herr Franz sich hingelegt hat, Herr Klaus sei in den Yachtclub gegangen.

Evelyn geht hinauf. In ihrem Zimmer ist es auch ganz ruhig, sie zieht sich aus, legt sich aufs Bett und träumt weiter.

Sie denkt nicht an Eva-Maria, nicht an Robby und schon gar nicht an ihre Schwester Angelika.

Sie denkt über die Liebe nach. Nicht einmal das, darüber kann man nicht nachdenken. Sie ist da oder nicht. Und wenn man so alt ist wie Evelyn und soviel erlebt hat, macht man sich keine Illusionen.

Aber genau kann man es nicht wissen. Vielleicht gibt es sie doch, die Liebe.

## Nun spielt auch Goethe noch mit

Eva-Maria kommt ohne Robby wieder.

»Onkel Joseph hat eine sehr tüchtige Haushälterin. Und meine Mutter ist ganz verliebt in den Buben. Sie hat es immer bedauert, daß ich kein Kind habe.« Sie lächelt Franz zu. »Genau wie deine Frau. Meine Eltern wohnen ja gleich um die Ecke von Onkel Joseph, seit sie nicht mehr im Geschäft arbeiten, das macht jetzt mein jüngster Bruder. Und meine Mutter langweilt sich. Robby geht es gut bei ihr, sie haben einen großen Garten, und einen Hund haben sie auch.«

»Klingt ja vortrefflich«, spottet Klaus. »Für Robby ist gesorgt, jede Menge Mütter.«

»Und Onkel Joseph hat mir erklärt, daß er mich für blöd hält. Ich kann das Kind nicht adoptieren, selbst wenn Angelika einverstanden wäre, sagt er. Weil ich nicht verheiratet bin. Also müßte ich Florian heiraten. Aber das überlege ich noch immer, und überhaupt ist das kein Grund zum Heiraten, nicht wahr?«

»Manche Leute heiraten ja, um ein Kind zu kriegen. So ungewöhnlich ist das nicht.«

»Klaus, hör auf, dich über mich lustig zu machen. Onkel Joseph hat die Sache jetzt in Schwung gebracht, er ist schließlich im Gemeinderat und gut mit dem Bürgermeister befreundet. Mit dem Pfarrer hat er auch schon gesprochen. Robert ist der Sohn von Georg Seebacher, seine Mutter lebt in Berlin, ganz ehrlich geht das vor sich. Auf keinen Fall, sagt Onkel Joseph, darf man Druck auf Angelika ausüben. Sie hat das Kind geliebt, als es geboren wurde, sie mag ein wenig labil sein, auch die verschiedenen Veränderungen in ihrem Leben haben sie verstört. So erklärt es

Onkel Joseph, nachdem ich ihm alles genau erzählt habe. Wenn sie will, daß Robby zu ihr kommt, dann bringen wir ihn hin. Wenn sie will, daß er bei uns bleibt, dann kann er bleiben, solange sie damit einverstanden ist. Irgendwelche Erklärungen oder Unterschriften soll man auf keinen Fall von ihr verlangen.«

»Sagt Onkel Joseph.«

»Sagt er. Es ist immer noch das Vernünftigste, was man tun kann, mit einem vernünftigen Menschen zu sprechen.«

Franz und Klaus sehen sich an. Franz grinst.

»Hat sie wohl recht«, sagt er.

»Und dir kann ich es nicht ersparen, Evelyn, du mußt nach Berlin und mit deiner Schwester sprechen. So in der Form, wie ich es jetzt dargestellt habe!«

»So«, mehr kommt von Evelyn nicht. Man kann nicht sagen, daß es begeistert klingt.

»Aber vorher mußt du natürlich noch mal telefonieren. Du kannst nicht einfach dort hineinplatzen. Sie muß wissen, daß du kommst, sie muß darauf vorbereitet sein, und deine Mutter natürlich auch.«

»Und wenn sie immer noch nicht erzählt hat, was wirklich geschehen ist, was mache ich dann?«

»Du kannst deiner Mutter die Wahrheit sagen. Und wenn Angelika das nicht will – mein Gott, sie ist schließlich ein erwachsener Mensch. Sie muß langsam wissen, was sie tut und was sie will.«

»Sie müßte auch wissen, was sie erlebt hat und wie sie dazu steht«, sagt Klaus. Und denkt, daß ihm die ganze Geschichte langsam zum Hals heraushängt.

»Ich kann dich ja nach Berlin begleiten«, schlägt Eva-Maria vor.

Evelyn denkt an das, was der Doktor zu ihr gesagt hat. Aber sie wird sich hüten, davon zu sprechen, jedenfalls nicht, solange Klaus bei ihnen sitzt.

Aber der steht auf und sagt: »Ich gehe mal runter zum Yachtclub. Wir feiern dort ein wenig, der Tanner hat Geburtstag.« Er lädt keine der Damen ein, ihn zu begleiten.

Eva-Maria steht ebenfalls auf.

»Wir gehen noch ein Stück spazieren«, sagt sie zu Evelyn. »Ich habe stundenlang im Auto gesessen. Und in den letzten Tagen bin ich auch ständig beschäftigt gewesen.«

»Ständig beschäftigt, so«, murmelt Franz, hoch zufrieden von der Aussicht auf einen ruhigen Abend.

»Onkel Joseph hat mich überallhin mitgenommen, zum Bürgermeister, zum Pfarrer, und schließlich zum Architekten.«

Unter der Tür bleibt Klaus stehen.

»Was für ein Architekt?«

»Mit dem ich demnächst durch die Lande fahren werde, um ein geeignetes Objekt zu finden. Wo ich bauen oder umbauen kann. Er kennt sich gut am Chiemsee und um den Chiemsee herum aus. Onkel Joseph ist sehr für den Chiemsee.«

»Na, ist ja bestens«, sagt Klaus und verschwindet.

Eine Viertelstunde später verlassen Eva-Maria und Evelyn das Haus. Es ist ein schöner, milder Abend, keine Wolke am Himmel, aber die Sonne versinkt jetzt doch schon ein wenig früher auf dem westlichen Rücken. Noch liegt ihr Glanz über dem See, das Ufer drüben noch im vollen Sonnenschein. Kaum sind sie allein, erzählt Evelyn davon, was Doktor Freese ihr angeboten hat.

»Aha«, macht Eva-Maria. »So was habe ich mir schon gedacht.«

»Wieso, was heißt das?«

»Ich bin zwar ziemlich blöd, wenn man Onkel Joseph zuhört, aber so blöd wieder auch nicht. Er ist ein sehr sympathischer Mann, dieser Doktor.«

»Ich weiß ja gar nicht, ob er das ernst gemeint hat.«

»Das läßt sich ja feststellen. Gehen wir einfach mal vorbei.«

»O nein, auf keinen Fall. So unangemeldet, das geht nicht.«

»Ich sagte vorbei, und nicht hin. Vielleicht rufen wir ihn mal an.«

Am Haus von Dr. Lindner steht das Auto noch in der Einfahrt, und auf den Stufen, die zur Haustür führen, stehen die beiden Dottores und unterhalten sich.

Evelyn will rasch weitergehen, doch Eva-Maria hebt die Hand und ruft: »Hallo!«

Ulrich Freese läuft zu der Einfahrt.

»Hallo! Guten Abend! Das ist aber nett, daß ihr mich besucht.«

»Kein Besuch«, sagt Eva-Maria. »Wir gehen nur spazieren, und Evelyn hat mir gezeigt, wo Sie wohnen, Doc. Ich bin heute zurückgekommen und wollte noch ein bißchen Bewegung haben. Den ganzen Tag im Auto, das macht einen ganz fertig. Und ich dachte, wir kehren vielleicht irgendwo ein und essen eine Kleinigkeit. Ich habe den ganzen Tag nichts bekommen.«

»Und die Herren?«

»Klaus ist bei seinen Seefahrern, und Franz wird froh sein, wenn ich weg bin, ich habe schon wieder soviel geredet.«

Sie redet auch jetzt wieder, Evelyn hat noch kein Wort gesagt.

»Wollt ihr nicht hereinkommen?« fragt Ulrich Freese.

»Nö, ich sag doch, spazierengehen und irgendwo essen.«

»Darf ich mitkommen?«

»Das wäre uns ein Vergnügen, nicht, Evelyn? Da kann ich meine ganze Suada wiederholen, und dann sind Sie auch im Bilde, Doc.«

Doch zuerst müssen Sie Doktor Lindner begrüßen, der noch unter der Tür steht und selbstverständlich genau weiß, dank Schwester Luise, wer die beiden Damen sind.

Doktor Freese sieht Evelyn an, die immer noch schweigt. Dann holt er sein Jackett, kommt wieder heraus und öffnet die Türen seines Autos.

»Ich sagte doch, spazierengehen«, sagt Eva-Maria, doch da klettert sie schon ins Auto, hinten hinein.

»Wir müssen ja nicht durch den Ort laufen. Wir fahren ein kleines Stück, dann laufen wir am Ufer entlang. Und essen könnten wir im Forsthaus am See.«

Er sieht Evelyn an, die neben ihm sitzt.

»Gut so?«

Sie nickt.

Er nimmt ihre Hand, legt sie an seine Wange.

Eva-Maria lehnt sich befriedigt zurück.

»Gut, so«, sagt auch sie.

Es ist wirklich ein warmer Abend, sie sitzen draußen, bis es fast schon dunkel ist. Ulrich bekommt nun alles zu hören, was gesagt und geschehen ist, von Onkel Joseph und vor allen Dingen, von der Reise nach Berlin, die unvermeidbar ist.

Und er wiederholt, was er vor einigen Tagen gesagt hat, daß er bereit und willens wäre, Evelyn nach Berlin zu begleiten.

»Das ist eine gute Idee«, findet Eva-Maria. »Evelyn kommt sich dann vielleicht beschützt vor.« Dann lacht sie laut. »Klingt verrückt. Genaugenommen war sie das ja nie. Aber vielleicht täte es ihr gut. Sie können natürlich nicht mit Angelika reden, Sie kennen sie ja nicht. Aber wenn sie mich sieht, wird sie vermutlich bockig. Sie hat mir jedenfalls nicht geantwortet.«

»Geantwortet?« fragt Evelyn. »Hast du ihr denn geschrieben?«

»Selbstverständlich. Ich habe ihr mitgeteilt, wo ich mich aufhalte und daß ich ihr Robby sofort bringe, falls sie das will. Es soll keiner behaupten, daß ich ein Kind entführe.«

»Woher hattest du die Adresse in Berlin?«

»Ich habe Harry angerufen, nachdem ich festgestellt hatte, daß du nicht mehr in Las Vegas bist. Harry in Berkeley bei seiner Schwester. Es geht ihm übrigens gut. Und er kannte die Adresse deiner Mutter in Berlin. Sie heißt Käte Jablonski«, das sagt sie zu Ulrich. »Das wußten Sie sicher nicht, daß Evelyn eine geborene Jablonski ist?«

»Nein, wußte ich nicht«, er sieht Evelyn an. »Ich weiß manches von ihr, aber vieles nicht.«

»Doch, du weißt vieles von mir. Viel mehr als die meisten Menschen wissen, die mich kennen.«

Sie duzt ihn jetzt wieder, das haben sie bisher vermieden.

»Er war hier, am Abend, als ich angekommen bin. Er kam, weil Franz einen Schwächeanfall hatte, nachdem er mich gesehen hat und nicht dich. Klaus hat ihn dann angerufen. Dieser erste Abend war schrecklich. Ich wäre am liebsten gleich wieder abgereist.«

Sie sitzen lange da, trinken eine zweite Flasche Wein, nachdem sie gegessen haben.

»Ich hab es mir überlegt«, kommt Eva-Maria wieder einmal mit einem neuen Vorschlag. »Du telefonierst nicht, du fliegst nach Berlin und bist einfach da. Du läßt weder Angelika noch deiner Mutter Zeit, zu überlegen oder irgend etwas vorzubereiten. Und wenn Sie Evelyn wirklich begleiten, Doc, das fände ich prima.«

»Ich begleite sie. Aber wenn ich schon mal eine Woche Urlaub mache, möchte ich auch etwas davon haben. Wir fliegen nicht, wir fahren mit dem Wagen. Und ganz geruhsam, wir können unterwegs übernachten. Wenn wir jetzt schon ein richtiges Deutschland haben, sollte man auch etwas davon sehen. Ich wollte schon immer mal nach Weimar.«

Eva-Maria lacht übermütig. »Mei, that's marvellous. Hochzeitsnacht in Weimar. Wie das Goethe gefreut hätte.«

»Du hast wirklich ein freches Mundwerk«, sagt Evelyn. Es ist schon dunkel, so kann man nicht sehen, daß sie rot geworden ist.

»Ich glaube, Goethe hätte es auch gefreut, wenn ich mich wie ein Gentleman benehme«, sagt Ulrich Freese zurechtweisend, Eva-Marias Regie geht ihm zu weit. »Evelyn hat von mir nichts zu befürchten.«

»Wait and see«, antwortet Eva-Maria gelassen.

## *Klaus wird sich trösten*

Doktor Freese ärgert sich den restlichen Abend und die halbe Nacht über seine Bemerkung vom Gentleman. Das war keine Situation für flapsige Reden. Bisher ist es ganz gut gegangen, er hat ihr Vertrauen, sie läßt sich festhalten. Aber das Seil, auf dem sie tanzt, ist sehr dünn.

Am liebsten würde ich fortgehen, für immer. Wäre ich doch nie gekommen. Ich hätte nicht herkommen dürfen. Bestellen Sie mir ein Hotel, ich gehe gleich.

So ähnlich klang es am ersten Abend. Und so spricht sie immer noch und immer wieder.

Nachts um drei steht er auf, raucht eine Zigarette und trinkt einen Whisky.

Er weiß genug von ihrem Leben, und es war gut, daß er an jenem ersten Abend dabei war. Sie war verstört und unglücklich, und sie war wieder so, als er sie vor der Telefonzelle fand.

Nein, es ist keine gute Idee, mit ihr nach Berlin zu fahren. Sie muß überhaupt nicht nach Berlin. Wenn dieser Onkel Joseph alles so großartig regelt, dann kann man genausogut an die Mutter des Kindes schreiben, ihr den Fall erklären, und dann soll sie kommen oder Stellung dazu nehmen. Was für einen Zweck soll es haben, wenn Evelyn mit ihrer Schwester und mit ihrer Mutter spricht, nachdem das Telefongespräch sie schon so verstört hat?

Er wird morgen zu ihr gehen und mit ihr sprechen, allein. Ihr sagen, wie man es seiner Meinung nach machen soll.

Zu spät! Eva-Maria berichtet beim Frühstück, daß Doktor Freese Evelyn nach Berlin begleiten wird, damit sie nicht so allein und ratlos dieser Situation gegenübersteht.

»Wie kommst du denn darauf?« fragt Klaus mit hochgezogenen Brauen.

»Wir haben das gestern abend besprochen.«

»Wer, wir?«

»Na, der Doktor und wir beide.«

»Ihr wart bei ihm?«

Eva-Maria zieht auch die Brauen hoch.

»Wir haben ihn zufällig getroffen und sind zusammen essen gegangen.«

Evelyn schweigt.

»So, ihr seid zusammen essen gegangen. Und dann hast du vorgeschlagen, daß er sie –«, mit einer Kopfbewegung zu Evelyn, »nach Berlin begleitet.«

»Er hat es vorgeschlagen, und ich fand das gut.«

Klaus sieht Evelyn prüfend an. »Und du? Du findest den Vorschlag auch gut?«

Evelyn sieht ihn an, legt das angebissene Brötchen auf den Teller zurück. Sie ist wieder nahe daran zu sagen: Kümmert euch nicht mehr um mich. Ich verschwinde für immer.

Das hat der Doktor ganz richtig vermutet.

»Selbstverständlich muß sie das Gespräch mit ihrer Schwester allein führen«, nimmt Eva-Maria wieder das Wort. »Wie das ausgeht, weiß man nicht. Aber daß sie dann nicht so allein und verzweifelt im Hotel sitzt, daß jemand bei ihr ist, der sie tröstet, das finde ich gut.«

»So. Einer, der sie tröstet.«

Franz, der bisher nichts dazu gesagt hat: »Ich finde das auch ganz gut.«

»Genausogut könntest du ja mit ihr fahren«, Eva-Maria schaut Klaus auf die echte Eva-Maria-Art an. Ein Blick, so gerade und genau, dem man nicht ausweichen kann.

»Ich?« Klaus gibt den Blick genauso zurück. »Da sei Gott vor.«

»Na also! Er ist schließlich Arzt, und mir kommt es so vor, als habe er Evelyn ganz gern.«

Klaus stößt ein kurzes Lachen aus. »Was du nicht sagst!«

Alma kommt herein.

»Habts alles? Langt der Kaffee?«

Sie hebt den Deckel von der Kanne und schaut hinein.

»Ich nehme gern noch eine Tasse«, sagt Eva-Maria freundlich.

Schweigend frühstücken sie zu Ende. Franz zündet seine Morgenzigarette an. Er fühlt sich unbehaglich.

»Was macht er denn mit seiner Praxis?« fragt er, nur um etwas zu sagen.

»Er kann doch mal eine Woche Urlaub machen«, sagt Eva-Maria. »Soviel ich weiß, wohnt ja sein Vorgänger im Haus, der kann sich um die Praxis kümmern, wenn dringend ein Arzt gebraucht wird.«

»Ich möchte bloß mal wissen, was wir hier ohne dich gemacht hätten«, sagt Klaus bissig.

»Frag ich mich auch«, antwortet sie.

Klaus steht auf. »Macht, was ihr wollt. Es ist mir ziemlich egal.«

»Das dachte ich mir schon.«

»Übrigens verreise ich sowieso demnächst!«

Franz greift nach der Zeitung. Er fühlt sich nicht wohl, sein Herz klopft so unregelmäßig. Er drückt die Zigarette im Aschenbecher aus und geht mit der Zeitung ins Verandazimmer.

Unter der Tür bleibt er stehen.

»Und wo fährst du hin?«

»Wenn die Saison nun langsam zu Ende geht, könnte ich wieder mal nach Florenz schauen. Ein wenig in der Toscana herumfahren.«

»Das tut er gern.« Wie auf ein Stichwort kommt Jacko vom Garten her ins Zimmer getrabt. »Nicht, Jacko? Das weißt du auch.«

Wenn Eva-Maria etwas für richtig hält, dann geschieht es auch. Eine Woche später starten Evelyn und Ulrich Richtung Berlin.

Schwester Luise und Doktor Lindner werden sich um die Patienten kümmern, kein Problem. Eva-Maria verschwindet nach Traunstein. Die Brüder sind allein und finden das ganz angenehm. Klaus verschiebt seine Reise, es ist kühler geworden, es weht eine frische Brise, er ist viel mit seiner Jolle draußen. Er hat resigniert. Außerdem gibt es seit einiger Zeit eine reizvolle Dame im Yachtclub, die Frau eines Anwalts aus München. Sie versteht es, ein Schiff zu führen, ihr Mann dagegen macht sich nichts aus der Seefahrt. Erst hatte sie ihre Jolle in Starnberg, jetzt ist sie umgezogen, hier gefällt es ihr besser. Manchmal fährt sie am Abend nach München, manchmal bleibt sie über Nacht, sie hat im Hotel ›Seeblick‹ in Bernried ein Zimmer gemietet. Dort sitzt Klaus manchmal mit ihr beim Abendessen und erfährt, daß die Dame nicht nur segelt und verheiratet ist, sondern auch ein Buch schreiben will.

»Über Schloß Höhenried«, sagt sie. »Das ist doch eine tolle Story. Sie kennen das doch sicher.«

»Natürlich. Jeder kennt es hier. Wem wollen Sie denn damit etwas Neues erzählen?«

»Na, zum Beispiel den Leuten, die es nicht wissen. Ich stamme weder vom See noch aus München. Ich komme aus Düsseldorf.«

»Ihr Mann auch?«

»Nein, mein Mann kommt aus Aschaffenburg. Aber weil er jetzt doch die Kanzlei und das Notariat in München hat, fand ich das interessant.«

»Ach!« staunt Klaus. »Demnach sind Sie noch nicht lange verheiratet?«

»Schon eine ganze Weile, fast zwei Jahre. Sie sprachen neulich von der Toscana. Da haben wir uns kennengelernt.

Vor vier Jahren. Ich war damals mit meinem ersten Mann dort...«

»Dem aus Düsseldorf?«

»Richtig. Wir haben zufällig im selben Hotel in Florenz gewohnt. Es war sehr heiß und sehr viel Betrieb.«

»Aber es blieb Zeit zum Verlieben?« Er fragt das in gewohnter Klaus-Manier.

Die Dame lächelt.

»So ist es. Wir blieben in Verbindung. Aber Aschaffenburg reizte mich nicht besonders. Mit München war es etwas anderes. Verständlich, nicht?«

Sie ist sehr hübsch, sie kann ausgezeichnet flirten.

»Und der Herr aus Düsseldorf war einverstanden mit der Veränderung in Ihrem Leben, gnädige Frau?«

»Nicht gleich. Aber mit der Zeit haben wir uns geeinigt. Eine Scheidung dieser Art macht niemand Sorgen, nicht wahr? Sie kostet einen Mann nicht soviel wie in den meisten Fällen. Übrigens, ich heiße Anita.«

»Ich dachte es. Ihr Boot heißt ›Anita II‹. Und wo ist ›Anita I‹ geblieben?«

»Auf dem Rhein. Und Bianca ist Ihre Frau?«

»Mitnichten. Bianca war mal eine Liebe, längst vergangen. Ich bin auch geschieden. Allerdings nicht wieder verheiratet.«

»Wie angenehm«, sagt Anita.

Am nächsten Tag begleitet er sie nach Höhenried.

Die Geschichte von Höhenried, oberhalb Bernrieds gelegen, ist wirklich bemerkenswert, da hat Anita durchaus recht. Es ist unter anderem eine Familiengeschichte von unbeschreiblichen Verwicklungen, und falls die Dame aus Düsseldorf das wirklich plausibel darstellen will, wird sie viel zu tun haben. Man müßte damit anfangen, daß das Gelände einstmals zum Augustinerkloster gehörte, 1803 säkularisiert wurde, später befand sich ein Gut dort, und

1913, um ein wenig Zeit zu überspringen, erwarb ein amerikanisches Ehepaar einen Teil des Besitzes, 416 ha, und ließ sich dort nieder.

Richtige Amerikaner waren die Neusiedler jedoch nicht, sie stammten beide von Deutschen ab, und um die Geschichte zu vereinfachen, sei hauptsächlich Wilhelmina erwähnt, die Tochter eines reichen Brauereikonzerns in St. Louis: Besitzer des Konzerns waren zwei Männer, der eine stammte aus Mainz, der andere aus Braunschweig, eingewandert in der ersten Hälfte des vorigen Jahrhunderts.

Wilhelmina war dreimal verheiratet, jedesmal lukrativ, ganz abgesehen von Vaters Geld. Sie kaufte 1928 Gut Höhenried und erbaute 1938/39 das Schloß im Neubarockstil, wie man das höflich nannte. Das kostete nicht mehr als eine Million Reichsmark, das Gelände erweiterte sich auf 88 ha, Wald, Wiesen und einen großen Anteil am Seeufer.

Während des Krieges zog sie sich nach Zürich zurück, kam 1947 in ihr Schloß zurück und starb 1952. Im Jahr darauf starb ihr dritter Mann, die Grabstätte für beide befindet sich auf dem Gelände des Schlosses.

Aber nun begannen die Verwicklungen erst richtig. Dank der großen Familie gab es reichlich Erben, also eine Erbengemeinschaft, und die verkauften die ganze Pracht, einschließlich des Schlosses, an die Landesversicherungsanstalt Oberbayern, kurz LVA genannt, für den bescheidenen Preis von 2,3 Millionen, denn genaugenommen wären Land und Schloß viel mehr wert gewesen. Hier entstand, verschiedene Zwischenstationen beiseite gelassen, die Herz- und Kreislaufklinik Höhenried, nicht im Schloß, sondern in weithin verstreut liegenden Neubauten.

So ganz genau und in allen Einzelheiten weiß Klaus das auch nicht, denn natürlich ranken sich um das Schloß und seine Geschichte, um die daran beteiligten Personen eine Menge Legenden, nur daß man sich hierzulande nicht sonderlich dafür interessiert. Man kennt das, man kann es ausschmücken, man kann aber auch, und das hat Anita aus Düsseldorf vor, eine sachliche und dennoch höchst bewegende Story daraus machen.

Sie ist sehr beschäftigt in nächster Zeit, sie spricht mit allen Leuten landauf, landab, die man für kenntnisreich und zuständig halten kann, sucht noch vorhandene Verwandtschaft, fällt den Benediktinerinnen im Kloster Bernried auf den Wecker, durchforscht meterweise das Gelände, und Klaus muß sie zumeist begleiten.

›Anita II‹ wird vernachlässigt, ebenso der Ehemann in München, er kommt einigemale zum Wochenende heraus, hört sich die Geschichte an, gibt die nicht neue Erkenntnis zum besten, daß es nichts Schlimmeres auf Erden geben kann als Erbschaften, das hat ihm sein Beruf beigebracht. Und betrachtet zudem Klaus Seebacher mit einem gewissen Mißtrauen, was verständlich ist, denn die beiden sind sehr vertraut miteinander, duzen sich, und wenn Wind da ist, fahren sie zusammen mit einem Boot hinaus, meist mit der ›Anita II‹, die größer ist als die ›Bianca‹. Nicht zu vergessen, schlechte Beispiele verderben gute Sitten, jene Wilhelmina hat schließlich auch dreimal geheiratet. Klaus ist in Topform, sieht blendend aus, nichts verjüngt einen Mann mehr, eine Frau ebenso, als Flirt und Verliebtheit. Er hat Anita nun schon des öfteren geküßt, jedoch mit ihm in die Toscana zu fahren, lehnt sie ab. »Das denn doch nicht«, sagt sie. »Man muß nicht Duplikate unnütz fabrizieren.«

Unnütz wäre es wirklich, von Scheidung und Heirat kann nämlich keine Rede sein, sie ist ganz zufrieden mit dem zweiten Ehemann, und schließlich ist Klaus immerhin achtundsechzig.

»Ich brauche dich hier«, sagt sie. »Wir müssen weiter recherchieren. Du wirst sehen, ich lande einen Bestseller mit diesem Buch. Ich bin gut bekannt mit einem Verleger, der wird das richtig auf die Treppe bringen.«

Auf die Treppe bringen ist ein Lieblingsausdruck von ihr, Klaus kennt ihn nicht.

»Sagt man so in Düsseldorf?«

»Ich sage so.«

Sie hat nun schon eine Menge Informanten, und sie hat einen erstklassigen Fotografen bestellt, um die weißen Hirsche ›auf die Treppe zu bringen‹.

Die weißen Hirsche, die Wilhelmina angeschafft hat, gehören seitdem zum Markenzeichen des Schlosses, sie haben sich fortgepflanzt und vermehrt und grasen auf einem weiten grünen Abhang. Es ist ein friedlicher Anblick.

Der Maler Brodersen ist inzwischen auch in das Unternehmen involviert, er malt Schloß, Landschaft, See und Berge von hier aus, und er malt natürlich die weißen Hirsche auch.

»Wir bringen Ihre Bilder in das Buch hinein«, sagt Anita. »Und die weißen Hirsche auf das Cover. Sie werden berühmt, Brodersen.«

Was Wunder, Brodersen beflirtet sie auch. Klaus hat erneut Anlaß zur Eifersucht. Brodersen ist immerhin zwanzig Jahre jünger.

Doch Anita weiß genau, was sie will. Flirt her und hin, sie hat einen gutverdienenden Ehemann, den braucht sie, und den wird sie behalten. Sie genießt die Freiheit, die er ihr läßt, aber sie mißbraucht sie nicht. Alles in allem eine kluge Frau.

Auf jeden Fall vergißt Klaus vorübergehend das Mädchen, das mit Doktor Freese nach Berlin gefahren ist.

Ist Evelyn Seebacher denn ein Mädchen? Sie ist immerhin Mitte Dreißig, hat ein bewegtes Leben hinter sich, doch sie wirkt immer noch wie ein junges Mädchen.

So empfindet es auch der Doktor auf dieser seltsamen Reise.

## *Die Reise*

Sie starten an einem Dienstag, am Vormittag.

Franz sagt: »Dann macht es mal gut.«

Er nickt dem Doktor zu, der befangen erscheint, denn das Unternehmen ängstigt ihn doch.

Klaus sagt: »Diesem frommen Wunsch schließe ich mich an.« Kein Kuß auf die Wange, kein Streicheln für Evelyn, sein Blick ist finster.

Auch Evelyn ist voll Angst, und sie sagt, noch ehe sie Starnberg durchquert haben: »Wir können immer noch umkehren.«

Und er: »Mit welcher Begründung?«

»Weil ich nicht weiß, was ich eigentlich in Berlin soll«, antwortet sie heftig.

»Noch sind wir nicht in Berlin. Fahren wir heute mal bis Weimar, ich habe zwei Zimmer bestellt im ›Elephanten‹, das ist ein altes, berühmtes Hotel. Hast du nie davon gehört?«

»Nein«, sagt sie abweisend.

»Ich nehme an, es befindet sich heute auf der Höhe der Zeit, hat also westliches Niveau erlangt.«

»Na ja, bei uns war es sicher eine Bruchbude.«

Sie sagt »bei uns«, auf einmal empfindet sie als DDRlerin. Nach einer Weile fällt ihr ein: »Angelika war schon einmal in Weimar.«

»Wie das?«

»Sie haben einen Ausflug mit der Schule gemacht. Das hat sie mir mal erzählt. Du weißt ja, daß Harry mich ausreichend mit Goethe versorgt hat. Angelika hat gelegentlich darin gelesen, und dann hat sie davon erzählt.«

»Hat es sie beeindruckt?«

»Doch, sie hat ausführlich von Weimar berichtet. Dumm

ist sie nicht. Es wäre wirklich gut gewesen, wenn man sie hätte weiter in die Schule gehen lassen. Statt dessen mußte sie Friseuse werden. Kann man doch verstehen, daß sie verbiestert war. Oder nicht?«

»Sicher. Sie war eben nicht stark genug, sich durchzusetzen.«

»Du müßtest meinen Bruder kennen. Und sie war zu jung, um ihm etwas entgegenhalten zu können. Und dann bin ich auch noch gekommen. Jeder hat gemacht mit ihr, was er will.«

Es ist ein törichtes Gespräch, sie merken es beide. Sie ist wieder bei Selbstvorwürfen angelangt.

Während sie durch München fahren, er fährt an der Universität vorbei, um sie ihr zu zeigen, erzählt er von seiner Studienzeit, vom Praktikum an der Universitätsklinik.

»Mir ist es damals nicht sehr gut gegangen, kein Geld, ich mußte immer noch nebenbei arbeiten. Meine Mutter war für mich da, sie hat mir auch oft Geld geschickt, aber es war für sie eine schwere Zeit. Die beste Zeit meines Lebens war dann eigentlich die, als ich bei den Schwestern in Tutzing arbeiten konnte. Und darum kehrte ich auch zurück, als Doktor Lindner mir anbot, seine Praxis zu übernehmen.«

»Deine Mutter lebt in München?«

»Meine Mutter ist vor zwei Jahren gestorben. Sie lebte damals in Hannover, mit einem Mann, den sie haßte. Ich konnte ihn auch nicht ausstehen. Deswegen habe ich in München studiert. Es konnte gar nicht weit genug entfernt sein.«

»Das war nicht dein Vater?«

»Nein. Der zweite Mann meiner Mutter. Mein Stiefvater, wie man das nennt.«

Evelyn denkt, was sie für einen Aufwand getrieben hat mit ihrem Lebenslauf. Was muß er sich gedacht haben, als er ihr zugehört hat? Andere Menschen haben auch kein glückliches Leben.

Sie scheut sich, eine weitere Frage zu stellen.

»Jetzt kommen wir auf die Autobahn«, bricht er das Gespräch ab. »Wollen mal sehen, wie wir durchkommen. Wie ich immer höre, ist die Fahrt Richtung Berlin sehr schwierig geworden. Viele Staus. Nürnberg, Bayreuth, Hof. Früher ging das mühelos, jedenfalls ab Nürnberg. Nach Bayreuth zu war die Straße fast leer.«

»Jedenfalls hat die Wiedervereinigung auch ihre Komplikationen«, sagt sie, es klingt spöttisch. »Seit ich hier bin, höre ich das immer wieder.«

»Von wem? Doch nicht von den Seebachers.«

»Hier und da hört man es.«

»Es gibt Komplikationen, und nicht nur, was die überfüllte Autobahn betrifft. Das ist ja das Böse an schönen Dingen.«

»Das Böse an schönen Dingen?«

»Habe ich vielleicht ungeschickt ausgedrückt. Sagen wir mal so, es gibt Dinge, über die man sich unendlich freuen kann, und das war damals das Gefühl der Menschen, hier wie dort, als die Mauer fiel. Sie haben sich hier gefreut, sie haben sich dort gefreut, es war ein Jubel ohnegleichen. Das Wort Freiheit war das Wort des Tages. Nach dem Jubel kommt der Alltag, mit Mühen und Sorgen, und vor allem geht es wie immer und überall um Geld. Der Westen hat viel bezahlt, es ist dennoch nicht genug, es ist ein Faß ohne Boden. Die Mißwirtschaft von Jahrzehnten läßt sich eben nicht von heute auf morgen beseitigen. Habt ihr eigentlich in Amerika nichts davon gehört?«

»Nicht viel. Und wahrscheinlich nicht die Wahrheit. Harry hat natürlich viel davon gesprochen, hat versucht, sich zu informieren. Es kamen ja immer wieder Leute aus Deutschland zu uns, Spieler, Neugierige, Touristen und auch Journalisten. Als dann Angelika kam, dachten wir, wir bekämen Informationen aus erster Hand. Aber sie war in diesem Punkt ein unbrauchbarer Zeitgenosse. Unter mangelnder Freiheit hat sie nicht gelitten, sie kannte es nicht anders. Sie war mit dem Leben in der DDR sehr zufrieden. Wenn sie in die Schule hätte gehen dürfen, und wenn ihr Bruder sie in Ruhe gelassen hätte, wäre sie bestimmt sehr glücklich geworden.« Und nach einer kleinen Pause: »Der größte Idiot bin ich. Wenn ich sie dort gelassen hätte, wo sie war...«

Er legt die Hand auf ihr Knie. »Bitte, nicht schon wieder.«

»Ich weiß, daß ich dir auf die Nerven gehe. Ich gehe allen und jedem auf die Nerven. Und das klügste, was ich seit Monaten gesagt habe, war das, was ich gleich am ersten Abend gesagt habe: Ich verschwinde und komme nie wieder. Und das sage ich heute noch.«

Kein guter Anfang für diese Reise. Das Vertrauen, das zwischen ihnen war, die Zärtlichkeit ist vergessen. Er bereut die Reise, ihr graut vor dem Ankommen.

Zunächst aber kommen sie nach Weimar, und Ulrich Freese sagt begeistert: »Du kannst sagen, was du willst, das ist wie ein Traum. Nie im Leben hätte ich gedacht, daß ich diese Stadt einmal sehen werde.«

»Aber du konntest doch schon seit Jahren hierherfahren.«

»Da hast du recht. Aber ich bin nie auf die Idee gekommen. Das habe ich dir zu verdanken.«

Sie stehen vor dem Gartenhaus Goethes, und nun nimmt er sie doch in die Arme, sehr behutsam und vorsichtig. Sie lächelt. »Wenn du es so sehen kannst, dann versöhnt es mich mit dieser Reise.«

Es bleibt die einzige Vertraulichkeit dieses Abends.

Das Hotel ist komfortabel, sie haben jeder ein Doppelzimmer, packen die wenigen Sachen aus, die sie mitgenommen haben. Evelyn trägt diesmal den zweiten Hosenanzug, der sie von Amerika her begleitet hat, er ist grau, wirkt sehr streng. Unterwegs haben sie in einer Raststätte nur ein Paar Würstchen gegessen, doch nun speisen sie im Hotel ausführlich und sehr gut.

Sie denkt allerdings: Er muß das alles bezahlen. Wie kommt er eigentlich dazu? Um die Hotelrechnung werde ich mich selbst kümmern. Sie macht eine Bemerkung zu dem Thema, er lacht sie aus.

»So schlecht geht meine Praxis auch wieder nicht. Und ich habe wenig Gelegenheit, Geld auszugeben. Das ist der erste Urlaub, den ich seit Jahren mache. Ich habe weder Weib noch Kind. Na ja, ganz stimmt das nicht. Eine geschiedene Frau habe ich, die bekommt Geld von mir.«

»Ach so«, sagt sie verlegen.

Womit sie beim Thema wären.

»Möchtest du etwas darüber wissen?«

»Nein, o nein.«

»Sie ist sehr begabt und sehr tüchtig, und ich hoffe, sie wird bald Geld genug verdienen.«

»Sicher ist sie auch sehr hübsch.«

»Doch, das auch. Und ehrgeizig. Sie hat jedes Examen mit Glanz bestanden. Aber sie hat ganz bestimmte Vorstellungen von ihrem Beruf.«

»Sie ist auch Ärztin?«

»Ja. Sie möchte Schönheitschirurgin werden. Liften, lasern, Frauen schön und jung machen. Du weißt von Amerika her sicher sehr gut, was das ist.«

»Oh ja.«

»Zur Zeit arbeitet sie in Brasilien, in einer berühmten Klinik dieser Art.«

»Und warum bist du von ihr geschieden?«

»Schwer zu erklären. Oder eigentlich auch wieder nicht. Mir war es zu kalt bei ihr.«

»Zu kalt?« wiederholt Evelyn.

»Man hat so eine gewisse Vorstellung von Liebe, wenn man jung ist, nicht wahr? Vermutlich hat man sie in späteren Jahren auch. Wir haben noch während des Studiums geheiratet, von meiner Seite aus mit einer gewissen Begeisterung. Sie ist nicht nur hübsch, sie ist eine rasante Person, irgendwie mitreißend.«

»So wie Eva-Maria?«

»Ungefähr in dieser Art, ja. Doch ich habe nach der Wärme gesucht, nach der Liebe, die ich von meiner Mutter her kannte. Die hat es übrigens sofort erkannt, sie hat mir mehrmals gesagt, daß das nicht die richtige Frau für mich ist.«

»Aber deine Mutter hatte offenbar auch nicht den richtigen Mann erwischt.«

»Sie war ein Flüchtling aus Schlesien. Ihr Vater war im Krieg gefallen. Sie war auf der Flucht mit ihrer Mutter bis Dresden gekommen, da kam der bestialische Luftangriff auf Dresden, ihre Mutter kam dabei ums Leben.«

»Wie furchtbar.«

»Glücklicherweise blieb sie nicht in der Sowjetzone hängen. Sie muß, total verstört, irgendwo in der Nähe des Bahnhofs in einer Ecke gelegen haben, und ein junger Soldat nahm sie einfach mit. Er war eigentlich auf Genesungsurlaub, jetzt aber in Dresden bei den Aufräumungsarbeiten und bei der Beseitigung der über hunderttausend Leichen eingesetzt. Meine Mutter muß halb verhungert, halb bewußtlos gewesen sein, aber sonst unverletzt. Er hat sie in einem Militärtransport Richtung Westen versteckt, mit dem er selbst fuhr, und dann hat er sie nördlich von Lüneburg auf einem Heidebauernhof untergebracht. Der Sohn war ein Studienfreund von ihm. Ich muß immer daran denken, wenn der Maler Brodersen von seiner Heimat erzählt. Aber ich habe nie etwas dazu gesagt.«

»Und der junge Soldat wurde dein Vater?«

»Noch lange nicht. Erst mußte er wieder an die zurückweichende Front, zuletzt war er bei den Straßenkämpfen in Berlin. Doch er überlebte. Zwei Jahre später erst kümmerte er sich um das Mädchen, das er damals mitgenommen und vor den Russen gerettet hatte. Er fand sie genau dort vor, wo er sie zurückgelassen hatte, auf dem Bauernhof. Sie war zwanzig, hatte gelernt, auf dem Hof zu arbeiten, war beliebt bei der Familie und im Dorf. Und so begann das, was man Liebe nennt.«

Evelyn mußte unwillkürlich daran denken, was ihre Mutter am Telefon erzählt hatte. Von einem Soldaten, einem gewissen Josi, der sie und ihre Tante aus den Trümmern eines zerbombten Hauses in Berlin ausgegraben hatte. Sie war fünfzehn. Und Jahre später kam er nach Berlin und fand das Mädchen wieder. Er kam öfter, er brachte Geschenke für die Kinder, was er sonst getan hatte, wußte man nicht. Jedenfalls Käte Jablonski schien es nicht zu wissen. Und ob er nun der Vater von Angelika war oder nicht, war höchst gleichgültig. Sicher gab es mehr Geschichten dieser Art. Die Soldaten hatten, wann immer es möglich war, Leben gerettet. Nicht nur das Leben junger Mädchen.

»Ich bin sehr froh, daß dein Vater überlebt hat«, sagt sie unwillkürlich.

Er blickt sie an, es hat so herzlich geklungen.

»Er nahm sie mit von diesem Hof?«

»Auch das dauerte noch einige Jahre. Es war eine harte Zeit damals, er mußte erst noch studieren. Das heißt, fertigstudieren. Er hatte zweimal während des Krieges Studienurlaub bekommen, angefangen hatte er das Studium schon vor dem Krieg. Er studierte Chemie.« Ulrich unterbricht sich.

»Es ist gleich halb elf. Bist du nicht müde?«

»Nein.«

»Ich will dich nicht mit meiner Familiengeschichte langweilen.«

Nun lacht sie. »Das geschieht mir recht. Ich habe es ja auch getan.«

»Trinken wir noch ein Glas Wein?«

»Gern.«

»Mein Vater kam von der Küste in Schleswig, er war Friese. Daher kommt auch unser Name. Freese.«

»Ach!«

»Von Chemie war er ganz begeistert, und sein Studium galt in jener Zeit als sehr wichtig, daher der Studienurlaub. In Deutschland fehlte es an Rohstoffen, das war schon im

Ersten Weltkrieg so gewesen, man förderte Chemiker und Physiker ganz besonders, in der Hoffnung auf bahnbrechende Erfindungen.«

Der Wein kommt, Ulrich Freese zündet sich eine Zigarette an, er bietet ihr eine an, sie nimmt eine. Sie raucht nicht mehr viel, aber hin und wieder wirkt eine Zigarette beruhigend. Und sie sieht deutlich, daß das Thema ihn erregt.

»Ich spreche eigentlich nie über das, was mit mir und meinen Eltern geschehen ist. Du bist der erste Mensch seit Jahren, zu dem ich davon spreche.

»Und deine Frau?«

»Sie kannte meine Mutter. Es hat sie nicht interessiert. Sie ist ein total ichbezogener Mensch. Wenn ich von meiner Jugend etwas erzählen wollte, wandte sie sich gelangweilt ab. Also ich will dich wirklich nicht langweilen, Evelyn.«

»Ach, hör auf«, sagt sie ärgerlich. »Nun wirfst du mich mit deiner Frau in einen Topf. Das ist nicht sehr schmeichelhaft, nach allem, was du über sie gesagt hast. Wie ging es weiter mit dem Mädchen aus der Heide und dem Friesen, der Chemie studierte?«

»Studieren wollte. So einfach war das nach dem Krieg nicht mit dem Studienplatz. Als er dann endlich in Hamburg einen hatte und die Schlafstelle mit einem kleinen Zimmer vertauschen konnte, holte er sie. Meine Mutter hieß Sidonie. Ein seltsamer Name, nicht wahr?«

Evelyn nickt. Sie spürt, wie nahe ihm das geht, und wenn er wirklich so lange nicht darüber gesprochen hat, ist es verständlich.

»Das war nach der Währungsreform, er hatte wenig Geld, er mußte dazuverdienen. Seine Eltern hatten einen Hof in der Nähe von Husum, sie unterstützten ihn, so gut sie konnten, aber er mußte sich sehr einschränken. Sie heirateten trotzdem, und es muß ... ja, wie soll ich sagen? Es muß sehr gut mit ihnen gegangen sein.«

»Das hast du wieder einmal sehr vorsichtig ausgedrückt. Sagen wir also, sie liebten sich.«

»Ja, so war es wohl. Meine Mutter hat dann eine Stellung angenommen. Bei einer Frauenzeitschrift. Die sind damals ja sehr schnell entstanden und waren auch recht gut, nicht so oberflächlich wie heute.«

»Sind sie das?«

»Oberflächlich ist wieder mal ungerecht von mir. Ich lese keine Frauenzeitschriften, Glanzblätter oder so. Sicher gibt es auch ein paar sehr ordentliche darunter, die nicht nur Klatsch und Glamour verbreiten.«

Er weicht aus, das merkt sie wohl, die Fortsetzung der Geschichte kann kein gutes Ende nehmen, sonst gäbe es den zweiten Mann seiner Mutter nicht.

»Zuerst war sie Sekretärin, bis jemand merkte, daß sie gut schreiben konnte, speziell über Mode, aber auch über andere Frauenfragen. Und das war das wirklich Erstaunliche am Leben meiner Mutter: Sie arbeitete zuletzt als Journalistin und verdiente ganz gut.«

»Hast du kein Bild von deiner Mutter?«

»Doch, natürlich.« Er zieht seine Brieftasche heraus, findet das Bild mit einem Griff.

Ein schmales Gesicht, mit hohen Backenknochen, mit großen, sehr dunklen Augen, dunkel auch das Haar.

»Du siehst ihr nicht ähnlich«, sagt sie.

»Wohl eher meinem Vater. Ich weiß nicht, wie er aussah, ich kenne nur Bilder aus dem Krieg. In Uniform. Er war ein Friese, ich erwähnte es schon. Er muß das Meer über alles geliebt haben. Ich liebe es auch.«

»Und doch lebst du an einem See in Bayern.«

Er zündet sich die zweite Zigarette an, diesmal nimmt sie keine. Seine Stirn ist gerunzelt. Nun kommt wohl der unangenehme Teil der Geschichte: wie sein Vater seine Mutter verließ. Aber es ist anders. »Ich habe meinen Vater nie kennengelernt. Er starb, da war ich knapp zwei Jahre alt.«

Sie wagt nicht zu fragen.

»Mit seinem Studium war er noch nicht fertig. Er arbeitete nebenbei in einem Labor an gewissen Experimenten. Alle wollten sie damals große Erfindungen machen, und sicher waren die Schutzvorrichtungen noch sehr mangelhaft. So habe ich es mir später erklärt. Es gab eine Explosion, und er wurde schwer verletzt. Er lebte noch einige Monate, wurde behandelt, so gut es möglich war, vergebens. Brandverletzungen sind fürchterlich. Man hatte zwar im Krieg viele Erfahrungen gesammelt, doch meinem Vater konnte man nicht helfen. Sein Sterben muß qualvoll gewesen sein.«

Eine Weile schweigen sie.

»Deine Mutter ...«, flüstert Evelyn.

»Sie war jetzt allein mit einem kleinen Kind, und da es Liebe gewesen war, wie du gesagt hast, war sie entsprechend unglücklich. Sie ließ es mich nicht spüren, sie hat es mir erst sehr viel später erzählt. Ich wuchs ganz unbelastet auf, ohne Vater eben, wie viele Kinder in jener Zeit. Bei ihrer Zeitschrift war sie mittlerweile etabliert, sie verdiente ausreichend für uns beide, wir hatten eine hübsche Wohnung in Ottensen. Ich besuchte das Gymnasium, als der neue Mann kam.«

»Und all die Jahre keinen Mann?«

»Nein. Sie hatte Verehrer, sie wurde eingeladen, es kam auch Besuch zu uns, sie ging gern ins Theater. Erst 1967, elf Jahre nach dem Tod meines Vaters, verliebte sie sich. Er sah sehr gut aus, war groß und schlank, ein Mann, der einer Frau gefallen konnte. Er war ebenfalls Journalist, arbeitete für ein linkes politisches Magazin und war überhaupt sehr links eingestellt, pries die Sowjetunion in höchsten Tönen, so etwas war neu für mich. Dann begannen die sogenannten 68er Unruhen, du warst ja zu der Zeit noch in Deutschland, wieviel davon in der DDR bekannt wurde, weiß ich nicht. Die Führung hat natürlich sehr gut Bescheid gewußt.«

»Ich erinnere mich durchaus, daß mein Vater davon sprach. Er hielt ja gar nichts vom Kommunismus, sein Traum war Amerika, und er fuhr halt öfter nach Prag, weil er dahin durfte. Und wegen seiner Kindheitserinnerungen. Einmal sagte er, drüben spinnen sie wieder mal, es geht ihnen zu gut. Einmal werden die Sowjets das Maul aufmachen und sie schnappen, dann werden sie sehen, wie das ist.«

»Sidonies neuer Mann, mein Stiefvater gewissermaßen, fühlte sich dieser Bewegung voll zugehörig, er hetzte, wo er konnte, und wollte auch mich, den heranwachsenden Jungen, in diesem Sinn beeinflussen. Damit begann der Streit zwischen ihm und Sidonie. Es war nicht nur die politische Einstellung dieses Mannes, er war rücksichtslos und brutal, wie sich immer mehr zeigte. Er schlug mich einige Male, das gab noch mehr Streit, dann schlug er einmal meine Mutter, und ich fuhr wie ein Wilder auf ihn los, er verpaßte mir einen gezielten Kinnhaken, so daß ich zu Boden ging... Ich haßte ihn.«

Evelyn sieht ihn hilflos an, er zündet sich nun schon die dritte Zigarette an.

»Du mußt das verstehen. Sidonie und ich hatten elf Jahre lang friedlich zusammengelebt. Einen Vater hatte ich nicht vermißt. Sie wollte sich scheiden lassen, das wollte er nicht. Auf seine Art liebte er sie wohl, oder besser gesagt, er betrachtete sie als seinen Besitz. Sobald ich mit der Schule fertig war, floh ich aus dem Haus. Ich ging nach München, um dort zu studieren. Was sich zwischen den beiden weiterhin abgespielt hat, habe ich nicht miterlebt, aber ich kann es mir vorstellen. Sidonie war nur noch ein Nervenbündel, sie konnte nicht mehr arbeiten, nicht mehr schreiben. Sie verweigerte sich, so würde ich es als Arzt ausdrücken. Sie kam zu mir nach München, aber da hatte ich ausgerechnet das Verhältnis mit Marlene angefangen.«

»Deine spätere Frau.«

»Ja. Sidonie floh weiter. Sie reiste nach Italien, kein Mensch wußte, wo sie war, auch ich nicht. Wie ich später erfuhr, kam sie weit in den Süden, bis Taormina, dort blieb sie für längere Zeit. Sie war sprachbegabt, ein wenig Italienisch konnte sie schon, nun lernte sie sehr rasch. Italienreisen waren damals groß in Mode, und sie begann eine erstaunliche Tätigkeit. Sie führte Touristen durch das Land, später lebte sie in Venedig. Nun wurde die Ehe geschieden, wegen böswilligem Verlassen, wie das hieß. Auf einmal fand sie den Anschluß an ihren Beruf wieder, sie schrieb Berichte über Land und Leute, über Museen, über Theater, und da man sie bei ihrer Zeitschrift nicht vergessen hatte, wurde das auch gedruckt. Sie kehrte nach Hamburg zurück, nachdem sie zuvor einige Zeit bei ihren Schwiegereltern in Schleswig untergetaucht war, die sie sehr gern hatten. Ja, so war das. Sie schenkte mir einen Teil ihrer Möbel, als ich Marlene heiratete. Du hast sie gesehen, die Möbel.«

»Der Sessel, in dem ich saß, als du mir die Haare getrocknet hast.«

Er nickt.

»Schluß jetzt. Wir gehen schlafen. Morgen machen wir noch eine Runde durch Weimar, begrüßen Goethe und Schiller auf ihrem Denkmal zum Abschied. Und dann reden wir weder über meine noch über deine Vergangenheit.«

»Vielleicht über das, was mich in Berlin erwartet.«

Keine Stimmung für eine Hochzeitsnacht unter Goethes Schutz, da hat sich Eva-Maria doch einmal geirrt.

Er verabschiedet sich vor ihrer Zimmertür mit einem Handkuß.

## *Berlin*

Am frühen Nachmittag treffen sie in Berlin ein, beziehen ihre Zimmer in dem feudalen Hotel, machen einen kurzen Rundgang, kommen auf den Gendarmenmarkt. Da treffen sie wieder Schiller auf seinem Denkmal, betrachten den deutschen und den französischen Dom und das Schauspielhaus.

»Das war das Staatstheater, das Große Haus«, weiß Ulrich. »Das Theater, das Gründgens geleitet hat, und es muß wunderbares Theater hier gemacht worden sein. Das hat mir ein Freund, mit dem ich in München studiert habe, erzählt. Er hat mich einmal nach Berlin mitgenommen. Das heißt, nicht er erzählte es, sondern seine Eltern, bei denen wir wohnten. Es war das einzige Mal, daß ich in Berlin war. Damals war es noch besser, nach Berlin zu fliegen. Oft konnte ich mir das nicht leisten.«

»Heute ist es kein Theater mehr, wie ich gehört habe.«

»Heute gibt es hier Konzerte. Oder Veranstaltungen, falls große Feste zu feiern sind. Soviel ich weiß, hat Bernstein hier die Neunte dirigiert, nach der Wiedervereinigung.«

»Ich habe diesen Teil von Berlin gar nicht gekannt, obwohl es ja unser Teil war, nicht der Westen. Seltsam, nicht? Mein Vater hätte mir das ja auch zeigen und erklären können. Unter den Linden, ja, da sind wir schon mal entlanggegangen. Es sah damals alles noch ziemlich verwahrlost aus. Aber viel schöner ist es heute auch nicht, es gibt nichts als Baustellen. Ich war zwei Tage hier, nachdem ich Angelika abgeliefert hatte, und habe mich umgesehen. Besonders gespannt bin ich natürlich auf den Kurfürstendamm gewesen, den kannten wir nun wirklich nicht.«

Sie ist nervös, er merkt es. Sie hat ständig die große Umhängetasche dabei, hält sie fest an sich gepreßt. Er kann nicht wissen, daß sich ihr ganzes Geld darin befindet, es sind noch dreitausendvierhundert Dollar. Sie hat es mitgenommen, denn falls sie diesmal wirklich fliehen will, braucht sie das Geld.

»Also gut«, sagt er, »gehen wir zurück zum Hotel, und dann telefonierst du. Damit die Sache endlich in Gang kommt.«

»Ich gehe dir auf die Nerven«, sagt sie wieder einmal.

Er schiebt die Hand unter ihren Arm.

»Ich weiß, wie dir zumute ist. Darum fühle ich mit dir. Schau mich an.«

Sie bleiben stehen, sehen sich an.

»Ich bin hier. Ich bin bei dir. Du sollst dir nicht verlassen vorkommen, was immer mit der Familie los ist. Und wenn sie dich dumm anreden, fahren wir einfach wieder zurück. Du und ich, Evelyn, du weißt doch...«

»Was weiß ich?«

»Daß ich dich... daß ich dich sehr gern habe. Du sollst dir nicht solche Sorgen machen.«

Kann er nicht einfach sagen: Du weißt, daß ich dich liebe? Warum fällt ihm das so schwer, dem klugen Doktor Freese? Weil er es so lange nicht mehr gedacht, geschweige denn ausgesprochen hat. Vielleicht auch weil er am Abend zuvor zuviel über Liebe gesprochen hat. Seine Eltern, seine Mutter, der Irrtum mit Marlene.

Zunächst ist mit ihrer Familie gar nichts los, am Telefon meldet sich niemand.

Sie sitzen in der Hotelhalle, trinken Tee, sie wird immer nervöser, sitzt ganz angespannt in ihrem Sessel, die große Tasche fest an sich gepreßt.

Sie telefoniert ein zweites, ein drittes Mal.

Er ist nun auch nervös, sagt: »Vielleicht machen sie Urlaub, so wie wir.«

»Ich mache keinen Urlaub«, entgegnet sie finster.

»Entschuldige. Vielleicht macht deine Mutter einen Einkaufsbummel und Angelika ist wieder zum Baden gefahren.«

»So warm ist es nun auch wieder nicht.«

»Wenn sie nicht da sind, können wir heute abend wieder zusammen essen. Es gibt mehrere hübsche Restaurants hier im Haus, wie ich gesehen habe. Oder wir finden woanders eine gemütliche Kneipe. Was hast du eigentlich in dieser riesigen Tasche?«

Jetzt ist ihr Blick geradezu feindlich.

»Alles, was ich besitze.«

»Alles, was du ... Wie soll ich das verstehen?«

»Meinen Paß, mein Geld und den Rest meiner Schlaftabletten.«

»Du nimmst Schlaftabletten?« Das klingt vorwurfsvoll.

»Habe ich gedacht, daß dir das nicht paßt. Was denkst du, wie ich in all den Jahren in Las Vegas geschlafen habe? Nur mit Tabletten. Ich gebe zu, zuletzt habe ich keine mehr gebraucht. Das tägliche Schwimmen, das gute Essen, die Spaziergänge mit Jacko, die Fahrten über den See mit Klaus – so gut habe ich in meinem ganzen Leben nicht geschlafen.«

»Freut mich zu hören. Und alles, was du sonst noch in dieser Tasche hast, brauchst du, weil du wieder einmal an Flucht denkst.«

»Was bleibt mir anderes übrig, wenn ich nichts erreiche?«

»Was verstehst du unter nichts erreichen?« Diesmal ist sein Blick streng.

»Das, was Eva-Maria von mir erwartet.«

»Dann frage ich mich nur, warum Eva-Maria nicht selbst nach Berlin gefahren ist. Sie hat das Kind damals mitgenommen, sie hätte es ja jetzt einfach mitbringen können, da wäre der Fall sofort geklärt gewesen.«

Sein Ton ist jetzt auch gereizt, er merkt es, beherrscht sich.

»Es gibt in jedem Hotel einen Safe, in dem man Wertsachen deponieren kann. Du solltest das Geld nicht mit dir herumschleppen. Man liest immer wieder von Kriminalität in Berlin.«

Er geht mit ihr zur Rezeption, Evelyn bekommt den Safe, das Geld und der Schmuck, den sie dabei hat, viel ist es nicht, wird versorgt, sie bekommt den Schlüssel.

Nachdem sie abermals telefoniert hat, sagt sie: »Ich fahre jetzt einfach hin. Vielleicht ist das Telefon kaputt.«

»Gut, ich fahre dich.«

»Auf keinen Fall. Ich nehme mir ein Taxi.«

»Aber ich kann doch...«

»Nein. Du hast den Wagen in der Garage. Und ich könnte dir auch gar nicht den Weg zeigen, das liegt ganz woanders«, nun klingt Hysterie in ihrer Stimme. »Ich nehme ein Taxi.«

Möglicherweise ist diese Wohnung, zu der sie fahren will, noch die gleiche Wohnung, in der sie als Kind gelebt hat. Das denkt er. Eine bescheidene, wenn nicht armselige Wohnung. Sie will nicht, daß ich sie sehe.

»Ich warte hier auf dich. Wenn du niemanden antriffst, kommst du vermutlich gleich zurück, dann essen wir zusammen.«

»Und wenn ich nicht gleich komme, dann ißt du allein. Ich möchte nicht, daß du meinetwegen verhungerst.«

Sie lächeln beide, geben sich Mühe, gelassen zu erscheinen.

»Ich hinterlasse auf jeden Fall beim Portier, wo ich bin.« Sie geht noch einmal hinauf in ihr Zimmer, kämmt ihr Haar, zieht sich die Lippen nach.

Er sieht dem Taxi nach, geht dann noch einmal ein Stück durch die Straßen, geht bis zum Brandenburger Tor und erinnert sich daran, wie er mit Jochen hier stand, auf der anderen Seite des Tors.

»Ich war sieben, als die Mauer gebaut wurde«, hatte Jochen gesagt. »Mein Vater regte sich maßlos auf. Und meine

Mutter sagte nur immer Gott sei Dank, Gott sei Dank. Denn gerade drei Wochen vorher hatte sie ihre Eltern endlich überreden können, zu uns zu ziehen. Die wohnten drüben und wollten ihre Wohnung nicht aufgeben. Meine Mutter ist sehr temperamentvoll, na, du kennst sie ja jetzt. Sie hatte gesagt, ich habe es satt, jedesmal zu den Kommunisten zu pilgern, wenn ich euch besuchen will. Wir haben schließlich Platz genug.«

Das stimmte, Jochens Eltern bewohnten ein schönes, großes Haus in Zehlendorf.

»Das hatte also gerade noch geklappt. Abends tranken wir Sekt, und mein Vater sagte, das ist kein Tag, um Sekt zu trinken, und meine Mutter sagte, für mich schon.«

Jochens Vater war Arzt, auch Jochen studierte Medizin, er und Ulrich Freese waren noch im ersten Semester.

Für Ulrich war es interessant gewesen, die große, modern eingerichtete Praxis von Jochens Vater kennenzulernen. Er war Gynäkologe, seine Praxis befand sich am Kurfürstendamm schräg gegenüber von Kempinski.

»Tolle Lage, was?« hatte Jochen gesagt. »Erstklassige Kundschaft. Die Frauen lieben ihn. Kein Wunder, so wie er aussieht.«

Jochens Vater war ein gutaussehender Mann, er hatte eine verbindliche Art, mit Menschen umzugehen, sehr freundlich, aber er konnte auch ziemlich prüfend und abwägend blicken, das war Ulrich damals aufgefallen. Er stammte aus Frankfurt an der Oder, hatte den Krieg als Stabsarzt mitgemacht, sich erst nach dem Krieg spezialisiert.

»Die Männer sind erbarmungslos hingeschlachtet worden, sagt mein Vater. Aber die Frauen haben noch mehr gelitten. Die Angst, das Bangen um ihre Männer, ihre Brüder, ihre Söhne, und dazu der Bombenkrieg, die Vertreibung, die Vergewaltigungen, die Demütigungen, und ihre unermüdliche Arbeit nach dem Krieg. Sofern sie am Leben geblieben waren. Darum ist er heute für die Frauen da, sagt er.«

Ulrich Freese steht vor dem Brandenburger Tor, auf dieser Seite, und erinnert sich an das Gespräch. 1974 war das wohl. Was mochte aus Jochen geworden sein, aus seinen Eltern, seiner hübschen Schwester, die Musik studierte und Pianistin werden wollte?

Das ist über zwanzig Jahre her. Möglicherweise hat Jochen nun auch eine Praxis in Berlin. Man könnte im Telefonbuch nachsehen.

Er spaziert noch ein Stück Unter den Linden entlang, landet wieder am Gendarmenmarkt und kehrt dann ins Hotel zurück. Es ist mittlerweile halb sieben, vielleicht ist sie schon da. Er kauft zwei Zeitungen beim Portier, setzt sich dann in die Bar und bestellt einen Whisky.

Dann geht er zum Portier und hinterläßt, wo er sich befindet.

## *Angélique*

Angelika arbeitet wieder. In dem Salon im Westen ist sie gern wieder genommen worden, sie war eine tüchtige Kraft, und nun ist sie auch noch eine interessante Person. Sie war in Amerika, schmeißt nur so mit amerikanischem Slang um sich, erzählt von San Francisco, von Los Angeles, von Acapulco und ausführlich von Las Vegas. Das hat sie alles gesehen, darüber spricht sie, auch von einem Supermann, der ihr Liebhaber war, ganz zu schweigen von den vielen anderen, die hinter ihr her waren.

Auf die Frage, warum sie diesen tollen Mann nicht geheiratet habe, entgegnet sie kühl, daß er verheiratet ist und für sie eigentlich zu alt.

Ihre Schwester ist die Besitzerin einer großen Bar, sie lebt mit einem furchtbar netten Mann zusammen. Und dann bittet sie noch, daß man sie hinfort Angélique nennen möge, das habe man dort auch so gehalten.

Das stimmt sogar. Für den Barkeeper und die beiden anderen Mädchen, die in dem Nightclub arbeiteten, war Angelika viel zu schwer auszusprechen, sie nannten sie einfach Angélique, auch Georg hatte sich daran gewöhnt.

All das erfahren sie in dem Frisiersalon, der sich nun Coiffeur nennt, aber sie erfahren nicht, daß diese weitgereiste Angélique ein Kind geboren hat. Das hat sie anscheinend völlig aus ihrem Leben verdrängt.

Nachdem Evelyn vergebens an der Wohnungstür von Käte Jablonski geklingelt hat, steigt sie langsam die knarrende Treppe wieder hinab. Es liegt nicht am Telefon, es ist wirklich niemand da.

Doch als sie aus dem Haus tritt, fährt ein Auto vor, kein Mercedes, aber immerhin ein Golf, Angelika steigt aus, auf der Fahrerseite steckt ein junger Mann den Kopf heraus. Die kleine Schwester ruft: »Es dauert nicht lang, zehn Minuten.« Als sie sich zur Haustür wendet, sieht sie Evelyn.

»Nanu! Eve! Wo kommst du denn her?«

»Ich wollte euch besuchen. Ich habe mehrmals angerufen, aber es hat sich keiner gemeldet.«

»Mensch, ich arbeite doch! Ich komme gerade aus dem Geschäft. Was willst du denn?«

»Mit dir reden.«

»Heute abend?«

»Allerdings.«

Angélique stößt einen unmutigen Seufzer aus, wendet sich zu dem Fahrer um.

»Also, geh um die Ecke zu dem Budiker, zu Max. Du kennst ihn ja. Trink inzwischen ein Bier, in einer halben Stunde bin ich da.«

Er wirft Evelyn einen kurzen Blick zu, startet und fährt los.

Die »halbe Stunde« läßt Wut in Evelyn aufsteigen. Mehr Zeit hat ihre Schwester nicht für sie. Sie beherrscht sich mühsam und fragt, während sie die Treppe hochsteigen: »Was hast du denn so Wichtiges vor?«

»Ach, weiter nichts. Wir wollen einen Kudammbummel machen. Vielleicht später ins Kino gehen.«

»Und du denkst nicht, du hättest dem jungen Mann sagen können, daß du dafür heute keine Zeit hast, da deine Schwester zu Besuch gekommen ist?«

»Ich brauche dem doch nicht auf die Nase zu binden, daß du meine Schwester bist. Die denken doch alle, du bist in Las Vegas. Wir sind noch mit ein paar anderen verabredet, die kann ich jetzt nicht mehr erreichen.«

»Dieser junge Mann hätte ja ausrichten können, daß du heute abend keine Zeit hast.«

Angélique wirft ihrer Schwester einen kurzen Blick zu, schließt dann die Wohnungstür auf.

»Na, komm herein. Ist nur nicht aufgeräumt. Wenn ich früh weg muß, habe ich dafür keine Zeit.«

Das Frühstücksgeschirr, eine Tasse, ein Teller nur, steht noch auf dem Tisch, durch die geöffnete Tür sieht man das ungemachte Bett, Kleidungsstücke liegen herum.

»Ich wollte mich nur schnell ein bißchen frisch machen und was anderes anziehen. Setz dich doch! Wieso bist du denn hier? Ich dachte, du bist längst wieder in Amerika. Mama hat doch gesagt... Moment mal.«

Sie stürmt in das kleine Badezimmer, da sieht es auch wild aus, sogar Wasser steht noch in der Wanne.

Die Mutter muß krank sein, denkt Evelyn. Vielleicht im Krankenhaus. Ordentlich war es in ihrem Haushalt immer. Sie tritt unter die Badezimmertür, Angélique hat Rock und Bluse abgestreift, verreibt gerade Creme in ihrem Gesicht, nachdem sie das länger gewordene hellblonde Haar hochgebunden hat.

»Ich muß mir nur schnell ein neues Make-up machen. Wenn man den ganzen Tag gearbeitet hat, fühlt man sich lausig. Setz dich doch! Geht schnell bei mir. Was willst du eigentlich?«

Das kommt alles in einem Atemzug heraus, während sie schon mit Kleenex die Creme aus ihrem Gesicht entfernt. Dann saust sie in das kleine Zimmer neben dem Bad, in dem sich nicht viel mehr befindet als ein Bett und ein Schrank. Den Schrank reißt sie auf, zerrt ein paar Kleider heraus, schmeißt sie aufs Bett.

»Ist etwas kühler heute, nicht? Vielleicht nehme ich das oder...« Sie saust wieder ins Bad, macht dann mit Nachdruck die Tür zu.

»Ich muß mal pinkeln. Nun setz dich doch schon. Ich bin gleich fertig.«

Eine tiefe Resignation überkommt Evelyn. Was tut sie eigentlich hier?

Der Besuch in dieser Wohnung ist so überflüssig wie der erste, zweite oder dritte. Sie hat hier nichts mehr verloren. Ich dachte, du bist längst wieder in Amerika. Ab und weg. Vergessen.

Vergessen wie das Kind, das begreift sie nun auch. Und wo sollte das Kind denn leben? In dieser Wohnung?

Vielleicht ist die Mutter tot. Wenn man es ihr mitgeteilt hätte, dann nach Las Vegas.

Sie überlegt, ob Angelika eigentlich mitbekommen hat, daß sie ihre Tätigkeit in Las Vegas beendet hat. Sie ist so apathisch und uninteressiert gewesen, vielleicht weiß sie das gar nicht.

Evelyn setzt sich auf einen Küchenstuhl, dann steht sie wieder auf und bringt das gebrauchte Geschirr zur Spüle. Sieht sich um in der Küche. Die Küche ist noch der größte Raum in der Wohnung. Sie geht hinaus in den kleinen Vorraum, dort ist die Tür zu Mutters Zimmer. Sie öffnet sie, schaut hinein. Hier ist es ordentlich und aufgeräumt. Ein altmodisches Buffet, ein runder Tisch, zwei hübsche Sessel, die gab es in ihrer Kindheit noch nicht. Damals gab es noch eine Nähmaschine, die gibt es nicht mehr, dafür aber einen großen Fernseher. Die nächste Tür führt in Mutters Schlafzimmer: Klein, es stehen nur noch ein Bett darin, ein Kleiderschrank, eine Wäschekommode, auf dem Nachttisch eine Lampe, sogar ein Buch liegt da. Evelyn nimmt es in die Hand. Ein Krimi. Na gut, warum nicht. Da es im Fernsehen so selten Krimis gibt, muß man gelegentlich einen lesen.

Das Zimmer ist aufgeräumt und ordentlich, riecht ein bißchen muffig, als sei hier lange nicht mehr gelüftet worden. Sie kehrt zurück in die Küche, geht ans Fenster und schaut hinab in den engen Hinterhof. Unwillkürlich denkt sie an das Seebacher-Haus in Tutzing.

Wie haben sie hier gelebt all die Jahre? Dabei war es damals ein großer Fortschritt, diese Wohnung zu bekommen, das hat ihr der Vater später mal erzählt, als sie schon in Amerika waren. Zunächst hatten wir nur ein Zimmer, hatte er gesagt, auch nachdem Bert geboren war. Als du dann kamst, wurde es schwierig. In der Nachkriegszeit gab es so gut wie keine Wohnungen in Berlin, alles zerbombt. Und stolz erzählte er, daß es die von seiner Frau so verachtete Klarinette gewesen war, die ihnen die Wohnung verschafft hatte.

Manchmal spielte er in einer kleinen Band in einer Kneipe hinter dem Alexanderplatz. Da lernte er einen kennen, und der kannte wieder einen, der war ein geachtetes Mitglied der SED, und ein anderer, der sich bei der Partei unbeliebt gemacht hatte, flog aus dieser Wohnung, vermutlich haben sie ihn eingesperrt, alter Faschist oder so, und dann bekamen wir die Wohnung. Immerhin drei Zimmer, und ein richtiges Badezimmer.

Daran erinnert sich Evelyn. Für die Mutter und Angelika war die Wohnung ausreichend, das mal bestimmt. Sicher kostet sie heute mehr Miete. Daß das Haus schäbig und heruntergekommen ist und die Gegend mies, das ist nun einmal so.

Angélique kommt in die Küche. Sie sieht bildhübsch aus, gut zurechtgemacht, ein Lächeln im Gesicht, nicht mehr mager und krank, wie zuletzt.

»Du hast dich gut erholt, wie ich sehe«, sagt Evelyn, denn sie scheut die Frage nach der Mutter. »Dein Magen ist wieder in Ordnung?«

»Meinem Magen fehlt gar nichts, das war nur der ganze Ärger. Psychisch bedingt, das haben dir die Ärzte doch drüben schon gesagt. Ich war hier auch mal bei einem, das heißt bei Mamas Arzt, der fand auch, daß ich gesund bin.«

»Wo ist eigentlich Mama?«

Angélique lacht laut.

»Das kannst du ja nicht wissen.«

»Ist sie krank, Angelika?«

»Also bitte, nenne mich nicht mehr so. Ich heiße jetzt Angélique, du weißt, daß Nancy und Johnny mich so genannt haben. Und Georgie tat es auch. Mir gefällt es besser. Auch im Geschäft nennen sie mich so.«

»Bitte, wie du willst. Wo um Himmels willen ist Mama?«

»Da kommst du nie drauf. Sie ist in Prag.«

»In Prag?«

»Papa hat sie eingeladen. Sie ist schon seit einer Woche dort, und es gefällt ihr ausgezeichnet.«

»Das gibt es ja nicht.«

»Ja, nicht? Das habe ich zuerst auch gesagt.«

»Wovon lebt sie denn eigentlich in Prag?«

»Wenn ich es richtig begriffen habe, von der Luft.«

Angélique lacht wieder und läßt sich auf einen Stuhl fallen. Offenbar hat sie auf einmal mehr Zeit zur Verfügung.

»Das mußt du mir mal erklären.«

»Kann ich nicht. Weil ich es selber nicht kapiere. Mama hat angerufen und alles durcheinandergebracht. Sie ist ganz aufgeregt. Soweit ich es verstanden habe, wohnt er in dem Haus, in dem er geboren wurde. Du weißt ja, daß er in Prag geboren ist.«

»Sicher, ich weiß es. Er hat gern davon gesprochen.«

»Zu dir. Ich kenne ihn ja überhaupt nicht. Er hat immer behauptet, ich bin gar nicht seine Tochter.«

»Lieber Himmel, diesen Quatsch haben sie dir also auch erzählt.«

»Ich kann es ja nicht wissen, oder?«

»Also hat Mama dir das gesagt. Und hat sie nun auch gesagt, wer dein Vater ist?«

Angélique lacht wieder. Sie findet das alles höchst komisch.

»Sie sagt, dein Vater ist auch mein Vater. Mit diesem Josi hat sie gar nichts gehabt, war nur so 'ne Freundschaft. Er hat sie ausgegraben, nachdem sie ausgebombt war. Man muß sich so was vorstellen. Und später kam er manchmal zu Besuch und hat immer was mitgebracht, so Geschenke, für dich und für Bert.«

»Kennst du diesen Josi denn?«

»Nee, hab ich nie gesehen. Später ist er nicht mehr gekommen. Kann ich wohl kaum seine Tochter sein, nicht?«

»Ich kenne ihn. Er kam wirklich manchmal zu Besuch, und ich weiß auch, was er erzählt hat. Von Bayern zum Beispiel.«

»Ja, er war Bayer, und er heißt eigentlich Josef. Auch so ein Blödsinn von Mama, immer die Namen zu entstellen. Mich nennt sie Angi, finde ich idiotisch.«

»Und was macht nun mein und dein Vater in Prag?«

»Als er in Amerika nicht mehr aus und ein wußte, kam er zurück. Er war mal kurz hier, das war das einzige Mal, daß ich ihn gesehen habe. Ich war da schon in der Lehre bei Schöppke. Er sah mich so komisch an. Und dann fuhr er eben nach Prag, da kannte er sich noch ganz gut aus. Und das Haus, in dem er geboren ist, muß ein sehr vornehmes Haus sein. Mama nennt es ein Palais.«

»Und dort wohnt er?«

»Ja, stell dir vor. Da gab es früher sehr viel Personal. Als er klein war. Hausmädchen und Köchin und eine Zofe«, sie kichert. »Heute weiß man gar nicht mehr, was das ist. Und seine Mutter ging dann nach Amerika. Als die Nazis kamen. Und darum wollte er auch immer nach Amerika. Das hat mir Mama erzählt. Und in dem Haus wohnt er jetzt wieder.«

»Wem gehört denn das Haus?«

»Bin ich nicht schlau daraus geworden. Als er klein war, hatte die Köchin auch ein Kind gekriegt, und mit dem hat er gespielt. Und der wohnt heute in dem Haus. Er war eigentlich ein Kommunist und hat sich das Haus einfach unter den Nagel gerissen. Jetzt haben sie zwar auch keinen Kommunismus mehr, aber das Haus hat der noch. Bei den Tschechen geht so was wohl. Aber wie ich schon sagte, ich bin nicht schlau geworden aus dem, was Mama am Telefon erzählt hat. Jedenfalls geht es ihm gut, und Mama gefällt es, sie sagt, Prag wäre eine wunderschöne Stadt.«

»Will sie denn länger dort bleiben?«

»Keine blasse Ahnung.«

Angélique lacht wieder, sie scheint bester Laune zu sein. Und das, worüber Evelyn reden wollte, ist kein Thema für diesen Abend.

»Was ist mit deiner Verabredung? Die halbe Stunde ist vorbei.«

»Trinkt er eben noch ein Bier. Ich muß dir noch was Wichtiges sagen.«

Kommt jetzt die Frage nach ihrem Sohn?

Keineswegs.

»Ich lasse mich umschulen.«

»Und was willst du werden?«

»Kosmetikerin«, kommt es entschieden. »Ich bin gut in meinem Job, sonst hätten sie mich ja nicht genommen. Wieder genommen, meine ich. Aber es imponiert allen gewaltig, was ich erlebt habe, Amerika und Las Vegas und so. Aber wir haben uns überlegt, Tatjana und ich – Tatjana ist meine Freundin –, daß wir einen Kosmetikkurs besuchen, und zwar einen richtig guten. Und falls du mir etwas Geld dazu geben kannst, könnte ich in eine richtige Kosmetikschule in Steglitz, da wird man ordentlich rangenommen. Und dann suchen wir erst eine gute Stellung, und wenn wir dann sehr gut sind, machen wir uns selbständig, Tatjana und ich. Wir machen unser eigenes Kosmetikstudio auf. Wie findste das?«

»Klingt gut. Es ist immer richtig, wenn ein Mensch Pläne hat. Und dafür etwas tun will.«

»Ja, nicht?«

»Dein Freund wird warten.«

»Er ist nicht mein Freund. Ich kenne ihn eben. Nichts Ernstes.«

»Vielleicht können wir uns morgen noch einmal sehen?«

»Morgen hat Tatjana Geburtstag, da bin ich abends eingeladen. Wir müssen unsere Pläne doch begießen.«

»Dann kann ich dir vielleicht jetzt noch eine Frage stellen?«

»Klar.«

»Denkst du manchmal noch an Robby?«

»Klar. Es geht ihm gut. Eva-Maria hat mir ja geschrieben.«

»Und warum hast du ihr nicht geantwortet?«

»Ach, keine Zeit.«

»Möchtest du denn Robby nicht bei dir haben?«

Angélique macht eine Handbewegung über die Küche, die die anderen Räume mit einschließt.

»Hier?« fragt sie kühl. »Ich muß arbeiten, ich gehe um halb acht weg und komme so gegen sieben heim. Meinst du, daß Mama sich um Robby kümmern kann? Falls sie überhaupt aus Prag zurückkommt. Er müßte in einen Kindergarten oder so was, falls man einen Platz bekommt.«

»Mal abgesehen von diesen praktischen Fragen. Hast du denn kein Verlangen, dein Kind bei dir zu haben?«

»Ach, komm mir nicht mit zickigen Tönen. Ich war einfach doof. Heute nehme ich die Pille.«

»Aber du hast Georgie doch geliebt. Und du hast dich auf das Kind gefreut.«

»Ich sag doch, daß ich doof war. Und dann hat Eva-Maria mir das Kind weggenommen, weil sie fand, daß ich schlecht für Robby sorge. Hatte sie nicht mal unrecht.«

»Nun mal klipp und klar. Und kurz. Wenn du das Kind nicht willst, kannst du es zur Adoption freigeben. Wissen sie eigentlich hier, daß du ein Kind hast? Weiß es Mama?«

Angélique springt auf und schiebt den Stuhl heftig zurück.

»Weiß sie nicht. Ich habe es niemandem gesagt. Nicht einmal Tatjana weiß es, und sie steht mir näher als Mama, damit du klar siehst. Und ich habe auch nicht die Absicht, darüber zu reden.«

»Und wie stellst du dir das weiter vor?«

»Will Eva-Maria Robby nicht mehr?«

»Wie kommt sie dazu, ein fremdes Kind aufzuziehen?«

»Sie hat es mir weggenommen.«

»Ich habe ihn kennengelernt.«

»Robby?«

»Ja. Eva-Maria war mit ihm bei mir.«

»In Amerika? Ich denke, sie ist in Österreich.«

»Ich bin zur Zeit in Bayern. Hat Mama dir das nicht erzählt? Ich hab doch mit ihr telefoniert.«

»Weiß ich nicht mehr. Du hast zu ihr gesagt, du gehst wieder nach Amerika.«

Evelyn überlegt, was sie in diesem verdammten Telefongespräch eigentlich geredet hat. Das Gespräch, das sie so aufgeregt hat. Im Moment weiß sie es selber nicht mehr.

»Und Eva-Maria hat dich mit Robby besucht?«

»Ja. Er ist ein hübsches Kind.«

»Na, warum auch nicht«, sagt Angélique patzig. »Georgie war ein fescher Mann, und ich bin ja auch nicht ohne.«

»Eva-Maria will das Kind taufen lassen. In Traunstein, wo ihre Familie lebt. Du bist herzlich zu der Taufe eingeladen.«

Angélique schüttelt sich vor Lachen.

»Na, ist doch 'ne Wolke. Vielleicht soll ich bei meinem eigenen Sohn Pate stehen. Mal ganz was Neues.«

Evelyn steht auf.

»Hör zu, Angelika. Ich bin extra nach Berlin gekommen, um mit dir über deinen Sohn zu sprechen. Vielleicht denkst du bis morgen mal darüber nach, was du machen willst. Das Kind zu dir nehmen, es zur Adoption freigeben oder einfach abwarten, wie es weitergeht. Eva-Maria hat genau wie du große Pläne und kann nicht immer ein Kind am Hals haben.«

»Bis morgen kann ich dazu nichts anderes sagen. Und außerdem habe ich morgen keine Zeit. Ich denke, sie ist verheiratet und hat ein Hotel in Österreich. Da kann sie Robby doch behalten. Oder du nimmst ihn mit nach Las Vegas.«

Evelyn macht die Augen schmal. Sie hat Lust, in dieses hübsche, gut zurechtgemachte Gesicht zu schlagen.

»Schließlich ist es deine Sache, nicht? Du hast Georgie geheiratet, nicht ich.«

»Ruf mir bitte ein Taxi. Und gib mir einen Zettel. Ich schreibe dir meine Adresse auf. Kann sein, ich bin da noch eine kurze Zeit. Falls du mal Zeit hast, um ernsthaft nachzudenken, gibst du mir Bescheid.«

## *Berlin II*

Evelyn ist blaß und hat Schatten unter den Augen, als sie in die Hotelbar kommt.

»Hat nicht lange gedauert, nicht?«

Und: »Kann ich auch einen Whisky haben?«

Und: »Bitte, setz dich wieder. Und frag mich jetzt nicht. Ich werde nachher versuchen, dir zu berichten.«

Und: »Ich bin froh, daß du da bist. Ich fühle mich so wie an dem Abend nach dem Telefongespräch, als du mich aufgegriffen hast.«

Er sagt: »Aufgegriffen ist kein schönes Wort.«

»Nein, kein schönes Wort. Aber du siehst, ich weine nicht. Gehen wir nachher essen? Du hast sicher Hunger.«

»Du nicht?«

»Doch. Bestimmt. Ich bin ganz ruhig, das siehst du ja.«

»Ich habe uns hier im Hotel einen Tisch reservieren lassen. Ist dir das recht?«

»Natürlich. Ich möchte bloß vorher... Wenn du erlaubst, ich würde mich gern umziehen. Den Hosenanzug habe ich satt. Ich habe mein schwarzes Kleid dabei. Und ich müßte ein neues Make-up haben.«

»Von mir aus nicht. Mir gefällst du.«

»Danke, aber ich habe heute abend gelernt, daß man auf jeden Fall ein frisches Make-up haben muß, ehe man ausgeht.«

»Aha.«

Sie leert den Whisky mit zwei Schlucken.

»Tut richtig gut. Bei Angélique habe ich nichts zu trinken bekommen. Sie nennt sich jetzt Angélique. Das ist nicht mal ihre Erfindung, in Las Vegas wurde sie auch so genannt. Es gefällt ihr.«

»Sie ist also da.«

»Ja, sie konnte nicht ans Telefon gehen, weil sie wieder in ihrem Salon arbeitet. Aber sie will... Ich erzähle es dir später.«

»Und deine Mutter?«

»Du wirst lachen, die ist in Prag.«

»Bei ihm?«

»Bei ihm. Viel kann ich dazu nicht sagen, weil ich nichts weiß. Also bis gleich. Ich beeile mich.«

»Laß dir Zeit. Es ist erst acht. Wir sind nicht auf dem Dorf, sondern in einer Großstadt. Möglicherweise sogar in einer Weltstadt.«

»Ich pfeife darauf.« Erstmals klingt Erregung in ihrer Stimme. »Wir können morgen nach Hause fahren.«

Nach Hause, sagt sie nun auf einmal.

»Wenn es dir nichts ausmacht«, sagt er langsam und höflich, »würde ich gern noch einen Tag hierbleiben. Wenn wir nun schon mal in Berlin sind. Ich würde gern nach Potsdam fahren, Sanssouci sehen. Ich kenne es nämlich nicht. Du?«

»Nein. Also schön, fahren wir zum großen Friedrich. Da ist die Sache mit der Mühle, nicht?«

»Ja, das auch. Hast du es in der Schule gelernt?«

»Nein. Alles, was ich gelernt habe, über Deutschland und über Preußen, habe ich von Harry gelernt. Also bis gleich.«

Und noch einmal: »Ich beeile mich.«

Er hat sich schon umgezogen, trägt nicht mehr die Lederjacke, sondern einen eleganten hellgrauen Anzug und einen bemerkenswert schönen Schlips. So hat sie ihn noch nicht gesehen. Sie lächelt ihm zu, ehe sie durch die Bar geht, die sich im ersten Stock des Hotels befindet, direkt unter der hohen Kuppel.

Ulrich blickt ihr besorgt nach, die Hysterie in ihrer Stimme ist ihm nicht entgangen. Die Schwester, sie heißt nun Angélique, war offenbar vorhanden. Die Mutter ist in Prag.

Es wird ihr wirklich nichts erspart, denkt er. Immerhin hat sie gesagt, ich bin froh, daß du da bist.

Den Zimmerschlüssel hatte sie in der Hand. Sie kann, genaugenommen, jetzt hinuntergehen, Geld und Paß aus dem Safe holen, nach Tegel fahren und das nächste Flugzeug nehmen. Wenn sie es tut, kann er sie nicht daran hindern, diesmal nicht.

Sein friedliches Leben in Tutzing, seine Praxis, seine Patienten, hat er eigentlich auf dem Mond gelebt? Sie hat kürzlich gesagt, mein Leben ist ein einziges Chaos. Und nach allem, was er von diesem Leben weiß, hat sie recht. Kann er ihr helfen?

Er möchte es gern. Wenn sie bleibt und spricht, wenn sie morgen wirklich den Alten Fritz besuchen... Aber was dann? Er bestellt einen dritten Whisky, trinkt ihn diesmal mit Wasser.

Sie kommt nach einer knappen halben Stunde. Sie ist perfekt geschminkt, so hat er sie noch nie gesehen. Sie trägt das schwarze Kleid mit dem Rückendekolleté, eine kleine Abendtasche, nicht das große Umhängeding.

Sie ißt wirklich, und wie es scheint, auch mit Appetit. Sie erzählt genau, wie es war, mit ihrer Schwester Angélique.

»Und nun sag mir bitte, was ich tun soll?«

»Schwer zu sagen. Oder besser ausgedrückt, ich kann dir nicht raten. Deine Schwester ist entschlossen, bei ihrem Weg zu bleiben. Du weißt, ich weiß, Eva-Maria weiß, und auch die Seebachers wissen, wie es wirklich ist. Das heißt, wir wissen, was du uns erzählt hast.«

Sie blickt ihn starr an.

»Willst du sagen, ich habe gelogen?«

Er legt die Hand auf ihre geballte Faust.

»Bei Gott, nein. Bitte, Evelyn, sei vernünftig. Ich will es bloß klarstellen.«

»Ich könnte ja auch geschwindelt haben. Georgie ist mein Mann und Robby mein Kind, das meinst du doch?«

Er blickt sie nun geradezu verzweifelt an.

»Ich habe dir jedes Wort geglaubt, an jenem ersten Abend. Glücklicherweise war ich dabei. Wenn ich das alles nur aus dritter Hand gehört hätte... Zum Teufel, Evelyn, mach es nicht noch schwieriger, als es sowieso schon ist.«

»Schwierig, ja, du sagst es. Sie hat kein Kind bekommen, jetzt nimmt sie die Pille, wie sie mir gesagt hat. Daß ich kein Kind bekommen habe, kann jeder Gynäkologe feststellen, wie du mal gesagt hast. Aber meine Schwester hat auch kein Kind bekommen. Wie sie sagt. Und was machen wir nun?«

»Wir verlassen uns auf Eva-Maria. Sie wird das Kind taufen lassen, wir werden deine Schwester dazu einladen, und dann ist Bahnhof. Und dann...«

Er weiß nicht weiter.

Die Weltstadt Berlin ist genausowenig geeignet für eine Hochzeitsnacht wie Goethe. Auch Friedrich der Große und Sanssouci nicht, am Tag darauf fahren sie zurück. In einem Rutsch bis München.

## Heimkehr

Er fährt ruhig und gleichmäßig, ab und zu muß er das Tempo drosseln, es gibt Staus, es ist Freitag, Wochenende, es sind viele Autos unterwegs. Und es ist eine lange Fahrt von Berlin nach München.

Sie bietet ihm einmal an, eine Weile das Steuer zu übernehmen, er lehnt ab. Möglicherweise kennt sie sich mit der deutschen Straßenordnung nicht so genau aus.

»Das stimmt«, antwortet sie. »Die Leute fahren hier viel schneller als bei uns. Ich habe auch nicht genau aufgepaßt. Ich bin nun schon ein paarmal nach München gefahren. Und mit dir...«, sie lächelt ihm von der Seite zu, »nach St. Heinrich.«

»Da könnten wir morgen zum Mittagessen hinfahren. Was meinst du?«

»Ach, morgen«, sagt sie und seufzt.

Er weiß, daß ihr vor dem Ankommen graust. Sie haben am Abend zuvor davon gesprochen.

Wenn sie den Seebachers berichten muß, was sie in Berlin erreicht hat, was geredet, was entschieden worden ist, wie es eigentlich weitergehen soll. Ganz zu schweigen von dem Bericht, den sie an Eva-Maria liefern muß. Wo die sich zur Zeit befindet, weiß sie nicht.

»Ich will durchaus nicht zickig sein, wie meine Schwester es nennt, ich will dich nicht immer mit demselben Gerede langweilen, aber sag mal ehrlich, wäre es nicht besser, ich bliebe hier und du würdest ohne mich zurückfahren?«

»Und was machst du hier?«

»Ich kaufe mir ein Ticket nach L.A. und suche mir dort einen Job. Oder vielleicht können mich die zwei Weltver-

besserer in Las Vegas ganz gut gebrauchen. Kann sein, sie schmeißen den Laden nicht so gut wie Harry und ich.«
»Möchtest du denn zurück nach Las Vegas?«
»Nein.«
»Und du würdest es übers Herz bringen, mich die ganze Strecke allein zurückfahren zu lassen?«
Sie sah ihn nur hilflos an.
»Und verlangst, daß ich den Seebachers berichte, was sich hier abgespielt hat?«
»Nein. Ich werde auch das noch durchstehen.«
»Und dann verschwinden.«
»Ich bin abscheulich. Du könntest nur froh sein, wenn du mich los bist.«
Sie saßen nach dem Essen wieder in der Bar, harmonisch war die Stimmung nicht. Kurz darauf gingen sie schlafen. Er verabschiedete sich vor ihrer Tür mit einem Kuß auf die Wange. Und ärgerte sich, daß er nicht den Mut hatte, einfach mit in ihr Zimmer zu gehen.

Auf der Fahrt nun reden sie über dies und das, nur nicht über Angélique und das Kind. Sie machen eine kurze Pause in einer Raststätte. Hinter Nürnberg fängt es an zu regnen. Bis sie in München sind, ist es fast sieben.
Er verläßt die Autobahn, fährt in die Stadt hinein.
»Ich habe die Absicht, einzukaufen«, sagt er.
»Jetzt?«
»Ich fahre zum Käfer, den kennst du ja, nicht wahr?«
»Ja.«
»Ich habe zu Haus nichts zu essen. Beim Käfer gibt es ein besonders gutes Baguette, dann kaufe ich etwas Wurst und Käse, und vielleicht ein bißchen Salat. Oder eine Quiche. Oder was mir sonst noch einfällt. Kann sein, du hast ein wenig Appetit, wenn wir heimkommen, dann gibt es bei mir zu essen. Es sei denn, du willst gleich zurückkehren. Aber vielleicht willst du dich bei mir erst ein wenig ausruhen.

Dann nehme ich noch zwei Steaks mit, damit ich morgen etwas zu essen im Haus habe. Es sei denn, wir fahren doch nach St. Heinrich, hm?«

Sie gibt keine Antwort.

Es dauert eine Weile, bis er einen Parkplatz findet, in der Geibelstraße, ein Stück vom Käfer entfernt.

Er wendet sich zu ihr, legt seinen Arm auf ihre Rücklehne, sieht sie an.

»Hör mir genau zu, Evelyn. Ich schließe den Wagen nicht ab, du bleibst darin sitzen. Du hast deine große Tasche dabei, und wenn du willst, kannst du nun tun, was du schon lange tun wolltest. Aussteigen und fortgehen. Für immer. Franz und Klaus werde ich sagen, daß du genug hast von uns und von allem, was hier geschehen ist. Du wirst mich nie wiedersehen, und ich werde dich nie wiedersehen.«

Sie legt ihre Stirn an seine Schläfe.

»Verzeih mir. Bitte, verzeih mir! Ich werde es nie wieder sagen. Ich will dich nicht verlassen. Es ist... Ich kann es nicht erklären, es ist so, daß ich gern in deiner Nähe bin. Und es wäre undankbar gegen Franz und Klaus. Ich bin nicht so feige, wie es scheint. Ich habe schließlich die Reise nach Berlin gemacht. Und ich werde von dieser Reise zurückkommen. Ich steige nicht aus, ich warte auf dich. Außerdem...«, und nun lächelt sie, »habe ich ja nicht nur meine Tasche, sondern auch noch einen kleinen Koffer im Wagen, den müßte ich dann auch mitnehmen.«

Er lächelt auch, zieht sie an sich und küßt sie, zum ersten Mal wieder. Küßt sie zärtlich und lange, und sie erwidert diesen Kuß.

»Es dauert nicht lange«, sagt er dann. »Einkaufen geht schnell bei mir.«

Er ist müde und abgespannt von der Fahrt, aber nun steigt er rasch aus dem Wagen und geht beschwingt um die Ecke zum Einkaufen.

Und sie legt den Kopf auf die Lehne des Sitzes und schaut hinaus in den Regen.

Angélique, die Mutter, der Vater, sogar Robby und erst recht Eva-Maria können ihr gestohlen bleiben. Sie will endlich ihr eigenes Leben haben. Mit diesem Mann.

Mit diesem Mann?

Überhaupt mit einem Mann?

»Ich liebe ihn«, sagt sie laut, wie um sich selbst zu überzeugen. »Ich liebe ihn. Und wenn er ...«, sie spricht nicht weiter.

Er kommt mit zwei großen Tüten zurück, schüttelt sich, ehe er einsteigt.

»Diesmal bist du ganz naß geworden«, sagt sie.

»Ja. Regen ist wohl unser Schicksal.«

»Was hast du denn alles eingekauft?«

»Du wirst es sehen. Ich nehme an, wir fahren erst mal zu mir, und dann wirst du überlegen, wie der Abend weitergeht.«

»Sie wissen ja nicht, daß wir heute kommen.«

»Nein, wissen sie nicht.«

»Ich wäre sehr dankbar, wenn ich heute über die ganze Affäre nicht mehr reden müßte«, sagt sie rasch. »Mit dir muß ich nicht, denn du weißt schon alles.«

Heißt das, sie will nicht nur den Abend über, sie will die ganze Nacht bei ihm bleiben?

Er ist versucht, sie noch einmal in die Arme zu nehmen. Er tut es nicht. Sie kann immer noch, wie an jenem ersten Abend, darum bitten, daß er ihr ein Hotel besorgt.

Vertrauen ist da, die Reise, die gemeinsam verbrachten Tage, haben dazu beigetragen. Aber man muß vorsichtig mit ihr umgehen, das weiß er sehr genau.

Schweigend fahren sie im strömenden Regen nach Starnberg, der Himmel ist dunkel, die Lichter der Scheinwerfer spiegeln sich auf der nassen Straße.

»Du mußt todmüde sein«, sagt sie.

»Es geht. Aber ich werde froh sein, wenn ich die Karre für heute los bin.«

Dann fängt sie noch einmal von der Affäre an, wie sie es nennt.

»Ich habe mir etwas überlegt«, sagt sie. »Wenn alles so geschieht, wie Eva-Maria es will, das mit der Taufe, dann werde ich es Angelika mitteilen. Schriftlich. Ganz formell. Mit genauem Datum. Ich werde sie bitten, zur Taufe ihres Sohnes zu kommen. Und ich werde ihr Erscheinen zur Bedingung dafür machen, daß ich ihr tausend Mark zu ihrer Ausbildung zur Kosmetikerin dazugebe. Wie findest du das?«

Unwillkürlich muß er lachen.

»Na ja, tausend Mark gewissermaßen als Bestechung, um ihren Sohn endlich anzuerkennen. Denn schließlich ließe es sich bei dieser Gelegenheit nicht verschweigen, daß sie die Mutter des Kindes ist. Es soll eine katholische Taufe werden. Seid ihr denn katholisch?«

»Wir sind gar nichts. Taufe hat in der DDR keine Rolle gespielt. Ich weiß gar nicht, ob ich getauft bin. Vater ist jedenfalls katholisch, noch von Prag her. Mutter ist evangelisch.«

»Laß das bloß nicht Eva-Maria hören, dann wirst du gleich mitgetauft.«

Dann sind sie endlich da. Er öffnet das Tor zur Einfahrt, dann auch gleich das Garagentor, der Wagen von Doktor Lindner steht darin, doch es ist Platz für zwei.

»Komm schnell herein, sonst wirst du auch noch naß.«

Er nimmt die beiden Koffer, sie ihre große Tasche und die Tüten. Er schließt auf, sagt: »Endlich sind wir da.«

Eine gewisse Doppelbedeutung liegt in diesen Worten, das fällt ihm auf.

Dann steht sie im Wohnzimmer, sieht sich um. Es sind Sidonies Möbel, wie sie nun weiß.

Er zieht die nasse Jacke aus, hängt sie über eine Stuhllehne, nimmt sie behutsam in die Arme.

»Das Ende einer seltsamen Reise, nicht wahr? Aber es ist ein Wunder, daß du hier bist.«

»Ja«, flüstert sie.

Er sieht in ihre Augen, sucht Angst darin, Abwehr, Flucht. Doch in diesem Moment ist in ihren Augen nichts davon zu finden.

»Jetzt paß auf. Wir tragen die Tüten in die Küche, und du packst inzwischen aus. Ich schaue hinüber in die Praxis. Dann geh ich mal kurz hinauf zu Lindner, um zu sagen, daß ich wieder da bin. Du weißt, wo der Cognac steht und der Whisky. Wasser ist im Kühlschrank. Ich muß auch erst einen Schluck trinken, meine Kehle ist wie ausgedörrt.«

Wie es scheint, hat er gute Laune. Aber eigentlich hat er viel mehr Angst als sie vor diesem Abend.

# Hilf mir

Es dauert eine ganze Weile, bis er wiederkommt.

Doktor Lindner hat einiges zu berichten, und da Freese verschweigt, daß er Besuch mitgebracht hat, läßt Lindner sich Zeit. Da war dieser und jener Patient, einen Unfall hat es heute gegeben, ziemlich schlimm sogar, die Frau ist in der Klinik.

»Muß ich nach ihr schauen?« fragt Freese.

»Nicht nötig. Sie ist gut versorgt. Schwester Luise ist noch eine Zeitlang bei ihr geblieben, ich war vor einer Stunde noch mal da. Ich denke, daß sie jetzt schlafen kann.«

Es folgt die Schilderung des Unfalls, der Folgen und der guten Aussichten für eine Heilung.

Als Ulrich Freese wieder in seine Wohnung kommt, ist der Tisch gedeckt fürs Abendessen, seine Einkäufe sind auf mehreren Tellern angerichtet. Er hört das sanfte Rauschen der Dusche.

Er reckt sich, streckt die Arme in die Höhe, winkelt sie über dem Kopf. Noch einmal das Ganze.

Er macht das Radio an, Klassik-Radio, sie sind gerade beim Violinkonzert von Mendelssohn-Bartholdy.

Eine Weile hört er zu, ganz entspannt nun. Wie sagen die immer? Genießen und entspannen.

Warum macht er sich eigentlich so verrückt? Sie ist hier. Was er möchte, ist eine Sache. Was sie möchte oder nicht möchte, ist eine andere Sache. Sie können das ganz locker behandeln.

In seinem Schlafzimmer steht ein breites Bett, Sidonies Bett. In diesem Wohnzimmer steht eine breite Couch.

Er wird nichts tun, was sie nicht will.

Sie kommt aus dem Badezimmer, in dem kurzen grauen Kittel, den sie aus Las Vegas mitgebracht hat, der sie auch auf der Reise begleitet hat.

»Nun fehlt natürlich der blaue Bademantel von Klaus«, sagt er heiter. »Meiner ist nur ganz schlicht weiß.«

»Ich habe ihn nicht benutzt«, sagt sie ernsthaft. »Ich habe mich mit einem Handtuch abgetrocknet.«

»Du seltsames Wunderkind«, sagt er zärtlich und nimmt sie in die Arme. Sie biegt den Kopf zurück, bietet ihm die Lippen. Sie küssen sich, ganz versunken, es scheint alles auf dem besten Wege.

Er kann nicht wissen, daß seine Worte schlimme Erinnerungen in ihr wecken.

»Du bist mein geliebtes, mein einziges Kind. Du bist das größte Wunder meines verdorbenen Lebens.« Das hat ihr Vater gesagt.

Zuerst hatte er ja nur so mit ihr herumgespielt, sich selbst befriedigt in Budapest, in Wien. Es war dennoch befremdlich, beängstigend für ein Kind. Erst in Mexiko, da hat er sie wirklich genommen, da war sie vierzehn.

Der Junge, den sie dann heiratete, war zweiundzwanzig. Sie war siebzehn. Es war abermals befremdlich und beängstigend, es war ekelhaft.

Sie wird niemals darüber sprechen, auch zu dem Mann nicht, der sie jetzt im Arm hält.

»Du hast großartig den Tisch gedeckt. Da bekommt man wirklich Appetit. Duschen würde ich allerdings auch ganz gern. Entschuldige, es hat länger gedauert. Lindner hatte einiges zu berichten.«

»Was macht eigentlich der Mann, der mit dem Baby im Arm die Treppe hinuntergefallen ist?« fragt sie.

»Daran erinnerst du dich noch?«

»Natürlich. Da war ich das erste Mal in diesem Zimmer. Naßgeregnet. Und du hast mir die Haare getrocknet. Denkst du, ich könnte das vergessen?«

»Nein«, sagt er. »Sowenig wie ich. Also dann geh ich mal unter die Dusche. Nimm dir einen Whisky. Übrigens, es geht ihm gut.«

Sie nimmt sich keinen Whisky, setzt sich nur in Sidonies Sessel und hört der Musik zu.

Sie weiß, was geschehen wird. Nein, sie weiß es nicht. Sie war nie mit einem Mann zusammen, den sie geliebt hat. Sie weiß gar nicht, was Liebe ist. Jedenfalls diese Art von Liebe. Als sie vorhin, in München, im Auto saß, hat sie gedacht, ich liebe ihn.

Zum Teufel mit der Liebe.

Und dann: Es ist zu spät. Ich werde es nicht mehr lernen. Und noch einmal der Gedanke an Flucht. Da ist ihre Tasche, er ist unter der Dusche, der Abend draußen ist dunkel, es regnet.

Und der nächste Gedanke: Warum kann ich nicht mal wie eine normale Frau empfinden?

Zunächst ist alles ganz einfach. Sie essen zusammen, nicht sehr viel, essen ist nicht so wichtig.

»Da bleibt aber noch viel für morgen übrig«, sagt sie.

»Na ja, Wochenende. Natürlich kann ich morgen hier noch einkaufen.«

»Versorgst du dich immer selbst?«

»Meist. Manchmal gehe ich essen, wie mit dir. Oder mit dir und Eva-Maria neulich.«

»Hast du keine Alma?«

»Nein. Eine Rosa. Sie kommt jeden Tag, um in der Praxis zu putzen, einmal in der Woche kümmert sie sich um meine Wohnung. Ich habe sie von Lindner geerbt, sie macht das schon jahrelang hier, oben bei ihm und seiner Frau putzt sie auch. Kochen kann sie nicht. Das heißt, ich weiß es nicht. Sie kocht weder bei mir noch bei Lindner. Frau Lindner kocht sehr gut, manchmal werde ich oben zum Essen eingeladen.«

Herr Doktor Lindner hat also eine Frau. Ob die gemerkt haben, oben, daß er Besuch mitgebracht hat? Oder hat er es ihnen erzählt?

»Warum hast du nicht wieder geheiratet?«

»Nach meiner ersten Erfahrung mit einer Ehe hatte ich nicht die geringste Lust dazu. Außerdem muß man ja erst einmal eine Frau finden, die man heiraten möchte.«

»Ach so«, sagt sie töricht.

»Außerdem kann ich einer Frau nicht viel bieten.« Das ist nun eine Warnung. »Sieh dich doch mal um! Dies ist mein Wohnzimmer, dann habe ich ein Schlafzimmer, ziemlich groß zugegeben, und einen dritten Raum, den ich als Büro benutze. Die Küche und das Bad, aus. Frauen von heute sind sehr anspruchsvoll. Auf die Dauer würde ihnen das nicht genügen.«

»Dafür ist die Praxis aber ziemlich groß«, sagt sie lahm.

»Die habe ich ja nicht eingerichtet.«

»Und wer hat früher hier gewohnt, wo wir jetzt sitzen?«

»Die Tochter von Lindner. Sie hat Kunstgeschichte studiert. Jetzt wohnt sie in einer prächtigen Villa in Grünwald, das ist ein Vorort von München. Sie ist mit einem reichen Fabrikanten verheiratet, außerdem hat sie eine Galerie in München.«

»Ach so«, sagt sie wieder.

»Ihr würde das heute nicht mehr genügen, sie ist eine verwöhnte Frau, ebenso klug wie attraktiv. Manchmal kommt sie zu Besuch, mit ihrem Sohn und ihrem Hund. Der Junge ist ungefähr so alt wie Robby.«

Über Robbys Problem wird heute nicht mehr gesprochen, das ist ausgemacht. Sie plaudern nur. Er spricht noch ein bißchen über Gerda Lindner, ihre Galerie, ihre Kenntnisse über alte und neue Kunst.

Er zeigt auf das Bild, das ihnen gegenüber an der Wand hängt.

»Darüber kann sie heute nur mitleidig lächeln. Aber mir gefällt es.«

Es zeigt einen Blick über den See und auf die Berge, so wie es wirklich aussieht, so wie sie es nun kennt.

»Mir gefällt es auch«, sagt sie. »Ich habe es gern, wenn man auf einem Bild erkennen kann, was es darstellt.«

»Du hast bestimmt auch moderne Bilder in Las Vegas gesehen.«

»Oja, manchmal gab es Ausstellungen mit ganz verrückten Kleckswereien. Einmal hatten wir einen Kunden, der hatte alles verspielt und malte nun ein Bild nach dem anderen, er wollte sie gern verkaufen. Er sei Maler, behauptete er. Wir gaben ihm Geld, damit er sich Farben und Leinwand kaufen konnte, er saß damit auf der Straße, eine Wohnung konnte er sich nicht mehr leisten, auch kein Hotel. Ich gab ihm immer etwas zu essen. Nur kein Geld, um das er immer wieder bat. Und kein Mensch hat seine komischen Werke gekauft. Bis Jollybee kam, die kaufte ihm drei Bilder ab. Sie war bei aller Verrücktheit sehr gutmütig. Und Geld hatte sie ja genug. Er war selig. Ging hin und verspielte das Geld. Dann fing alles von vorn an.«

»Und was wurde aus ihm?«

»Keine Ahnung. Eines Tages war er verschwunden. Die Staffelei mit einem angefangenen Werk stand noch auf der Straße. Kann sein, jemand hat ihn mitgenommen. Eine Frau. Oder eine Dirne. Er sah ganz gut aus. Kann auch sein, er hat sich das Leben genommen.«

Es klingt unbewegt. Solche Dinge war sie wohl gewöhnt. Sie schaut wieder das Bild an der Wand an.

»Klaus ist mal mit mir auf eine Anhöhe gefahren, hier in der Nähe. Von dort aus könnte das Bild gemalt sein.«

»Die Ilka-Höhe, ja, du hast recht. Übrigens stammt das Bild von Gerda, sie hat es mir gewissermaßen vererbt. Sie wohnte ja früher hier, wie ich dir gesagt habe. Sie wird sich zwar hüten, es Kitsch zu nennen, denn es stammt von einem bekannten Maler, der hier gelebt hat und sehr viele Bilder von dem See und der Landschaft gemacht hat, aber ihr Geschmack ist es eben nicht mehr.«

Sie plaudern. Gerda Burkhart, geborene Lindner, ist ein dankbares Thema.

»Von Gerda bekomme ich manchmal Opernkarten, sie hat gute Beziehungen zum Intendanten.«

»Klaus wollte mal mit mir in die Oper gehen. Das hat er wohl vergessen.«

»Die Spielzeit beginnt gerade. Möchtest du denn gern in die Oper gehen?«

»Ich war noch nie in einer Oper.«

»Da gibt es noch einiges, was du kennenlernen wirst.«

Dumme Bemerkung, denkt er.

»Vater wollte mich mal in Wien mitnehmen in die Oper. Aber er hat wohl keine Karten bekommen. Und Geld hatte er sowieso nicht. Und von den Philharmonikern sprach er auch, das war ein sehr berühmtes Orchester.«

»Ist es noch.«

»Und von einem Dirigenten sprach er oft, der war für ihn der größte. Karajan hieß er, glaube ich.«

Das gibt ihm Gelegenheit, eine Weile über Herbert von Karajan zu sprechen, von den Salzburger Festspielen zu erzählen, da war er einige Male.

Dazwischen gähnt er, er ist müde.

Sie ist auch müde. Und vor allem ist ihr kalt.

Mittlerweile ist es zwölf Uhr geworden. Die Flasche Wein, die er geöffnet hat, haben sie getrunken.

»Magst du einen Whisky?«

Sie schüttelt den Kopf. Steht auf, geht ans Fenster und schaut hinaus in die Dunkelheit.

»Es regnet immer noch.«

»Ja, es muß schon seit zwei Tagen regnen, wie mir Lindner erzählt hat. Daher auch dieser Unfall heute. Die Frau ist mit dem Wagen glatt über die Böschung geschlittert.«

Pause. »Es ist wohl auch zu spät, jetzt Franz und Klaus noch zu stören.«

Sie steht am Fenster, schweigt.

Er steht auf, tritt hinter sie, legt die Hände auf ihre Arme.

»Hilf mir!« flüstert sie. »So hilf mir doch.«

Er begreift sofort. Was ist er für ein Esel. Sitzt stundenlang mit ihr zusammen und redet Unsinn.

Aber zunächst entdeckt er ihren Zustand.

»Du bist ja eiskalt.«

Ihre Arme sind kalt, sie zittert, nicht vor Angst, vor Kälte. Er greift nach ihrem Körper.

»Du hast unter diesem Fummel nichts an?«

Er dreht sie um, knöpft ohne weiteres den grauen Kittel auf.

»Du bist nackt unter diesem Fetzen!«

Er greift nun unter dem Kittel an ihre Rippen, an ihren Rücken.

»Bist du denn wahnsinnig?«

»Ich wollte den Koffer nicht auspacken, weil ich ja nicht wußte ... Der Fetzen, wie du sagst, lag gleich obenauf.«

»Hättest du doch ein Wort gesagt, ich kann doch die Heizung aufdrehen.«

Es ist wirklich kalt im Zimmer, immerhin hat er sich nach dem Duschen angezogen, eine richtige Hose, eine Cordjacke, da konnte er nicht frieren. Oben bei Lindner war es mollig warm, das fällt ihm ein. Sie sind hier nahe am Gebirge, nach ein paar Regentagen ist es kühl.

»Wir gehen sofort ins Bett«, sagt er. »Ich werde dich wärmen.«

Er hält immer noch ihren nackten Körper in seinen Händen. »Darf ich mir noch schnell die Zähne putzen?« fragt sie und lächelt dabei.

»Aber ganz schnell.«

Zehn Minuten später liegen sie im Bett, eng aneinander geschmiegt, er ist nackt, sie ist nackt, er wärmt sie mit seinem Körper, wärmt sie von oben bis unten. Das hat mit Liebe nichts zu tun, nicht mal mit Verliebtheit, es ist nur ein Wohlgefühl, das sich von dem einen auf den anderen überträgt.

Er hört noch ihre leise Stimme.

Hilf mir! So hilf mir doch.

Das ist keine Stunde für ein Liebesspiel. Schon gar keine Stunde für Leidenschaft. Das wird später kommen, das weiß er. Jetzt ist die Stunde für Zärtlichkeit, für Beieinandersein, die Stunde für Trost und Verständnis. Das hatten sie schon, so hat es angefangen. Das hat er gleich verstanden, an dem Abend nach dem Telefongespräch. Wieso hat er heute so lange gebraucht, um zu verstehen?

Ihr Kopf liegt an seiner Schulter, er küßt sie sanft auf die Stirn. Sie ist ganz locker in seinen Armen, so als sei sie von eh und je daran gewöhnt, in seinen Armen zu liegen. Nach einer Weile ist sie eingeschlafen.

Er ist so gerührt, daß ihm fast die Tränen kommen.

Es ist wirklich wie ein Wunder. Es geschieht alles ganz von selbst, man muß gar nicht darüber nachdenken, wie es geschehen, wie man es machen soll.

Was bin ich für ein schlechter Arzt, denkt er. Sitze drei Stunden mit ihr im Zimmer und merke gar nicht, daß sie friert. So etwas muß man einem Menschen ansehen. Sie war ganz blaß, ja, und ihre Lippen wie tot. Und ich bilde mir immer bloß ein, sie habe Angst vor mir. Ich bin nicht nur ein miserabler Arzt, ich bin auch ein kompletter Idiot.

Am liebsten würde er aufstehen und die Heizung noch aufdrehen, damit es morgen warm ist. Aber aufstehen geht jetzt nicht. Er zieht nur vorsichtig seinen Arm unter ihrem Körper hervor, bettet sich bequemer, und dann schläft er auch ein.

## *Die Zeit bleibt stehen*

Ziemlich früh, wie gewohnt, wacht er auf, und das erste, was er sieht, ist ihr Gesicht. Es ist nun ein kleiner Abstand zwischen ihren Körpern, aber sie liegt ihm zugewandt, sie schläft noch fest. Friedlich, geradezu kindlich ist der Ausdruck ihres Gesichtes, die Anspannung, die Nervosität, der Ärger der letzten Tage, nichts mehr davon.

Das erste Gefühl ist ein großes Staunen. Sie haben wirklich zusammen in einem Bett geschlafen, unter einer Decke. So etwas geht selten gut. Liebe ist eine Sache, nebeneinander schlafen ist eine andere. Mit Marlene konnte er das nie, sie war viel zu unruhig, sie mochte es nicht, wenn er neben ihr lag. Wieso denkt er jetzt an Marlene? Sie war nie in diesem Zimmer, in diesem Bett.

Doch, im Zimmer schon. Als sie einmal kam, um das Haus zu sehen. Sie fand es ganz nett, aber recht bescheiden. Kein Thema für sie.

Durch die Fenster kommt Morgengrauen, er hat nicht einmal die Läden geschlossen. Er mußte sie wärmen, sie war eiskalt.

Jetzt muß er vor allem die Heizung aufdrehen, im Wohnzimmer, im Badezimmer, in der Küche. Ganz langsam, vorsichtig, schiebt er sich aus dem Bett, läßt sie nicht aus den Augen. Sie rührt sich nicht. Sie ist gewohnt, lange zu schlafen, das weiß er, allerdings mit Schlaftabletten. Diese Nacht ging es ohne Medikamente. Kein Wunder nach der langen Fahrt gestern, sie waren beide erschöpft, dann saßen sie noch stundenlang in dem kalten Zimmer. Saßen da, und sie hatte nichts am Leib als diesen dünnen Kittel, geeignet vielleicht für Las Vegas, aber nicht für Oberbayern. Er kann sich seine Nachlässigkeit noch immer nicht verzeihen. Er angelt nach seinem Schlafanzug, der halb zum Bett heraushängt. Der Kittel liegt auf der anderen Seite auf dem Boden. Sie kann seinen Bademantel anziehen, der ist schön warm.

Er schleicht aus dem Zimmer, dreht überall die Heizung auf. Es regnet zwar nicht mehr, aber es ist grau und trüb. Im Wohnzimmer stehen noch die Gläser und Teller auf dem Tisch, was an Wurst und Salat übrig war, hat er in den Kühlschrank gebracht, glücklicherweise auch das halbe Baguette eingewickelt, das kann er zum Frühstück aufbacken. Er steht am Fenster und blickt abwesend in den kleinen Vorgarten. Hier sieht man weder den See noch die Berge. Sie wohnt bei den Seebachers viel komfortabler.

Wer sagt denn, daß sie hier wohnen soll? Und was um Himmels willen wird sie sagen und tun, wenn sie erwacht?

Das dauert noch eine Weile. Er duscht inzwischen, putzt sich die Zähne, zieht wieder die graue Hose und die Cordjacke an. Es ist inzwischen acht, er könnte Brötchen holen, aber dann müßte er aus dem Haus gehen. Er nimmt die Butter aus dem Kühlschrank, es ist genügend da, auch Kaffee ist reichlich vorhanden, er überprüft seine Vorräte, und dann, als er wieder einmal ins Schlafzimmer schaut, liegt sie da und hat die Augen offen.

»Guten Morgen«, sagt er und bleibt an der Tür stehen.

»Na so was«, sagt sie. »Ich habe hier geschlafen.«

»Und wie es scheint, auch gut geschlafen«, sagt er heiter.

»Ich habe wunderbar geschlafen. Habe ich dich sehr gestört?«

»Keineswegs. Ich habe auch gut geschlafen. Wir waren beide müde nach der langen Fahrt. Und du bist halb erfroren.« Das fällt ihr nun auch wieder ein, sie lacht. Sie hat die Bettdecke bis zum Hals gezogen, aber sie ist weder verlegen noch erschrocken.

»Und du hast mich gewärmt. Das ist wirklich erstaunlich.«

»Was? Daß ich dich gewärmt habe?«

»Nein. Daß ich hier mit dir in einem Bett geschlafen habe. Das gibt es ja gar nicht.«

Er kommt und setzt sich vorsichtig auf den Bettrand.

»Das hat es gegeben. Erstaunlich fand ich es auch. Weil wir so gut miteinander geschlafen haben.«

»Aber ich habe dich aus deinem Bett vertrieben.«

»Ich bin vor einer Stunde aufgestanden.«

Sie wissen beide nicht, was sie sagen sollen.

»Möchtest du Frühstück ans Bett?«

»Das fehlte noch. Ich stehe gleich auf.«

Sie blickt hinunter auf ihren Kittel.

»Laß den liegen, ich bringe dir was zum Anziehen.«

Er holt den Bademantel, aber sie steigt ungeniert aus dem Bett, nackt wie sie ist, und er nimmt den Bademantel und hüllt sie ein, nimmt sie dann in die Arme. Sie legt ihre Wange an seine Wange, hält still in seinen Armen.

»Ich habe gar keine Angst mehr vor dir«, sagt sie, immer noch voll Erstaunen.

»Hast du denn Angst vor mir gehabt?«

»Ja, schon. In gewisser Weise. Aber du bist...«

»Was bin ich?«

»Du bist... Ich meine, du hast die Situation nicht ausgenutzt.«

»Hast du das von mir erwartet?«

Sie schüttelt den Kopf.

»Außerdem war die Situation, so wie sie war, für mich sehr schön.«

»Kann ich jetzt ins Bad?«

»Bitte sehr. Ich koche inzwischen Kaffee.«

Er deckt den Kaffeetisch sehr sorgfältig, stellt alles darauf, was von den gestrigen Einkäufen noch übrig ist, kocht sogar zwei Eier, denn sie hat gesagt, sie frühstücke immer sehr ausführlich. Er trinkt für gewöhnlich nur eine Tasse Kaffee, ein frisches Brötchen, eine Semmel, wie man in Bayern sagt, bringt Rosa mit, wenn sie bei ihm oder oben bei Lindners ist.

Evelyn kommt in dem weißen Bademantel, den sie fest gegürtet hat, denn er ist ihr natürlich zu groß. Sie sieht frisch und jung und besonders hübsch aus, ganz ohne Schminke im Gesicht, nur ein wenig Tagescreme hat sie aus ihrem Beauty Case genommen und aufgetragen.

Zeitungen sind auch da, er hat die »Welt« und die »Süddeutsche« abonniert, es ist Samstag, beide Zeitungen sind entsprechend dick.

»Schwester Luise bringt meist noch die Abendzeitung mit, also ich bin gut informiert. Vorausgesetzt, ich komme dazu, alle drei zu lesen.«

»Heute kommt sie aber nicht, Schwester Luise, meine ich.«

»Nein, heute nicht. Samstag und Sonntag kümmert sie sich um ihren Neffen. Der studiert in München, zum Wochenende kommt er heraus und läßt sich von ihr verwöhnen. Zur Zeit sind zwar Semesterferien, aber er macht ein Praktikum. Seine Eltern leben zu weit weg für das Wochenende. Hier setzt er sich einfach in die S-Bahn und ist im Nu da.«

»Was studiert er denn?«

»Dreimal darfst du raten. Es bleibt alles in der Familie. Er studiert Medizin, sein Vater ist auch Arzt, und Schwester Luise versteht bald mehr als jeder Arzt. Von ihr bekommt er die besten Ratschläge.«

Eine Weile unterhält sie Schwester Luise, dann fragt Evelyn nach den Lindners. »Doktor Lindner habe ich ja neulich abends kennengelernt, als ich mit Eva-Maria hier aufkreuzte. Wie ist denn seine Frau?« Ulrich schildert die Frau Lindner und erzählt, wie sich der Umgang im Haus so gestaltet.

Sie führen ein ganz normales, unverkrampftes Gespräch. Es ist, als würden sie sich seit Jahren kennen. Für sie kommt das von jenem Abend an der Telefonzelle, er nahm sie mit, tröstete sie, küßte sie zum ersten Mal. Seit jenem Abend gehört er in ihr Leben. Bei ihm ist es länger her. Es hat angefangen an jenem Abend, nachdem sie angekommen war.

Aber was geschieht nun an diesem Tag, an diesem Tag nach der merkwürdigen Reise?

Davon sprechen sie eine Weile später.

»Du bestimmst, wie es sein soll. Wir packen alles wieder ein, und ich fahre dich nach Hause.«

Über dieses nach Hause stolpert sie immer noch. Trotz der Wochen, die vergangen sind, empfindet sie sich immer noch als Besuch im Hause Seebacher.

Aber wo ist eigentlich zu Hause? Las Vegas nicht mehr. Daran denkt sie jetzt und sagt überraschend: »Ich habe noch eine Menge Sachen drüben, Kleider und Kostüme und sehr viele Schuhe. Ich kann Johnny nicht zumuten, daß er mir das alles schickt. Die Möbel kann er ja behalten.«

»Wer ist Johnny?«

»Unser Barkeeper. Ich habe ihm geschrieben, daß er in meiner Wohnung bleiben kann, falls ich nicht wiederkomme. Fragt sich, ob er noch im Club bleibt unter der neuen Regierung. Ich bin einfach weggefahren und habe alles liegen und stehen lassen. Er hat einen Freund, mit dem er zusammenlebt. Der ist Croupier, ein netter Mensch.«

»Wie kommst du jetzt darauf?«

»Weil du gesagt hast, du fährst mich nach Hause. Genaugenommen weiß ich nicht, wo für mich ›nach Hause‹ ist. Und wir können doch jetzt, am Vormittag, nicht zu Franz und Klaus fahren. Was sollen die sich denn denken, wo wir herkommen?«

Er lacht. »Es gibt zwei Möglichkeiten. Wir schwindeln, oder wir sagen die Wahrheit.«

»Und wie geht das, wenn wir schwindeln?«

»Wir könnten sagen, wir hatten genug von der Fahrerei und haben in Nürnberg übernachtet. Oder in Ingolstadt.«

»Oder wir sagen, ich habe bei dir geschlafen.«

»Richtig.«

»Da wäre Klaus vermutlich sehr empört.«
»Das stimmt. Er ist verliebt in dich.«
»Und du, was würdest du zu ihm sagen?«
»Ich würde sagen, ich bin verliebt in dich.«
»Da würdest du aber wirklich schwindeln.«
»Würde ich nicht. Es wäre die reine Wahrheit.«
»Kann ich nicht glauben.«
Jetzt ist sie kokett. Jetzt hat das Spiel begonnen.
»Abgesehen davon«, sagt er sachlich, »denkt Klaus sowieso, daß wir während der Reise zusammen geschlafen haben. Und nicht nur, weil du halb erfroren warst.«
»Es ist übrigens sehr warm im Zimmer. Du kannst die Heizung wieder etwas zurückdrehen.«
»Es sieht auch draußen etwas freundlicher aus. Kann sein, die Sonne kommt heute noch durch.«
»Warum sollte Klaus das denken?«
»Weil es logisch ist. Eva-Maria hat es sowieso vermutet.«
»Ob sie hier ist?«
»Das werden wir ja dann sehen.«
»Ihr muß ich leider den ganzen Quatsch erzählen. Und ich kann mir ungefähr vorstellen, was sie sagen wird. Sie hat mich ja früher schon für dämlich gehalten. Dann müßten wir also heute gegen Abend auftauchen, damit wir nicht schwindeln müssen.«
»Zum Beispiel. Es sei denn, du möchtest noch eine Nacht bei mir schlafen, dann kommen wir halt morgen an.«
»Aber diesmal, ohne daß ich halb erfroren bin.«
»Richtig.«
Sie sehen sich an, eine leichte Röte steigt in ihre Wangen, sie steht auf, geht zum Fenster und schaut hinaus in den kleinen Vorgarten vom Doktorhaus.
»Das Wetter scheint wirklich besser zu werden. Nein, ich denke, daß ich schon noch eine Nacht bei dir bleiben möchte.«

Er schweigt und wartet ab. Jedes Wort wäre zuviel. Und ihre Bitte von gestern: ›Hilf mir! So hilf mir doch‹, ist überholt, er hat ihr schon geholfen.

»Wenn ich das jemals zu einem Mann sagen kann, dann zu dir«, spricht sie gegen die Fensterscheibe.

»Das klingt gut«, sagt er sachlich wie zuvor.

»Mir ist zu warm in deinem Bademantel. Ich werde meinen doofen Kittel wieder anziehen.«

»Aber zieh bitte etwas darunter an.«

»Du könntest es ja auch mal richtig sagen.«

»Was?«

»Was du Klaus sagen würdest. Daß du in mich verliebt bist.«

»Ich bin ganz außerordentlich verliebt in dich.«

Er steht nun auch auf, tritt hinter sie und legt beide Arme um sie.

Sie läßt sich zurücksinken.

»Das tut mir gut«, sagt sie.

»Ich habe mich eigentlich schon in dich verliebt, gleich am ersten Abend, als ich dich kennenlernte.«

»Als ich soviel Blödsinn erzählt habe?«

»Es war kein Blödsinn. Es war eigentlich traurig.«

»Also hattest du zuerst Mitleid mit mir.«

»Weiß man, wie Liebe anfängt?« Er dreht sie um, wie schon am Abend zuvor, als sie nichts als den dünnen Kittel trug, und er ist versucht, ihr den Bademantel auszuziehen und nachzuholen, was in der Nacht nicht geschehen ist.

»Du hast eben Liebe gesagt.«

»Ja. Man muß vorsichtig sein mit großen Worten.«

»Ja, ich weiß, du bist ein Doktor und denkst realistisch. Das hast du schon einmal zu mir gesagt.«

»Habe ich das?«

Er weiß genau, wann und wo er das gesagt hat.

Sie macht sich mit einer Bewegung frei, geht durch das Zimmer.

»Ich werde den Frühstückstisch abräumen. Und dann überlegen wir, was wir weiter machen.«

Er lacht. »Gut. Wir könnten nach St. Heinrich fahren zum Essen, davon hatten wir gestern schon gesprochen.«

»Das geht nicht. Wenn wir unterwegs sind, könnten Franz oder Klaus uns sehen. Sein Yachtclub ist auf dem Weg. Dann funktioniert der Schwindel nicht mehr. Ich denke, du hast zwei Steaks mitgebracht. Die kann ich uns zum Mittagessen machen. Viel kochen kann ich nicht, aber das kann ich.«

»Wir haben nichts dazu. Keine Kartoffeln, kein Gemüse, keinen Salat. Ich weiß nicht, wie ihr das in Las Vegas gemacht habt, aber bei Franz gibt es immer Beilagen.«

»Beilagen«, wiederholt sie. »Das ist so ein richtig deutsches Wort, nicht wahr?«

»Kann sein. Wie nennt ihr das in Amerika?«

»Weiß ich nicht. Ein richtig großes Steak, das genügt den Amerikanern. Und Pommes dazu. Die kann ich nicht ausstehen.«

»Ich auch nicht. Ich könnte einkaufen gehen.«

»Kannst du nicht. Franz kauft vielleicht auch ein.«

»Wir könnten auch woanders hinfahren. Im Hinterland gibt es auch ein paar gute Kneipen.«

»Warum darf ich die Steaks nicht braten?«

Er überlegt eine Weile, sie stehen jetzt durch die Länge des Zimmers voneinander getrennt. Er weiß, es würde ihn ein paar Worte kosten, einen festen Griff, und dann wäre alles erledigt. Erledigt, das denkt er wirklich, und das ist kein schönes Wort.

»Es gibt eine andere Möglichkeit. Ich gehe hinauf zu Frau Lindner und frage sie, ob sie ein paar Kartoffeln für mich hat. Und ein bißchen Gemüse, wenigstens aus der Büchse. Sie wird verstehen, daß ich nach der Reise nichts im Haus haben kann.«

»Machst du das öfter?«

»Manchmal.«

»Und wenn sie dich zum Essen einlädt?«

»Dann werde ich sagen, ich habe einen Gast.«

Sie stößt einen tiefen Seufzer aus.

»Das beweist, das geschieht nicht zum erstenmal.«

Er macht eine geheimnisvolle Miene, oder das, was er dafür hält.

»Kann man nicht wissen«, sagt er.

»Das habe ich mir schon gedacht.«

Das Spiel entwickelt sich weiter, ganz normal.

Sie macht die Tür zum Nebenzimmer auf.

»Das ist dein Arbeitszimmer?«

»So könnte man es nennen.«

Ein Schreibtisch, vollgepackt mit Papier, Heften, Ordnern. Aber sie sieht das Bild, das ihr direkt gegenüber hängt.

»Das ist schön. Was ist das? Es ist nicht von hier.«

»Nein, es ist ein altes Friesenhaus von der Insel Sylt. Da kommt mein Urgroßvater her. Er war Kapitän.«

»Kapitän? Richtig auf einem Schiff?«

»Natürlich. Viele Sylter fuhren früher zur See. Und meist als Kapitäne. Und dieses Haus gehört meinem Vater noch, er hat es nur vermietet. Wenn du willst, fahren wir einmal hin.«

»Nach – Sylt? Wo ist das?«

»Eine Insel, hoch oben im Norden. Man sieht, daß du eine Amerikanerin bist. In Deutschland weiß jeder, wo Sylt ist. Und wie schön es da ist. Da gibt es ein großes, wildes Meer, die Nordsee. Und einen breiten, endlosen Strand.«

»Ich kenne nur den Pacific. Auch ein großes Meer.«

»Dann geh ich mal hinauf, ja. Hier sind die Zeitungen, falls du dich langweilst.«

Keine Rede davon, daß sie sich langweilt. Zuviel Spannung liegt in der Luft. Sie räumt den Frühstückstisch ab, spült das Geschirr, schaut in den Kühlschrank und betrachtet die Steaks. Sehen gut aus. Was wird er wohl oben bei den Doktors erzählen?

Zunächst erfährt er, daß die Patientin, die am vergangenen Tag den Unfall hatte, nun doch nach München in die Universitätsklinik gebracht worden ist, die Kopfverletzung ist schlimmer, als es aussah.

»Ich werde mich später erkundigen, wie es ihr geht«, sagt Lindner.

Sie reden eine Weile von dem Fall. Draußen hat es wieder zu regnen begonnen. Dann bringt Ulrich seine Bitte vor.

»Selbstverständlich habe ich Kartoffeln da. Gemüse auch. Aber Sie können auch heraufkommen zum Essen.«

Lindner sieht seine Frau strafend an.

»Laß ihn doch heute sein Steak selber braten, Gitti. Er muß sich ausruhen nach der Fahrt gestern. War ziemlich anstrengend, wie? Viele Staus?«

»Ja, wir waren ziemlich müde.«

Wir, sagt er jetzt. Ganz bewußt und gewollt.

»War die Reise erfolgreich? Konnten Sie alles zur Zufriedenheit erledigen? Ich weiß ja nicht genau, um was es sich handelt, Sie haben nur eine Andeutung gemacht.«

»Ich kann Ihnen das ja mal genau erzählen. Nein, erledigt ist gar nichts. Und zur Zufriedenheit schon dreimal nicht.«

»Dann ist die Stimmung also etwas gedrückt?« Die Frage drückt eine gewisse Neugier aus.

»Einerseits ja, aber andererseits eigentlich nicht.«

»Aha«, sagt Lindner und macht ein Gesicht, als verstehe er genau. Und das tut er denn ja auch.

»Na, dann kommen Sie mal mit in die Küche, Ulrich«, sagt seine Frau. »Kartoffeln habe ich schon raufgeholt.«

Damit meint sie vom Keller, wo sie ihre Vorräte aufbewahrt.

»Und hier, schauen Sie mal, habe ich ein Gemüse gemacht, so eine Art Ratatouille, so gemischtes Gemüse halt, habe ich gestern schon gemacht. Das brauchen Sie nur aufzuwärmen.«

»Aber das ist ja für Ihr Mittagessen bestimmt.«

»Sie bekommen ja auch nicht alles, nur die Hälfte. Da, schauen Sie mal in den Topf, das können wir allein sowieso nicht essen. Ich mache nur immer aus Faulheit ein bißchen mehr, damit es für zweimal reicht.«

Sie hat schon einen Topf in der Hand, löffelt die Hälfte, die reichliche Hälfte, des Gemüses hinein.

»Auf kleiner Flamme wärmen, damit es nicht anbrennt. Sie können ja noch einen Schmitz Butter rantun.« Die Kartoffeln kommen in einen Korb.

»Dann lassen Sie es sich schmecken«, sagt Lindner, der ihnen in die Küche nachgekommen ist. »Und wenn Sie mal Zeit haben... also bis später. Hasta la vista, sagen die Spanier.«

»Stellen Sie sich vor, Ulrich, er will partout im Oktober nach Andalusien fahren. Ist das nicht ein bißchen weit?«

»Wir fahren ja nicht, wir fliegen, Gitti. Hat es dir nicht voriges Jahr auf Mallorca sehr gut gefallen? Nach Andalusien wollte ich schon immer mal. Solange man arbeitet, hat man ja keine Zeit dazu. Aber jetzt – wäre doch nicht schlecht. Im Oktober ist es nicht mehr so heiß, und die Touristen sind nicht mehr so dick gesät. Und einmal im Leben muß ich die Alhambra sehen.«

Ulrich muß vor sich hinlachen, als er die Treppe hinuntergeht. Sie wissen Bescheid. Sie wissen, daß er nicht allein gekommen ist am Abend zuvor, und sie wissen, daß er auch jetzt nicht alleine ist. Und natürlich wissen sie auch, wer bei ihm ist.

Hat er nicht hochtrabend verkündet, er fahre nach Berlin, Franz Seebacher habe ihn gebeten, seine Schwiegertochter zu begleiten, die dort eine schwierige Mission zu erfüllen habe? Kaum zu glauben, so hat er es ausgedrückt. Wie blöd man doch manchmal ist.

Sie liest keine Zeitung, steht mitten im Zimmer und sieht ihm erwartungsvoll entgegen.

»Entschuldige, es hat etwas länger gedauert.«

»Die Patientin, ich weiß.«

»Sie ist inzwischen in München und gut versorgt.« Kein Grund, länger darüber zu reden. »Schau mal, was ich mitgebracht habe. Jede Menge Kartoffeln, und Gemüse, das man nur aufzuwärmen braucht.«

Sie geht mit in die Küche, hebt den Deckel von dem Topf.

»Sieht ja prima aus. Wie bei Franz. Aber wir können doch nicht schon essen, wir haben gerade erst gefrühstückt.«

Sie gibt ihm das richtige Stichwort.

»Das finde ich auch. Wir könnten...«

Sie hat immer noch seinen weißen Bademantel an, er knüpft den Gürtel auf, zieht ihr den Bademantel von den Schultern.

»Du hast wieder nichts darunter.«

»Wozu denn auch? Es ist mollig warm in deinem Bademantel, und in der Wohnung ist es auch warm, und es regnet wieder, und...«

Sie hört auf zu reden, schließt die Augen, als er sie küßt, und läßt sich widerstandslos von ihm in das Schlafzimmer tragen, zurück in das Bett, das sie vor zwei Stunden verlassen hat.

Sie hat es erwartet, und es ist nicht gut, noch länger zu warten, nicht für sie, nicht für ihn. Sie hat gar keine Angst, oder doch, ein bißchen schon, denn das ist nun wirklich etwas Neues, was mit ihr geschieht.

Was mit ihr geschieht. Sie ist total passiv, sie kennt kein Liebesspiel. Und er weiß, daß es zu früh dafür ist, später, vielleicht heute abend. Seine Lippen küssen ihre Brüste, seine Hände gleiten sacht und streichelnd über ihren Körper, ganz sanft und zärtlich, vorsichtig geht er mit ihr um, immer wartend, daß sie ihn zurückstößt.

Aber sie tut es nicht, auch als er sein Knie zwischen ihre Schenkel schiebt, hält sie still, dreht nur den Kopf ein wenig zur Seite, und das leise Stöhnen, das von ihren Lippen kommt, ist nicht von Entsetzen erfüllt, es klingt fast so wie ihr ›Hilf mir doch!‹.

Es geht sehr schnell, er ist voll Begierde, die Vorbereitung war zu lang, die Nächte in den Hotels, die letzte Nacht, die umständlichen Gespräche, die nur den Zweck hatten, Angstgefühle, Bedenken, Zweifel zu verschleiern.

Er bleibt lange auf ihr liegen, will nur ungern die Verbindung lösen, er in ihr, ihr schmaler, zarter Körper unter seinem.

Sie rührt sich nicht, noch immer nicht.

Langsam zieht er sich zurück, dreht sich auf die Seite, nimmt sie in die Arme, ist versucht, zu fragen: War es schlimm? Hat es weh getan?

Aber er wird sich hüten. Alles, was er von ihr weiß, wird er nie vergessen. Und sie soll erfahren, daß es anders, ganz anders sein kann. Ein Mann, der sie nimmt und nur seine eigene Lust im Sinn hat, das war er jetzt. Sie kann keine Befriedigung bei diesem Zusammensein gefunden haben. Aber noch heute nachmittag oder heute abend wird er ihr zeigen, wie es sein kann, wenn sich Lust und Liebe vereinen.

Er legt den Mund an ihre Stirn und flüstert: »Es ist nicht wahr, daß ich in dich verliebt bin. Ich liebe dich.«

»Das ist ein Unterschied, nicht wahr? Das habe ich mir immer schon gedacht.« Sie macht die Augen auf und sieht ihn an.

»Es ist seltsam, aber ich glaube, ich liebe dich auch. Gestern habe ich das zum ersten Mal ganz ernsthaft gedacht.«

»Gestern? Wann, wo?«

»Als du einkaufen warst und ich im Auto auf dich gewartet habe. Du hast gesagt, wenn ich partout wolle, könne ich weglaufen. Aber ich wollte nicht mehr weglaufen. Ich liebe ihn, und darum will ich bleiben, habe ich gedacht.«

»Das hast du gestern, während ich unser Abendessen eingekauft habe, gedacht? Und die Steaks. Und überhaupt...«

Sie beginnen das törichte, endlose Geschwätz Verliebter. Als ich dich das erste Mal sah ... und du hast gesagt ... und ich habe gedacht ... und dann hast du mich angesehen ... Die Telefonzelle kommt natürlich auch vor.

Die Zeit bleibt stehen. Draußen regnet es wieder sanft und gleichmäßig.

»Siehst du«, sagt sie, den Blick auf das Fenster gerichtet, »ich habe es doch gleich erkannt: Regen ist etwas Wunderbares.«

»Eigentlich sind der September und der Oktober die schönsten Monate in Bayern.«

»Der September hat ja gerade erst angefangen.«

Die Zeit bleibt stehen.

Plötzlich richtet sie sich auf.

»Meinst du, ich könnte mir die Haare waschen, ehe wir das Mittagessen machen?«

Er wirft sich zurück und lacht.

»Und ob du das kannst! Einen Fön haben wir schließlich im Haus.«

## Schwindelei

Am nächsten Tag, es ist der Sonntag, fahren sie am späten Nachmittag beim Seebacher Haus vor. Sie im strengen grauen Hosenanzug, er in der Lederjacke, genauso wie sie abgefahren sind.

Eva-Maria ist da, und so gibt es keine Gelegenheit zu umfangreicher Begrüßung.

»Ich glaube, ihr spinnt«, sagt sie als erstes. »Wir haben euch spätestens gestern erwartet. Wir sitzen hier und zerbrechen uns den Kopf darüber, was aus euch geworden ist. Ihr hättet ja wenigstens mal anrufen können. Wir machen uns Sorgen und denken, es ist was passiert. Ich muß mich über dich wundern, Evelyn.« Und so geht es noch eine Weile weiter. Evelyn kommt gar nicht zu Wort, sie ist blaß und hat Schatten unter den Augen.

»Anrufen hättet ihr wirklich können«, sekundiert Franz.

Klaus mustert die Ankömmlinge mit hochgezogenen Brauen. Ulrich stellt den Koffer und das Beauty Case ab, und nun schwindelt er doch.

»Die Fahrt ist ziemlich lang, und es war viel Verkehr. Wir haben in Bayreuth übernachtet.«

»In Bayreuth?« wundert sich Eva-Maria. »Seit wann schwärmst du für Wagner?«

»Schon immer«, sagt er freundlich. »Ich war sogar schon zweimal bei den Festspielen.«

Das hatte Marlene organisiert. Sie kannte immer Leute, von denen sie bekam, was sie gern wollte.

Nun schmückt er seine Schwindelei weiter aus.

»Ich dachte, Evelyn müsse das Festspielhaus einmal sehen. Und da die Festspiele vorbei sind, gab es keine Schwierigkeiten, Hotelzimmer zu bekommen.«

Eva-Maria lacht. »Na, das war ja eine richtig deutsch-deutsche Reise. Erst Goethe und dann Wagner. Sehr gekonnt.«

»Noch deutscher«, sagt Ulrich. »Du vergißt Bismarck. In Berlin waren wir schließlich auch.«

»Bismarck? Wieso denn gerade Bismarck?«

»Sollte ich vielleicht Honecker sagen?«

»Hitler paßt auch.«

»Nein, Hitler paßt nicht. Er war Österreicher! Besser paßt Friedrich der Große. Wir waren schließlich in Sanssouci.«

»In Sanssouci wart ihr? Da war ich noch nie. Also, ich muß schon sagen...« Sie mustert Evelyn genau. »Du siehst etwas mitgenommen aus.«

Nun kommt sie endlich auch einmal zu Wort.

»Direkt eine Vergnügungsreise war es ja nicht.«

»So?« macht Klaus spitz.

Er ist eifersüchtig, ganz klar. Und irgendwie verärgert. Sein Flirt mit Anita II steht ja erst am Anfang.

»Nun kommt erst mal herein«, sagt Franz friedlich.

»Ich würde mir gern die Hände waschen«, sagt Evelyn und nimmt den Schwindel auf. »Gleich um die Ecke ist ja Bayreuth auch nicht.«

Aber zunächst muß Jacko begrüßt werden, er kommt hereingerast, er war im Garten, denn der Regen hat aufgehört, eine milde Abendsonne glänzt über dem See. »Na, los, mach schon«, drängt Eva-Maria. »Ich möchte endlich wissen, was in Berlin los war.«

»Eine Pleite war es«, sagt Evelyn. Sie zieht die Jacke aus, die weiße Bluse darunter ist verdrückt und nicht mehr ganz sauber.

Dann sitzen sie endlich im Verandazimmer, die Tür ist geöffnet, die Luft ist weich und milde, die Berge sind ganz nah.

»Hat es hier auch geregnet?« fragt Evelyn.

»Die letzten beiden Tage, ja. Und nun fang endlich an, ich platze vor Neugierde.«

»Hoffentlich kühlt der See nicht so schnell ab. Ich freue mich schon aufs Schwimmen.«

»Bißchen kühler ist er schon«, sagt Franz. »Das geht leider immer schnell.«

Evelyn gibt einen kurzen Bericht von ihrer einzigen Begegnung mit Angélique.

»Sie nennt sich jetzt Angélique«, betont sie.

»Tat sie drüben schon. Kommt in Berlin sicher gut an.«

»Sie kommt überhaupt gut an. Sie arbeitet wieder in ihrem Frisiersalon, hat viele Freunde, geht oft aus. Ihr Magen ist in Ordnung, sie sieht sehr hübsch aus. Und sie ist sehr interessant, weil sie von Amerika erzählen kann.«

»Aber sie erzählt nicht alles«, sagt Eva-Maria.

»Sie erzählt nur, was sie erzählen will. Von einer Liebesgeschichte, der Reise nach Acapulco, aber das Kind verschweigt sie nach wie vor.«

»So ein Mistvieh«, sagt Eva-Maria herzlich.

Große Verwunderung erregt die Geschichte von Käte Jablonski und ihrem Aufenthalt in Prag.

»Das gibt es ja gar nicht. Was macht sie denn dort? Und was treibt dein Vater dort?«

»Angélique weiß nicht viel darüber. Mama hat zwar mal angerufen, hat aber wohl ein ziemliches Durcheinander geredet. Offenbar geht es den beiden aber gut.«

»In Prag ist anscheinend das Telefon schon erfunden. Nur in Bayreuth nicht«, sagt Eva-Maria.

»Bleibt ihr zum Abendessen?« fragt Franz.

Evelyn und Ulrich sehen sich an. Viel zu essen hatten sie an diesem Tag nicht. Der Rest von Frau Lindners Gemüse, zwei Kartoffeln hineingeschnippelt, kein Steak.

»Wenn ich auch eingeladen werde«, sagt Ulrich kühn. »Gegessen haben wir heute nicht, nur ein paar Würstchen an einer Raststätte.«

Schwindelei macht Spaß. Evelyn unterdrückt ein Lächeln. Sie spürt die Umarmungen noch. Letzte Nacht, heute morgen und noch einmal heute nachmittag, kurz bevor sie »angekommen« sind.

Sie hat viel gelernt, sie weiß nun, wie man Liebe genießen kann. Und da er ein Arzt ist, hat er es ihr nicht nur gezeigt, sondern auch erklärt.

»Ich habe Kalbsgulasch da«, sagt Franz eifrig. »Ich kann euch Spätzle dazu machen.«

»Für mich nicht«, wehrt Klaus ab. »Ich hatte schon gestern dein Gulasch.«

»Heute mittag waren wir drüben in St. Heinrich beim Essen«, erzählt Franz. »Eva-Maria hat es dort sehr gut gefallen.«

Evelyn hat den Mund geöffnet vor Staunen, sie wagt nicht, Ulrich anzusehen, sonst müßte sie lachen.

»Na, dann könnt ihr nicht so händeringend auf uns oder unseren Anruf gewartet haben, wenn ihr zum Essen weggefahren seid«, sagt er. »Dann hätten wir hier vor verschlossenen Türen gestanden, wenn wir gekommen wären. Kalbsgulasch klingt gut, ich habe wirklich Hunger. Du auch, Evelyn?«

Nun sehen sie sich an, sie nickt und lächelt... Sprechen kann sie nicht. Ein atemberaubendes Glücksgefühl erfüllt sie. Zusammen schwindeln ist eine großartige Sache.

»Nun werde ich dir erzählen, wie es bei mir weitergeht«, beginnt Eva-Maria. »Franz kann inzwischen sein Gulasch wärmen, denn er kennt das schon. Am 28. September ist die Taufe von Robby.«

»Wo ist er überhaupt?« fragt Evelyn.

»Bei meiner Mutter. Ich kann ihn ja nicht pausenlos durch die Gegend schleifen, ich dachte mir, wenn er demnächst nach Berlin umzieht, soll er jetzt mal eine Zeitlang ruhiges Familienleben genießen. Dem Pfarrer habe ich natürlich die Wahrheit erzählt, er war höchst erstaunt, denn er dachte, ich sei die Mutter von Robby. Nein, Hochwürden, habe ich gesagt, ich bin zwar Frau Seebacher, aber nicht die Mutter dieses Buben. Und es gibt noch eine Frau Seebacher, die ist es auch nicht. Es gibt eine Mutter, aber die verleugnet das Kind. Jedenfalls ihrer Familie gegenüber. Bei uns kann sie das nicht, denn wir kennen die Wahrheit. Er war ziemlich schockiert. Ich habe dann versucht, ihm den ganzen Schlamassel zu erklären. Evelyn Seebacher hat die amerikanische Staatsbürgerschaft durch ihre erste Heirat. Ihre zweite Heirat sollte Georg Seebacher die Staatsbürgerschaft verschaffen, damit er bei der Frau, die er angeblich liebte, und bei seinem Kind bleiben könnte. Das klingt ein bißchen kompliziert, aber in Las Vegas ging das, da geht alles.«

»Ich wundere mich, daß dich der Pfarrer mitsamt deinem Anliegen nicht hinausgeworfen hat«, sagt Klaus. »Genaugenommen hat ja das zu taufende Kind überhaupt keine Eltern. Es wäre wirklich leichter gewesen, Eva-Maria, du hättest dich zu der Mutterschaft bekannt.«

»Du wirst lachen, das hat Onkel Joseph auch gesagt. Aber er hat es natürlich nur als Spaß gemeint. Er würde es nie entschuldigen, wenn ich lüge. Der Pfarrer sagte, er wundere sich über das alles sehr, er hätte gedacht, die USA seien ein Einwanderungsland, da könne jeder hinkommen und bleiben, so lange er wolle. Mitnichten, Hochwürden, sagte ich, es gibt nur ein Einwanderungsland, da kann jeder kommen und bleiben, wie er will, das ist Deutschland. Da hat er natürlich gewußt, daß ich übertreibe.«

»Und nun?« fragt Evelyn.

»Nichts und nun. Am 28. September ist die Taufe. Meine Nichte, die jüngste Tochter meines Bruders, ist Patin, und dann habe ich einen Cousin angeworben, einen männlichen Paten brauchen wir schließlich auch. Wir kommen nicht in Frage, Franz und Klaus sind zu alt.« Das sagt sie unbarmherzig und deutlich.

»Ich hätte mich auch bestens dafür bedankt«, sagt Klaus sauer.

»Das dachte ich mir sowieso. Und nun paß auf, Evelyn, wir machen justament und gerade ein richtiges Fest daraus. Wir verschicken gedruckte Einladungen, meine Mutter macht ein großes Essen. Und ich würde sagen, Franz«, nun blickt sie ihren verflossenen Schwiegervater auf die typische Eva-Maria-Weise an, »du kannst es eigentlich nur begrüßen, wenn Georgs Sohn, dein einziger Enkel, auf diese Weise anerkannt wird.«

Franz macht nur: »Hm.«

Klaus sagt: »Ohne mich.«

Eva-Maria sagt liebenswürdig: »Du bist sicher zu der Zeit gerade in Moskau, um die Pläne für eine neue Datscha von Boris Jelzin zu entwerfen. Ein ehrenvoller Auftrag, das geht natürlich vor.«

Sie blickt triumphierend von einem zum anderen, und alle sind sich klar, ohne Eva-Maria wären sie aufgeschmissen. Es ist wirklich schade, denkt Franz, daß Georg nicht bei ihr geblieben ist. Und daß nicht sie das Kind bekommen hat, das sein einziger Enkel ist.

Aber Eva-Maria ist noch nicht fertig.

»Nun hör zu, Evelyn. Wir schicken deiner Schwester Angélique eine von diesen gedruckten Einladungen. Sie hat Gelegenheit, sich zu ihrem Kind zu bekennen. Wenn nicht, dann soll sie zum Teufel gehen.«

»Das dürfte aber Hochwürden nicht hören«, wirft Ulrich sanft ein.

»Ich hatte auch die Absicht, ihr zu schreiben und ihr noch einmal ins Gewissen zu reden. Die Einladung zur Taufe ist natürlich besser. Kannst du mir sagen, was geschieht, wenn sie bei ihrer Ablehnung bleibt?«

»Du meinst, was dann mit Robby geschieht?«

»Das meine ich.«

»Das ist ein Problem. Ich kann meiner Mutter auf die Dauer nicht zumuten, den Buben großzuziehen. Wir haben das im Familienkreis besprochen. Sie sagt, sie würde das tun. Aber das ist eine riesige Belastung, sie ist schließlich schon ziemlich alt. Meine Nichte hat selber zwei Kinder, bei ihr könnte Robby auch bleiben. Ich habe Pläne, wie ihr wißt, die nehme ich nun ernsthaft in Angriff, dafür muß ich frei sein. Nächste Woche treffe ich Florian.«

»Und wo triffst du deinen Beinahe-Ehemann? Kommt er auch zur Taufe?« fragt Klaus.

»Wir treffen uns in München. Ich muß feststellen, wie wir zueinander stehen, nicht? An den Millstädter See kehre ich nicht zurück, wegen seiner Familie. Ich werde ihm erklären, was ich vorhabe, und ihn fragen, ob er sich daran beteiligen will. Er ist ein exzellenter Fachmann, mehrsprachig, weltgewandt, weitgereist.«

»Liebst du ihn denn noch?« fragt Klaus.

»Das weiß ich eben nicht so genau. Mit der Liebe ist es merkwürdig, sie kommt und geht.« Ihr Blick geht von Evelyn zu Ulrich und wieder zurück zu Evelyn, aber sie unterdrückt eine unpassende Bemerkung. Unpassend bei so jung Verliebten. »Als Partner hätte ich ihn ganz gern. Na ja, deswegen treffe ich ihn. Kann sein, er hat inzwischen das Interesse an mir verloren.«

»Deswegen würde dir aber das Herz nicht brechen«, sagt Klaus.

Sie gibt ihm einen erstaunten Blick.

»Gewiß nicht.« Und nun sieht sie wieder Evelyn an. »Kann ja sein, du nimmst Robby wieder und sorgst in Zukunft für ihn.«

»Ich?« fragt Evelyn. »Wie stellst du dir das vor. Ich weiß ja noch nicht einmal, was aus mir wird... Ich suche einen Job, ich kann nicht warten, bis du dein Hotel eröffnet hast, das dauert mir zu lange. Genausowenig weiß ich, wo ich leben werde.«

»Na, ich dachte hier.«

Nun wird Evelyn zornig.

»Du magst ja ein Genie sein, aber manchmal bist auch du ziemlich dämlich. Ich bin doch kein Schmarotzer und niste mich für alle Zeit bei Franz und Klaus ein. Irgendwann wollen die auch wieder ihre Ruhe haben.«

»Da ist was dran«, sagt Klaus kühl.

Franz kann dazu nichts sagen, er ist bei seinem Gulasch.

»Außerdem«, mischt sich nun Ulrich in das Gespräch, »hat mir Evelyn erzählt, gestern abend in Bayreuth, daß sie daran denkt, demnächst nach Las Vegas zurückzukehren.«

Damit hat er Eva-Maria mal geschlagen.

»So«, macht die.

Eine Pause tritt ein, Evelyn setzt eine hochmütige Miene auf, obwohl sie wieder ein Lachen kitzelt. Die Schwindelei mit Bayreuth ist wirklich gut gelungen.

»Das ist ja ganz was Neues. Und ich dachte …«

»Ich weiß schon, was Sie dachten, Eva-Maria«, sagt Doktor Freese mit Nachdruck. »Auch eine deutsch-deutsche Reise hat einmal ein Ende. Evelyn hat mir erklärt, daß sie in Las Vegas noch eine Wohnung hat und eine Menge Sachen, Garderobe und Möbel vermutlich auch, das will sie nicht im Stich lassen. Und wie sie sich dann entscheidet, das muß man abwarten.«

»Na, so was«, sagt Eva-Maria und sieht Evelyn genau an. Die aber ist mittlerweile ein so guter Schwindler wie der Doktor, ihre Miene ist kühl-freundlich.

»Aber zur Taufe bleibst du hoffentlich noch?«

»Selbstverständlich«, sagt Evelyn. »Wenn Franz und Klaus mich noch so lange ertragen können.«

## Zu spät

Klaus hat sich vor dem Essen verabschiedet, er habe noch eine Verabredung. Die anderen sitzen ziemlich lange, das Gespräch ist schleppend, es ist ja auch alles besprochen, die Taufe, das Kind, Angéliques Benehmen.

Evelyn spricht überhaupt kaum, ihr Blick scheint durch alles hindurchzugehen, der Spaß mit der Schwindelei ist vorbei, jetzt muß sie Abschied nehmen.

Auch für Ulrich ist es nicht leicht, einfach zu gehen, so zu tun, als sei dieser Abend genau wie jeder andere Abend, den er in diesem Haus verbracht hat. Schließlich steht er auf, bedankt sich bei Franz für das Essen, sieht Evelyn an, sie steht auf, begleitet ihn hinaus.

Eva-Maria kommt mit und sieht mit Wohlgefallen, wie er Evelyn in die Arme nimmt und zärtlich küßt. Clever wie sie ist, erkennt sie die Schwierigkeit der Situation.

»Wie soll das weitergehen mit euch?« fragt sie.

»Wir werden halt wieder mal verreisen«, sagt er. »Muß ja nicht Berlin sein. Irgendwo um die Ecke.«

Als sie oben in ihren Zimmern sind, fängt Eva-Maria noch einmal an, von Robby zu sprechen.

»Ich habe direkt ein schlechtes Gewissen. Wenn ich ihn damals nicht mitgenommen hätte, nach Santa Monica, und dann auch noch so lange behalten hätte, wäre er mit euch nach Berlin geflogen oder gleich hierher, und Angélique hätte das ganze verdammte Theater nicht veranstalten können. Sie wäre mit dem Buben angekommen, hier oder dort, und alles wäre klar. Siehst du das nicht so?«

Evelyn schweigt. Sie will nichts mehr davon hören, schon gar nicht, was wäre gewesen, wenn. Sie hat alles falsch gemacht, das weiß sie sowieso.

»Wenn ich mir eine neue Existenz aufbauen will, kann ich wieder mal von vorn anfangen. Und mein Gerede von einem Hotel, das ist ja zunächst nur Zukunftsmusik. Davon kann ich ja nur reden mit Onkel Josephs Geld im Hintergrund. Ich habe wirklich gedacht, das könnte da in Österreich mit Florian was werden. Aber dort kann ich nicht bleiben. Möglicherweise muß ich mir erst mal eine Stellung suchen, natürlich am liebsten in einem Hotel. Mit meinen Erfahrungen und meinen Sprachkenntnissen dürfte das nicht schwer sein. Hörst du mir eigentlich zu?«

Evelyn liegt schon im Bett und schaut verträumt an die Decke.

»Natürlich«, sagt sie.

»Ich sehe ja, du bist ziemlich glücklich. Kann ich auch verstehen, mir gefällt dein Doktor auch. War ja sehr cool, wie er das gesagt hat, auch eine deutsch-deutsche Reise geht mal zu Ende. War wohl für Klaus bestimmt. Ich habe ihm das nicht abgekauft. Wo wäre das denn, irgendwo mal um die Ecke? Vielleicht diesmal Salzburg? Mozart, hm?«

»Ich weiß nicht«, sagt Evelyn und lächelt.

»Nun schlaf mal drüber. Bis zur Taufe lassen wir jetzt alles einfach weiterlaufen. Aber ich bin natürlich der Meinung, daß du nicht bis an dein Lebensende bei Franz und Klaus herumsitzen kannst. War das dein Ernst mit Las Vegas?«

»Nein. Ich habe halt noch meine Sachen dort.«

»Das ist kein Problem. Die Möbel kann Johnny wirklich behalten, und was an Kleidern und so da ist, kann er mal einem Transport mitgeben und zu Harry bringen lassen.«

»Der arme Harry! Er hat nie Ruhe vor mir.«

»Will er ja gar nicht. Weißt du was? Ich werde ihn mal anrufen und mich erkundigen, wie es ihm geht und was er macht. Von Traunstein aus. Ich fahre morgen zurück, da bist du mich wieder los. Und ich werde ihm die ganze Chose erzählen, auch wie sich Angélique benimmt. Er war immer sehr nett zu ihr.«

»Zu wem war er nicht nett?«

»Ein Glück, daß er seine Schwester hat. Du hättest ihn sonst wirklich nicht verlassen können.«

»Da hast du recht.«

Evelyn hat die Augen geschlossen, sie ist müde, sie ist mit ihren Gedanken ganz woanders.

»Harry war nicht dein Liebhaber.«

»Er war mein Freund. Er ist mein Freund.«

»Ja, sicher. Aber solange ich dich kenne, gab es nie einen Mann in deinem Leben. Warum eigentlich? Hast du so schlechte Erfahrungen gemacht, früher einmal?«

Evelyn macht die Augen wieder auf. Eva-Maria kennt den ersten Teil ihres Lebens nicht, weiß nicht, was früher einmal war. Nicht einmal Harry weiß es. Sie hat das erste Mal in diesem Haus davon gesprochen, und Ulrich Freese war dabei und hat alles gehört.

Wenn das nicht merkwürdig ist.

»Du warst doch mal verheiratet«, beharrt Eva-Maria. »Hat diese Ehe dir die Männer so verekelt?«

»Vielleicht«, sagt Evelyn und schließt die Augen wieder.

»Ich geh ja schon. Nun schlaf mal schön. Morgen, wie gesagt, bist du mich los.«

Eva-Maria geht, die Tür zum Nebenraum schließt sich.

Doch nun kann Evelyn nicht einschlafen.

Früher einmal.

Sie hat nie und zu keinem davon gesprochen, was früher war. Nicht zu Harry, nicht zu Eva-Maria, zu Georgie schon gar nicht. Zu ihrer Mutter nicht, zu ihrer Schwester nicht. Warum in diesem Haus?

Sie ist angekommen, zu fremden Menschen. Vorher waren der Ärger und das Unverständnis in Berlin. Dann gab sie sich hier munter, bereitwillig, das Beste aus dieser Begegnung mit Georgies Familie zu machen. Das war der Abend, das Essen mit den beiden, und auf einmal lag Franz bewußtlos in der Küche. Da hat sie durchgedreht.

Ich hätte nie herkommen dürfen. Ich will sofort wieder weg. Ich möchte in ein Hotel.

Der Doktor kam ins Haus, auch ein Fremder.

In ihrem Kopf war nur ein Gedanke: Wenn Franz Seebacher tot ist, dann ist es meine Schuld ...

Und sie hat geredet und geredet.

Warum bloß?

Wenn Ulrich das nicht mit angehört hätte, wüßte er nichts von ihr. Sie hätte zu ihm sowenig davon gesprochen wie zu jedem anderen.

Es war Mitleid, was er für sie empfand. Ganz klar.

Kann daraus Liebe werden?

Warum denkt sie bloß immerzu an Liebe? Das hat sie nie getan. Damals nicht, später nicht. Sie wird auch ihm nie die ganze Wahrheit erzählen.

Sie liegt im Bett, es ist dunkel im Zimmer, sie stöhnt. Warum hat sie bloß geredet an jenem Abend?

Es zieht wie ein Film an ihr vorbei. Wie sie da saßen, sie tranken Wein, und sie hat immer wieder gesagt, ich muß weg. Und hat das ganze Fiasko ihres Lebens ausgebreitet. Nicht in allen Einzelheiten, aber ziemlich viel.

Was war nur los mit ihr in jener verhexten Nacht?

Ihr Vater. Wie hat sie ihn gehaßt. Du bist der einzige Mensch, der mir geblieben ist, den ich lieben kann.

Erst die Spielerei mit ihrem Körper, dem Körper eines Kindes. Und sein Körper, der Körper eines Mannes. Sie sollte das seltsame Ding anfassen, daß sich ihr entgegenreckte. Sie sollte es anfassen, sollte auch damit spielen.

War er denn verrückt, ihr Vater, daß er das von ihr verlangte. Er tat es selbst, sie mußte es mit ansehen. Es war so unverständlich, so abstoßend.

Es ist so lange her, aber nun ist es wieder da. Manchmal hat sie geweint, ich möchte nach Hause, ich möchte zu Mama. Manchmal hat er sie geschlagen. Dann hat er auch geweint.

Prag, Budapest, das Schiff auf der Donau, Wien, das Schiff in der Adria.

Wie ein wirrer Traum zieht es an ihr vorbei.

Dann der Frachter von Tanger nach Panama. Auf dem Frachter ließ er sie in Ruhe, sie bekam gut zu essen, der Kapitän, der hieß Manuel, jetzt fällt es ihr wieder ein, er war so nett zu ihr, einfach nett, gab ihr zu essen, unterhielt sich mit ihr, er sprach Spanisch, nur ein wenig Deutsch, aber sie konnten sich verständigen.

Dann Mexiko, und dann nahm ihr Vater sie wirklich in Besitz, sie war vierzehn, dann fünfzehn, sechzehn.

Los Angeles. Mal ein Job für ihn, dann wieder keiner. Und inzwischen verstand sie ein wenig mehr vom Leben.

»Es gibt Weiber hier genug für dich, laß mich in Ruhe.«

Er schlug sie. Er weinte.

»Wir müssen wieder mal ausreisen. Nach Mexiko.«

Und sie, bösartig: »Sie lassen dich sowieso nicht mehr herein.«

Mexiko, irgendein dreckiges Nest nahe der Grenze, Fliegen, Moskitos, kein Geld. Und immer Hände, die nach ihr grabschten. Ehe es dazu kam, hatte sie sich mit dem jungen Mann aus der Nachbarschaft angefreundet.

»Hi, honey, you're sweet.«

»Get off!« Einigermaßen verständigen konnte sie sich nun. Er war ganz ansehnlich, jung und dunkelhaarig.

»Let's have a drink.«

Und dann kam ihr die Idee, daß nur er sie von ihrem Vater befreien könnte.

Sie ließ sich küssen, duldete seine Hände.

Hände an ihrem Körper war sie gewöhnt.

Mehr gab sie nicht, denn sie hatte begriffen: Nur eine Heirat könnte sie von ihrem Vater befreien. Und würde ihr die Staatsbürgerschaft verschaffen. An eine Rückkehr nach Berlin dachte sie längst nicht mehr.

Er war Automechaniker, arbeitete in einer Werkstatt, seine Hände waren meist schmutzig.

Schmutzig war alles, war ihr Leben.

Sie spielte das verlogene Spiel, ganz bewußt, sehr verdorben. Er wollte sie heiraten, sie sagte ja.

Bewußt und verdorben.

Evelyn liegt im Bett, sie stöhnt, hat die Hände hinter dem Kopf verschränkt, möchte am liebsten aufstehen, das Haus verlassen, weglaufen, wie gestern und vorgestern. Wie kann sie erwarten, daß Ulrich Freese sie liebt. Wie kann sie überhaupt von Liebe sprechen? Heute nicht, gestern nicht, und morgen schon gar nicht.

Der Junge lebte bei seiner Mutter, hatte noch zwei jüngere Geschwister. Die Mutter war Südstaatlerin. Sie war freundlich. Ihr Mann hatte sie verlassen, das erläuterte sie in langen Ansprachen, die Evelyn kaum verstand. Der Junge hieß Rodrigo.

»Meine Vorfahren«, erzählte Rodrigos Mutter, »sind aus Spanien eingewandert.«

So what! Evelyn Jablonski interessierte es nicht.

Ihr Vater sagte: »Du treibst dich jetzt mit so einem komischen Mexikaner herum.«

»Er ist kein Mexikaner. Er ist Bürger der USA. Seine Mutter kommt aus Georgia.«

»Ich verbiete dir das.«

»Du hast mir gar nichts zu verbieten. Laß mich los!«

Rodrigo, sehr verliebt in sie, sprach von Heirat. Seine Mutter hatte seltsamerweise nichts dagegen.

Eine kirchliche Trauung lehnte Evelyn ab, sie sei nicht katholisch.

Das betrübte Rodrigos Mutter, aber sie war dennoch einverstanden mit der Verbindung, so ein hübsches, ordentliches Mädchen aus Deutschland für ihren Rodrigo.

Evelyn würde am liebsten aufstehen und hinuntergehen und einen Cognac trinken oder einen Whisky, vielleicht auch zwei oder drei, nur um nicht mehr denken zu müssen.

Aber Eva-Maria würde es hören, vielleicht auch Franz, oder Klaus, der inzwischen heimgekommen ist, wie sie gehört hat. Und auf jeden Fall Jacko.

Also steht sie auf und kramt in ihrer großen Tasche nach den Schlaftabletten. Es sind nur noch vier Stück.

Sie nimmt zwei davon.

Sie muß also doch hinüberfliegen, nicht wegen der Kleider und der Möbel, sie muß zu Harry, damit sie von ihm ihre Tabletten bekommt.

Und auf keinen Fall wird sie Ulrich Freese je erzählen, wie ihr Leben wirklich war. Ein Friese ist er. Der Großvater war Kapitän. Nein, der Urgroßvater. Ein Kapitän ist etwas Großartiges, daran glaubt sie, seit damals, seit der Überfahrt über den Atlantik. Manuel, der Capitano. Von ihm lernte sie ein wenig Spanisch. Falls ihr Vater es mit Mißfallen sah, ließ er sich nichts anmerken. Sie durfte auf die Brücke, er nicht. Und beim Essen saß sie bei dem Capitano am Tisch, er achtete darauf, daß sie ordentlich aß, denn sie war so dünn. Dünn wie kleines Faden, sagte er.

Wie hieß die Insel, von der Ulrich gesprochen hatte?

Da fahren wir mal hin.

Das war auch nicht um die Ecke.

Leb wohl, Ulrich. Es ist zu spät für mich.

Du hast mir gezeigt, wie Liebe sein kann. Ich wußte nicht, daß es so etwas gibt.

Danke, Ulrich.

Die Liebe mit Rodrigo war nicht viel anders als die mit ihrem Vater. Jünger, leidenschaftlicher.

Sie blieb unberührt. Es war zu spät.

Und nun, so viele Jahre später, ist es erst recht zu spät.

Nein.

Doch...

Also zurück. Das Geld würde für ein Ticket und die erste Zeit danach reichen. Harry würde ihr helfen, wie schon einmal. Alles was sie hier erlebt hatte, würde sie vergessen. Nicht vergessen, einfach wegstecken, wie alles andere auch.

Die Ehe mit Rodrigo dauerte ein Jahr. Seine Umarmungen waren ihr lästig, sein Mund, seine Hände. Das enge Leben mit ihm, seiner Mutter, den jüngeren Geschwistern. Sie wollte endlich einmal frei sein, frei von einem Mann, von seinen Händen, seinen Lippen, seinem Körper.

Ein Ausweg war leicht gefunden. Sie fing ein Verhältnis an, mit seinem Chef in der Autowerkstatt, der grabschte sowieso nach ihr, wann immer es möglich war.

Weniger Liebe denn je. Nur um einen Scheidungsgrund zu haben.

Rodrigo war traurig, seine Mutter bitterböse. Warf sie hinaus.

Endlich war sie frei. Nie mehr ein Mann in ihrem Leben, in ihrem Bett, an ihrem Körper.

Kaputt, denkt Evelyn in ihrem Bett im Haus Seebacher, kaputt, mein Leben ist kaputt. Das war so vorbestimmt. Ich werde es dir nie erzählen, Ulrich. Ich werde dich vergessen.

Nein, nicht vergessen. Wenn ich an dich denke, weiß ich, wie Liebe sein kann.

Es ist zu spät.

Dann schläft sie endlich ein.

## *Kein Grund für Tränen*

In den nächsten Tagen ist sie still, in sich gekehrt, die Nachtgedanken wirken nach, obwohl ihre Gedanken am Tag nicht mehr so düster sind, denn seine Umarmungen, seine Liebe sind noch da, beschäftigen sie. Sie lernt etwas Neues kennen: Sehnsucht. Das Wort fällt ihr nicht ein, es ist ja wohl wieder ein sehr deutsches Wort. Aber sie empfindet es.

Belastend ist es, daß sie gar nichts zu tun hat. Sie schwimmt im See, der nun wirklich merklich kühler geworden ist, und Klaus sagt besorgt: »Du wirst dich erkälten.«

»Ach«, macht sie nur.

Und er: »Dann müssen wir den Doktor holen.« Es klingt freundlich, nicht gehässig, denn Klaus hat sich mit der Situation abgefunden. Das heißt, wie die Lage wirklich ist, weiß er ja eigentlich nicht. Möglicherweise ist die Bemerkung des Doktors, daß eine deutsch-deutsche Reise einmal zu Ende sei, ja ernst zu nehmen.

Franz sagt zu Klaus: »Sie wirkt bedrückt. Offenbar hat sie die Begegnung mit ihrer Schwester sehr traurig gemacht.«

»Kein Wunder. Ich habe auch keine Vorstellung, was zu tun ist. Vermutlich muß man die Angelegenheit Eva-Maria übertragen, die kommt sicher besser mit diesem Frauenzimmer zurecht.«

Dienstag fährt Franz wieder einmal nach München, um beim Moser vorbeizuschauen, und Klaus fragt Evelyn: »Wie wär's, hättest du nicht wieder mal Lust, mit mir rauszufahren?«

»Doch, gern«, antwortet sie. Es weht ein leichter Wind, der Himmel ist von tiefstem Blau, die Sonne scheint von früh bis abends.

›Anita II‹ liegt am Steg, die lebende Anita hat in München zu tun, ein paar Verpflichtungen hat sie schließlich auch.

Als sie wieder anlegen, treffen sie Brodersen.

»Von euch hört und sieht man gar nichts mehr«, sagt er vorwurfsvoll. »Habt ihr was gegen mich?«

»Nicht, daß ich wüßte. Evelyn war ein paar Tage verreist, und vorher hat uns Eva-Maria beschäftigt.«

Die hat Brodersen kennengelernt, und er kennt nun auch den Unterschied zwischen Eva und Eva, ebenso wie Alma haben sie ihn aufgeklärt. Brodersen hat es ohne große Erschütterung hingenommen, was man von Alma nicht sagen kann. Erst war sie sprachlos, dann das Gegenteil.

»Dann ist sie also die zweite Frau von Ihrem Sohn?« hat sie es schließlich auf den Punkt gebracht.

»Gewissermaßen ja«, hat Franz widerwillig geantwortet. Ohne auf die näheren Umstände dieser Heirat einzugehen.

»Mei, warum hams mir denn das nicht gleich gesagt?«

Franz sagte abweisend: »Hab ich wohl vergessen.«

Worauf Alma den ganzen Tag lang beleidigt war. Aber das ist nun schon eine Weile her, sie hat sich beruhigt. Nur etwas hat sie bis zur Stunde nicht kapiert, welche von den Damen nun die Mutter des Buben ist, der immerhin einige Tage im Hause war. Aber da nun die echte Eva-Maria mit dem Buben wieder abgereist ist, muß wohl sie die Mutter sein. Von Angélique und dem ganzen Problem wird natürlich in ihrer Gegenwart nicht gesprochen. Auch Brodersen erfährt nichts davon.

»So, so, verreist«, sagt er an diesem Dienstag mittag. »Doch nicht nach Amerika?«

»Nein, nein, ich war in Berlin.« Und um weiteren Fragen vorzubeugen, fügt sie hinzu: »Ich habe dort Verwandte.«

»Das ist wenigstens nicht so ein weiter Flug.«

»Ja«, sagt Evelyn und weiter nichts. Ohne Lügen wird sie wohl in diesem Leben nicht mehr auskommen.

»Haben Sie vergessen, meine Schöne, Sie wollten mir doch einmal sitzen? Ich mache ein wundervolles Portrait von Ihnen, das können sich die Seebachers dann an die Wand hängen, wenn Sie nicht mehr da sind. Und eins mache ich für mich.«

Klaus, der Evelyns verzweifelten Blick bemerkt, unterbricht die weiteren Ergüsse des Malers.

»Heute jedenfalls nicht. Wir könnten zusammen essen gehen, Brodersen, was halten Sie davon?«

»Eine Menge. Falls Sie mich einladen. Ich bin wieder mal pleite. Was wird denn mit der Dame und dem Buch über Höhenried? Sie hat mir doch ein Angebot gemacht für meine weißen Hirsche.«

»Sie muß das Buch ja erst mal schreiben. Was war denn mit der Galerie in München?«

»Ausgestellt haben sie mich. Aber nichts verkauft.«

Sie essen im Tutzinger Hof. Der Maler beklagt sich weiter über das armselige Leben eines bildenden Künstlers.

»Es malen halt zu viele«, sagt Klaus ungerührt. Er beobachtet Evelyn besorgt, die nur in ihrem Essen herumstochert. Er legt seine Hand auf ihren Arm.

»Wenn du nicht ordentlich ißt, darfst du nie mehr mit mir aufs Boot. Du bist immer noch viel zu dünn.«

Sie lächelt ihm zu und macht sich tapfer über ihr Schnitzel her.

»Es schmeckt sehr gut«, sagt sie, wie ein Kind, das gescholten wird. Bei alledem ist sie ja so froh, daß Klaus wieder mit ihr redet wie anfangs.

»Wenn man bedenkt«, räsoniert der Maler weiter, »was heute für Wahnsinnssummen für die Genies von gestern bezahlt werden. Van Gogh zum Beispiel. Er hat nichts mehr davon, das ist die Gemeinheit.«

»Tja, dann trösten Sie sich damit, daß man in hundert Jahren auch ein paar Millionen auf den Tisch legen muß, wenn man einen echten oder falschen Brodersen erstehen will.«

»Schöner Trost.« Er schaut Evelyn an. »Er nimmt mich auf den Arm, das merken Sie ja, Eve.«

Er nennt sie immer noch Eve, sie lächelt und schiebt noch eine Bratkartoffel in den Mund.

Gleich hier um die Ecke ist das Haus von Lindner und die Praxis des Doktor Freese. Sie könnte einfach hingehen und sagen, sie brauche wieder einmal Beratung. Doch sie wird sich hüten. Wenn sie nur an das Gesicht von Schwester Luise denkt. Sicher weiß sie schon, daß sie zwei Nächte im Doktorhaus verbracht hat. Die Lindners wissen es, Rosa muß es auch mitgekriegt haben.

Franz kommt am Nachmittag zurück, er hat wieder einmal beim Dallmayr eingekauft, sie bekommen Graved Lachs und Kartoffelpuffer zum Abendessen. Die Kartoffelpuffer heißen hier Reiberdatschi, und Franz fabriziert sie selber. Dann hören sie die Erste von Brahms.

Evelyn fällt es schwer, stillzusitzen. Er könnte doch wenigstens mal anrufen.

Sie könnte auch anrufen. Oder einfach hingehen, kleinen Spaziergang machen mit Jacko. Die Schlaftabletten sind auch zu Ende. Es wäre ein Grund, mit ihm zu sprechen, er muß ihr welche verschreiben, ob ihm das nun paßt oder nicht. Der nächste Tag ist Mittwoch, da hat er nachmittags keine Sprechstunde.

Gegen fünf kommt er.

Franz und Evelyn sitzen auf der Veranda, er liest Zeitung, sie hat eine dumme Illustrierte vor der Nase. Klaus ist in seinem Studio.

»Wollte mal sehen, wie es euch geht«, sagt er.

»Wie soll's uns schon gehen«, sagt Franz. »Mehr oder weniger wie immer. Allerdings ist Evelyn ziemlich deprimiert seit ihrer Rückkehr von dieser Reise. Was man ja verstehen kann.«

Ulrich sieht sie an, sie ist blaß unter der Sonnenbräune.

»Fehlt dir was?« fragt er.

»Ich schlafe sehr schlecht. Und du weißt, warum.«

»Wir werden darüber sprechen. Ich wollte dich abholen zu einem Spaziergang, und dann könnten wir irgendwo zum Essen gehen.«

»Gute Idee«, sagt Franz. Klaus zeigt sich nicht, aber sicher hat er gemerkt, daß jemand gekommen ist, Jackos Begrüßung war nicht zu überhören.

Sie gehen nicht spazieren, sondern zu ihm und gleich ins Bett. Er liebt sie heftig an diesem Tag, sie liegt schließlich ganz ermattet in seinem Arm. Matt, aber glücklich.

»Mittwoch nachmittag«, sagt er, »das mußt du dir merken. Und natürlich am Wochenende.«

»Ich kann nicht mehr bei dir über Nacht bleiben. Das geht nicht.«

»Sehe ich ein. Es kommt mir so vor, als ob ich eine minderjährige Tochter aus wohlbehütetem Haus verführt habe.«

»Ja, so ungefähr fühle ich mich.«

Jetzt lachen sie beide, alles ist wieder gut.

»Und was ist das mit dem Schlafen?«

»Du weißt doch, daß ich ohne Tabletten nicht schlafen kann.«

»Ich dachte, das wäre vorbei.«

»Nur wenn ich bei dir bin.«

»Dünner bist du auch geworden.«

»Unsinn. Ich bin seit Sonntag nicht dünner geworden.«

»Das merke ich doch.« Seine Hände umfassen fest ihren Körper.

»Ich war gestern mit Klaus und Brodersen zum Mittagessen. Und abends gab es noch ...« Sie erzählt von den Reiberdatschi und dem Lachs.

»Und heute mittag?«

»Alma hat Tomatensuppe gemacht.«

»Sonst nichts?«

»Nein. Mir hat es genügt.«

»Suppe aus der Dose vermutlich.«

»Ja, mein strenger Herr. Franz und Klaus waren in Starnberg verabredet.«

»Und da haben sie dich nicht mitgenommen?«

»Es war eine reine Herrenrunde.«

»Gut, dann gehen wir beide jetzt gut zum Essen. Wieder mal rüber zur Fischerrosl, das hatten wir lange vor.«

»Und dann?«

»Dann bringe ich dich ordentlich nach Hause, wie es sich für eine höhere Tochter gehört. Samstag bist du wieder hier, und zwar den ganzen Tag.«

Später, sie sitzen beim Essen, sagt sie: »Das Nichtstun bringt mich um.«

»Das verstehe ich.«

»Es mag ja nicht viel Sinnvolles gewesen sein, was ich gemacht habe, aber ich war immerhin zehn, manchmal auch zwölf Stunden beschäftigt. Wenn ich was helfen will, sagt Alma, sie wird allein gut fertig. Also kann ich gerade mal den Tisch decken oder abräumen. Ich brauche einen Job. Außerdem kann ich nicht ständig von Franz und Klaus leben, das siehst du ein.«

Ehe er sie heimbringt, fahren sie bei der Praxis vorbei, er gibt ihr ein Schächtelchen mit Pillen.

»Aber immer nur eine, das versprichst du mir.«

»Verspreche ich.«

Es sind harmlose Pillen, sie helfen nicht viel. Sie gewöhnt sich an, im Bett zu lesen, Bücher sind genug im Haus. Und sie nimmt sich jetzt immer ein gutgefülltes Glas Whisky mit hinauf.

Samstag ist sie dann wieder bei ihm. Es ist spät in der Nacht, als er sie heimbringt, sie muß Jacko die Schnauze zuhalten, damit er nicht mit seinem Begrüßungsgejaule das ganze Haus aufweckt. Sonntag dann, sie liegen nachmittags im Bett, sagt sie: »Es darf nicht wieder so spät werden wie gestern.«

»Hatte Klaus was zu meckern?«

»Nein. Niemand hat etwas gesagt. Es ist mir bloß peinlich.«

Er lacht ärgerlich.

»Es ist nicht zu fassen, wir sind zwei erwachsene Menschen. So kann das nicht weitergehen.«

Sie legt den Kopf auf seine Brust.

»Ich bin so glücklich, daß ich dich habe. Und ich fühle mich durchaus als erwachsener Mensch, wenn ich bei dir bin. Oder hast du mich nicht mehr so gern bei dir?«

»Ich habe dich gern bei mir, und ganz besonders gern in meinem Bett.«

Aber es genügt eben nicht, daß sie Mittwoch, Samstag und Sonntag in seinem Bett liegen kann. Das ist alles noch sehr neu und entsprechend aufregend, aber ihm ist klar, daß diese Heimlichtuerei kein Dauerzustand sein kann.

Später, sie sind aufgestanden, trinken Tee, sagt er plötzlich: »Wir könnten heiraten.«

Der Keks, in den sie gerade gebissen hat, fällt ihr aus der Hand. Sie starrt ihn fassungslos an.

Er bückt sich, um den Keks aufzuheben. Wirft ihn gutgezielt in den Papierkorb, hält ihr dann die Schachtel hin.

Sie schüttelt nur den Kopf, in ihrem Gesicht steht blankes Entsetzen.

»Hast du gehört, was ich gesagt habe?«

»Das kann nicht dein Ernst sein.«

»Und warum nicht? Gerade vorhin hast du gesagt, du bist glücklich, daß du bei mir bist.«

»Heiraten!« Sie spricht das ganz prononciert aus. »Weißt du, was das bedeutet?«

»In etwa kann ich es mir vorstellen.«

»Du warst doch schon verheiratet.«

»Ich bin geschieden, wie du weißt. Schon seit einer Weile, und vorher habe ich bereits jahrelang nicht mehr mit Marlene zusammengelebt. Und das, was ich mir unter einer richtigen Ehe vorstelle, war es nie.«

»Und du denkst, du kannst das mit mir? Eine richtige Ehe führen?«

»Du denkst, du kannst es mit mir nicht?«

»Ich habe keine Ahnung, was eine richtige Ehe ist.«

»Du hast vieles nicht gewußt, nicht?« Er klingt jetzt ungeduldig, verärgert. »Du hast nicht gewußt, wie es ist, wenn man sich verliebt. Jedenfalls hast du das gesagt. Weißt du es jetzt?«

»Ja, ich weiß es. Ich kann es sogar. Aber eine Ehe ist etwas anderes.«

»Was stellst du dir denn unter einer Ehe vor?«

»Ich war schon zweimal verheiratet.«

Er steht auf, zündet sich eine Zigarette an. »Soweit mir bekannt ist, war es in beiden Fällen keine richtige Ehe. Die erste war eine Flucht, die zweite eine Gefälligkeit. Stimmt es so?«

Er geht ans Fenster, schaut hinaus in die Dämmerung. Es wird nun schon recht früh dunkel.

»Ich kann dir nicht viel bieten. Dies ist eine kleine Wohnung. Meine Praxis geht ganz gut, aber reich werde ich dabei nicht. Zum Chefarzt einer großen Klinik wird es nicht mehr reichen, das ist zu spät. Eine Praxis in München einzurichten kann ich mir nicht leisten. Eine schöne, weitgereiste Frau wie du kann sich vermutlich in so bescheidenen Verhältnissen nicht wohl fühlen.«

Sie sucht nach Worten, denn sie merkt, daß er ärgerlich ist.

»Ich bin nicht nur verliebt in dich«, sagt sie leise. »Ich liebe dich. Und ich weiß inzwischen, was das ist. Und gerade darum...«

Er dreht sich um, sieht sie an. Dann knipst er die Stehlampe an und betrachtet sie genau.

»Was soll das heißen, gerade darum?«

»Ich bin nicht gut genug für dich. Du sagst, du kannst mir nichts bieten. Was kann ich dir denn bieten? Mein verkorkstes Leben. Du kennst es ja leider von vorn bis hinten. Ich kann dir nicht mal Theater vormachen. Nicht mal schwindeln. Wenn ich nicht hierhergekommen wäre ...«

»Hör auf!« Und nun schreit er. »Ich kann es nicht mehr hören. Wenn du also partout weg willst, dann geh endlich! Dann sprich gefälligst nicht von Liebe. Tu endlich, was du immer wolltest. Geh fort und komm nicht wieder.«

Dies ist also ihr erster Streit. Jedenfalls von seiner Seite aus. Sie schweigt, ihre Augen füllen sich mit Tränen, sie wendet sich ab. Streiten kann sie nicht. Das ist etwas, was sie auch nie gelernt hat. Sie hat nicht zurückgeschrien, wenn ihr Vater sie anschrie oder schlug. Sie hat geschwiegen, als Rodrigo und seine Mutter sie beschimpften.

Damals in Berlin, ihre Eltern haben auch gestritten, laut und böse. Und dann fällt ihr eine andere Szene ein. Angelika konnte auch gut streiten. Als Georgie mit Jollybee im Club auftauchte, da hat auch sie laut und böse geschrien.

Wilde Worte sind über die Lippen der kleinen Schwester gekommen, verdammtes Gesindel, üble Spelunke, widerlicher Fatzke, alberne Ziege. Auf deutsch natürlich.

Georgie hat gelacht, ist zu Angelika gegangen, wollte sie in die Arme nehmen, sie hat ihn wütend zurückgestoßen, ausgeholt und ins Gesicht geschlagen.

Jollybee hat seltsamerweise auch gelacht.

»Quelle bête!« hat Jollybee amüsiert gesagt.

Und sie hat gesagt: »Get lost! All of you. Immediately.«

»Moi aussi?« hatte Jollybee amüsiert gefragt.

»Oui, madame.«

Evelyn wischt sich die Tränen von den Wangen, dreht sich wieder um. Da ist er schon bei ihr, nimmt sie in die Arme. Der Streit ist schon vorbei.

»Verzeih mir!« sagt er.

»Aber nein, du hast ja recht. Ich bin dumm. Ich konnte ja nicht ahnen ...«

»Daß ich dich heiraten will.«

»Nein, wirklich, daran habe ich nicht gedacht. Eine Frau wie ich ...«

»Fang nicht wieder an. Willst du denn ewig mit den Schatten der Vergangenheit leben? Ich habe mir eingebildet, ich könnte dich das vergessen lassen.«

»Das hast du ja getan. Ach, bitte ...«

»Ich gebe zu, ich habe dich erschreckt. Heiraten kann man leicht. Wie daraus eine richtige Ehe wird, kann man vorher gar nicht wissen. Die meisten Leute überlegen sich das nicht. Ich habe auch keine Erfahrung. Sidonie und ihre zweite Ehe, die erste war ja nur kurz und war vom Krieg her belastet. Meine Ehe. Klaus ist geschieden, soviel ich weiß. Nur Franz war wohl glücklich mit seiner Maria. Bei ihnen hat der Sohn das Leben verdüstert.«

»Er spricht selten von ihr.«

»Kommt noch Eva-Maria. Mit Georgie ging das ja wohl eine Weile ganz gut, und das war ihr Verdienst. Den neuen hat sie gar nicht erst geheiratet. Aber immerhin kenne ich ein paar Leute, die eine gute Ehe führen. Doktor Lindner zum Beispiel.«

»Und der Mann, der mit dem Baby die Treppe hinuntergefallen ist.«

»Wie kommst du denn darauf?«

»Aber das war doch, als ich den ersten Abend hier war. Als du mich bei der Telefonzelle gefunden hast.«

»Also gut. Lassen wir das Thema zunächst. Ich habe gesagt, daß ich dich heiraten möchte. Davon nehme ich nichts zurück. Ich gebe zu, ich habe es ganz spontan gesagt, viel nachgedacht habe ich bisher nicht darüber. So lange ...« Er küßt sie, »so lange kennen wir uns ja noch nicht.«

»O doch. Sehr lange. Es sind drei Monate.«

»Ich meine, daß wir uns näher kennen. Junge Verliebtheit ist wohl oft ein schlechter Ratgeber.«

»Ich sehe, du nimmst deinen Antrag schon zurück.«

Die Stimmung ist wieder entspannt, sie lächelt, er hält sie noch fester.

»Keineswegs. Man sollte vielleicht eine Weile darüber nachdenken, du vor allem.«

»Du nicht?«

»Ich auch. Wir können das noch eine Zeitlang so weitermachen, Mittwoch nachmittag, Samstag und Sonntag. Das ist durchaus eine Form des Zusammenlebens, die ihre Reize hat. Nur ist es dir peinlich wegen Franz und Klaus, nicht wahr?«

»Wenn es wenigstens eine geheime Form des Zusammenlebens wäre. Aber das kann in diesem Fall nicht sein. Wenn ich einen Job finde und eine eigene Wohnung hätte...«

»Wo?«

»Weiß ich auch nicht.«

»Eben.«

»Ich bin ziemlich sicher, daß ich einen Job finden werde. Ich muß nicht unbedingt Busse putzen in München. Aber was ich drüben geschafft habe, schaffe ich auch hier. Das werde ich euch allen beweisen.«

»Gut. Du wirst also irgendwo eine Vorzimmerdame sein, und eine Menge Männer werden dir den Hof machen.«

»Das wäre schön.«

Es ist Geplänkel, aber ein ernster Unterton ist da.

»Ich kann Englisch, Französisch und Spanisch, ich kann einen Computer bedienen. Und ich kann mich auch besser anziehen, als du es bisher von mir gewöhnt bist.«

Sie trägt an diesem Tag Jeans und einen hellen Baumwollpullover. Das heißt, zur Zeit trägt sie seinen Bademantel, zu groß und eng gegürtet. Und wenn er sie ansieht, fühlt er wieder Begehren. Er hat nie eine Frau so begehrt wie diese, nicht Marlene, nicht die eine oder andere, die es dazwischen gab. Und es ist mehr als Begehren, es ist Liebe.

Was hat es denn schon für Liebe in seinem Leben gegeben? Auch nicht viel mehr als bei ihr. Aber ohne die Belastung, die sie zu tragen hat.

»Wir werden jetzt einen Cognac trinken zur Beruhigung«, sagt er. »Und dann werde ich dir ganz cool, wie Eva-Maria sagen würde, etwas vortragen. Diese Wohnung ist für eine Wochenendliebe sehr gut, aber für eine richtige Ehe wohl zu klein. Nein, sei still, hör zu! Ich habe eine Patientin, und auch der Mann kommt manchmal, die haben ein hübsches Haus, etwas weiter oben am Hang gelegen. Man sieht See und Berge von dort, nur zu deiner Information. Die bauen sich jetzt ein Haus auf Mallorca, das heißt, sie renovieren eins, eine Finca, wie das heißt. Er war ein großer Manager, er ist dreiundsechzig und hat sich zur Ruhe gesetzt. Sie ist, na egal. Sie haben viel Geld. Auf Mallorca sind sie nun mal versessen. Sie wollen das Haus nicht verkaufen, in einer Etage wohnt sein Sohn mit seiner Frau und zwei Kindern. Die andere Etage wäre zu vermieten. Ich denke, daß ich sie bekommen könnte, zu vernünftigen Bedingungen. Wie gesagt, sie haben Geld genug. Es sind fünf Zimmer, sehr hübsch, Blick auf den See.«

Sie unterbricht ihn.

»Du willst die Wohnung hier, direkt neben der Praxis, für mich aufgeben. Du fühlst dich hier sehr wohl. Bequemer kannst du es doch nicht haben. Du willst für mich dein Leben aufgeben?«

»Was heißt aufgeben? Verändern. Eine Ehe ist schließlich eine Veränderung.«

»Und du müßtest dann jedesmal ins Auto steigen, wenn du zu deiner Praxis willst. Was würde Schwester Luise dazu sagen?«

»Was würde sie erst dazu sagen, wenn ich mit dir hier wohnte?«

Evelyn legt den Kopf zurück und lacht.

Es ist ein glückliches Lachen.

»Wann hast du darüber nachgedacht?«

»Heute.«

»Und was soll hier aus der Praxis werden?«

»Die Praxis bleibt, wie sie ist. Hier könnte man endlich ein ordentliches Wartezimmer einrichten, das jetzige ist wirklich ziemlich klein, Schwester Luise bekäme ihr eigenes Zimmer, für den Empfang und so. Und dann hätte ich einen Raum, wo man ein paar moderne Apparate aufstellen könnte. Jetzt muß ich immer noch in die Klinik ausweichen. Lindner hat ja vieles im Krankenhaus bei den Schwestern erledigt, er hat ja dort auch operiert.«

»Das hast du dir alles heute ausgedacht?«

»Ja. Heute. Gerade.«

»Wir würden dort wohnen, mit Blick auf See und Berge. Du fährst jeden Tag in die Praxis. Und was mache ich den ganzen Tag?«

»Du könntest bei Franz kochen lernen und für mich Mittagessen bereiten. Und dann...«

»Was und dann«? fragt sie zärtlich.

»Ja, was tut eine Frau in einer richtigen Ehe den ganzen Tag über? Das wird sich dann schon finden.«

Sie hat einen Mann und Kinder, denkt sie, und vielleicht noch einen Beruf. Ich könnte sogar Robby zu mir nehmen, da hätten wir ein Kind. Kann sogar sein, sie bekäme selbst noch ein Kind. Sie war nie so offen, so empfangsbereit wie jetzt. Die Pille nimmt sie nicht. Hat sie nie genommen.

Nicht zu spät an diesem Abend bringt er sie nach Hause. Der Maler ist da, hat zu essen bekommen, nun sitzen die drei friedlich im Verandazimmer.

»Sieh da, sieh da«, sagt Brodersen, »Sie haben mein Modell entführt, Doktor. Heute wollte ich sie malen, aber sie war nicht da.«

»Tut mir leid«, antwortet Doktor Freese, er ist noch immer irgendwie mißgestimmt.

Auch Evelyn ist sehr still, sie sitzen noch eine Weile zusammen, trinken Wein, die Stimmung ist marode.

Doktor Freese verabschiedet sich bald, der Maler geht notgedrungen mit.

Keine Musik heute, der Fernseher wird angemacht. Evelyn sitzt dabei und schaut vorbei. Franz geht es nicht gut, er hat jetzt manchmal Herzbeschwerden, er spricht nicht davon, die Zigarette schmeckt ihm nicht mehr.

Als er ins Bett gegangen ist, sagt Klaus plötzlich: »Also du mußt hier nicht so ein Affentheater aufführen. Wenn du bei Freese übernachten willst, kannst du das beruhigt tun. Keiner wird hier ein Wort dazu sagen.«

Plötzlich, ohne Übergang, beginnt sie zu weinen. Sie schluchzt ganz verzweifelt, preßt die Hände vor die Augen, sie bebt am ganzen Leib.

»Aber Kind, um Gottes willen, was ist denn los?«

Klaus zieht ihr die Hände von den Augen.

»Sag doch! Was hat er dir denn getan?«

»Er will mich heiraten«, stößt sie unter Schluchzen hervor.

Klaus nimmt sie an den Armen, hält sie ein Stück entfernt, versucht ihr Gesicht zu sehen, doch sie verbirgt es wieder unter ihren Händen.

»Er hat gesagt, er will mich heiraten.«

Das muß Klaus erst einmal verdauen.

»Er will dich heiraten«, wiederholt er dann. »Komm, setz dich. Komm!«

Da sitzt sie und schluchzt weiter, total aufgelöst.

Er holt das Allheilmittel bei Nervenzusammenbrüchen. Cognac. Aber es dauert eine Weile, bis sie das Glas in ihre zitternde Hand nehmen kann.

»So, so, gut. Nun beruhige dich.«

Er setzt sich neben sie auf das Sofa, legt den Arm um ihre Schultern.

Langsam wird sie ruhiger, er nimmt sein Taschentuch, wischt ihr die Tränen von den Wangen, sie nimmt das Tuch, putzt sich die Nase.

Sie wendet den Kopf zur Seite.

»Sieh mich nicht an«, murmelt sie.

»Nein, tu ich nicht. Obwohl ich schon mal eine weinende Frau gesehen habe. Erklär mir bloß, was ist so schrecklich daran, daß er dich heiraten will? Die meisten Frauen hören so was gern.«

»Aber ich doch nicht! Du kennst mein Leben. Mich kann er doch nicht heiraten.«

»Ich kenne dein Leben ein wenig. Was du halt erzählt hast, was du verschwiegen hast, kenne ich nicht.«

Nun sieht sie ihn doch an.

»Ich habe nichts verschwiegen. Niemand kennt mein Leben so gut wie ihr. Und wie er. Nicht einmal Harry kennt es. Ihm habe ich nie erzählt, was ich euch erzählt habe. Das war am ersten Abend, da war ich so durcheinander. Und ich habe gleich gesagt, ich hätte nie kommen dürfen. Und ich will sofort wieder weg.«

»Ja, natürlich, das weiß ich. Aber was hat denn das mit dem Doktor zu tun?«

»Er hat gesagt, dann geh endlich und komm nicht wieder.«

Für Klaus ist das ziemlich verwirrend.

»Was denn nun? Will er dich heiraten, oder hat er gesagt, geh weg und komm nicht wieder?«

»Weil ich ihn nicht heiraten kann, hat er das gesagt. Er hat mich angeschrien.«

Das ist nun wieder ungerecht von ihr. Zuletzt hat er sogar eine Wohnung für sie besorgt.

Jacko, der Evelyns Kummer spürt, steht neben ihr und schmiegt seinen Kopf an ihr Knie.

»So, weil du gesagt hast, du kannst ihn nicht heiraten, ist er wütend geworden und wollte dich gleich wegschicken. Komischer Umgang, den ihr da habt.«

»Ach, du verstehst das nicht. Ich bin ... ich bin ...«

»Du bist total durchgedreht, das sehe ich schon. Übrigens kannst du mich heiraten, ich bin auch zu haben.«

»Du lachst mich aus.«

»Keineswegs. Aber erklär mir mal, was ist denn so furchterregend bei dem Gedanken an eine Heirat?«

»Ich und mein Leben«, und wieder kommen Tränen. »Wer soll denn mit mir leben?«

»Franz und ich leben nun schon eine Zeitlang mit dir und haben nichts daran auszusetzen. Darf ich mal eine blöde Frage stellen?«

Sie sieht ihn mit verweinten Augen an.

»Liebst du ihn denn?«

»Ja, ich glaube, daß ich ihn liebe«, kommt die zögernde Antwort.

»Du glaubst es, das ist ja schon etwas. Und er würde dir nicht einen Antrag machen, wenn er dich nicht lieben würde.«

Klaus lacht. »Da ist nur Franz schuld. Mit seinem Kollaps, den er am Abend deiner Ankunft bekam. Da kam der Doktor ins Haus, und da hat er von Anfang an das ganze Drama miterlebt. Das muß ihn schwer beeindruckt haben.«

Wie immer kann Klaus das Leben, die Liebe und auch Doktor Freese nicht richtig ernst nehmen.

Aber Evelyn sagt ganz ernsthaft: »Es war Mitleid. Damit hat seine Liebe begonnen.«

»Hm«, macht Klaus und sieht sie von der Seite an. »Auch eine Möglichkeit. Aber dabei ist es wohl nicht geblieben.«

Sie hat sich etwas beruhigt, Klaus steht auf und holt die Cognacflasche.

»Champagner auf deine Verlobung zu trinken wäre wohl noch zu früh.«

Und als sie ihn vorwurfsvoll ansieht: »Entschuldige. Warten wir damit noch. Eilt ja nicht. Ich würde dir raten, in Ruhe darüber nachzudenken, ob du willst, ob du kannst, ob du möchtest. Eine Ehe ist nicht immer nur Spaß und Vergnügen. Eine Liebesaffäre ist meist viel unterhaltsamer. Aber das ist nun mal mein unseriöser Standpunkt. Jetzt mache ich uns noch ein wenig Musik zur Beruhigung, und dann gehen wir schlafen. Morgen ist ein anderer Tag, um eine Weisheit von mir zu geben.«

»Es hat mir sehr gut getan, mit dir zu sprechen«, sagt Evelyn.

Er bringt ihr das gefüllte Glas, beugt sich herab und küßt sie auf die Wange. An sich würde er sie dem Doktor ganz gern wieder abnehmen, seine Gefühle haben sich nicht geändert.

Trotz Anita II.

*Möglicherweise*

Morgen ist wirklich ein anderer Tag, da ruft nämlich Eva-Maria an, und so bleibt keine Zeit für Selbstmitleid. Erste Mitteilung: Die Einladungen zur Taufe sind verschickt, auch eine nach Berlin.

Zweite Mitteilung: Sie hat mit Harry telefoniert, ausführlich.

»Erst war Juanita am Apparat, das mexikanische Hausmädchen. Dann kam Sarah, mit der habe ich ziemlich lange gesprochen«, berichtet Eva-Maria. »Harry geht es nicht besonders gut, ihr aber auch nicht.«

»Hat sie etwa auch Herzbeschwerden?« fragt Evelyn.

»Nein, das nicht. Aber ständig Kopfschmerzen. Es ist zur Zeit unerträglich heiß. Ja, und dann kam Harry. Er keucht ziemlich beim Sprechen. Ihr solltet lieber nach Bayern kommen, habe ich gesagt, bei uns ist die Luft besser. Ich habe ihm von deiner Reise nach Berlin erzählt und was du da erlebt hast. Nun stell dir vor, er macht uns Vorwürfe. Wir sind ungerecht zu der armen Angélique. Erst verschleppen wir sie nach Las Vegas, da sitzt sie in der Wohnung rum oder hinter dem Tresen in der Ecke, und keiner kümmert sich um sie. Wieso wir, habe ich gesagt, ich war daran nicht beteiligt.«

»Stimmt«, wirft Evelyn ein. »Der Depp, wie sie hier in Bayern sagen würden, war ich.«

»Paß auf, es geht weiter. Dann werfen wir sie Georgie zum Fraße vor – also das ist jetzt meine Formulierung, er hat es anders ausgedrückt –, obwohl wir schließlich wußten, wie unzuverlässig Georgie war. Er geht monatelang mit ihr auf Reisen, weil er zufällig mal Geld hat, sie kommt zurück und erwartet ein Kind. Angeblich große Freude, große Liebe. Er hat da sowieso nie dran geglaubt, sagt er. An das Kind schon, aber nicht an die große Liebe. Nicht viel später vergnügt sich Georgie mit einer anderen, hat mal Geld, meist keins. Die arme Angélique sitzt wieder allein herum, ungeliebt, verzweifelt und ohne Geld. Dann nehme ich ihr das Kind weg, und heute wundern wir uns, weil sie sich benimmt, wie sie sich benimmt. Soweit Harry.«

»Irgendwie hat er ja recht«, sagt Evelyn.

»Irgendwie kann man jedes Ding von verschiedenen Seiten betrachten. Übrigens hat er nach Angéliques Adresse gefragt, ob die noch stimmt. Vermutlich wird er ihr einen lieben, verständnisvollen Brief schreiben und ihr ein bißchen ins Gewissen reden.«

»Ja, das sähe ihm ähnlich.«

»Ach, und noch etwas. Ich habe mich mal erkundigt, wie das ist mit einer Ausbildung zur Kosmetikerin. So ein bißchen Fummelei kann natürlich jeder lernen, hier und da. Aber wenn man es richtig machen will, kommt das ziemlich teuer. Die Ausbildung dauert ein Jahr und kostet zwischen zwölf- und zwanzigtausend Mark, kommt darauf an, wo man beziehungsweise in welcher Stadt man sich ausbilden läßt. Dann muß man eine Prüfung machen, auch Hautärzte sind unter den Prüfern. Wie findest du das?«

»Klingt vernünftig. Aber das kann Angélique nicht finanzieren. Und ich auch nicht.«

»Man bekommt dann ein Diplom und kann sich Fachkosmetikerin nennen. Wenn sie sich nicht so idiotisch benehmen würde, könnte ich vielleicht Onkel Joseph dafür interessieren. So als eine Art Darlehen, das sie später zurückzahlen müßte.«

Ein Gespräch mit Eva-Maria wirkt immer belebend.

Evelyn erzählt Ulrich am Abend davon, und am Schluß sagt sie, wie betrübt sie darüber ist, daß es Harry nicht gut geht.

»Ich hatte gehofft, bei seiner Schwester würde er sich erholen. Sarah ist nämlich eine sehr liebenswerte Frau, und gescheit dazu. Aber wenn es wieder so heiß ist... Ich sag ja immer, unser Regen hier ist etwas Wunderbares.«

Sie denkt an den kühlen, sanften Regen, der sie gleich am zweiten Tag entzückt hat. So etwas kennen sie dort nicht, weder in Kalifornien noch in Nevada. Sie haben Stürme, Güsse, Tornados und Hurrikane, möglicherweise Erdbeben, aber so einen zärtlichen Regen haben sie nicht.

Ulrich hat registriert, daß sie ›unser Regen‹ gesagt hat. So nach und nach fühlt sie sich dem Land, den Menschen hier verbunden. Und auch ihm.

Sie gehen sehr vorsichtig miteinander um. Er spricht nicht mehr vom Heiraten, sie nicht vom Weglaufen. Ihre Liebe ist über die ersten Versuche hinaus, sie sind bei Hingabe und Leidenschaft angelangt. Sind sie nicht im Bett, vermeiden sie es, über die Frage, wie es weitergehen soll, zu sprechen. Sie haben das erst einmal verschoben. Vertraut werden dauert halt einige Zeit.

Auch Franz und Klaus haben sich an den derzeitigen Zustand gewöhnt, sympathisch war ihnen der Doktor immer, soll er doch mit Evelyn glücklich werden.

»Sieht aus, als sei das eine ernste Sache«, sagt Franz an einem Samstagabend, als die beiden Brüder allein sind.

»Hat von Anfang an so ausgesehen, jedenfalls soweit es ihn betrifft. Nun hast du zu einer Schwiegertochter noch einen Schwiegersohn bekommen.«

Franz kichert albern vor sich hin. Kann sich jedoch eine Frage nicht verkneifen: »Und du bist nicht mehr eifersüchtig?«

»Nur noch in Maßen«, antwortet Klaus lässig.

Von dem nächtlichen Gespräch und von Evelyns Tränen hat er nicht erzählt. Er spricht auch mit ihr nicht mehr darüber, er tut, als habe ihr Verzweiflungsausbruch nicht stattgefunden.

Der Doktor kommt nun oft ins Haus, er kommt manchmal nach der Sprechstunde vorbei, holt Evelyn und Jacko zu einem Spaziergang ab, oder er sitzt bei ihnen und ißt mit zu Abend. So auch an einem Freitag, es ist in der Woche vor der Taufe, als unvermutet Eva-Maria erscheint.

Die Tür ist wie immer nicht abgeschlossen, Jacko stürzt bellend hinaus, dann steht Eva-Maria im Zimmer.

Klaus steht auf. »Wo kommst du denn her?«

»Na, woher denn wohl! Habt ihr noch was zu essen für mich? Aber erst brauche ich einen Schluck Wasser.«

Evelyn geht in die Küche und holt die Flasche mit dem Mineralwasser.

»Ist was passiert?« fragt sie ahnungsvoll.

»Kann man wohl sagen. Ich bin total erledigt. Eigentlich wollte ich euch anrufen, aber das wäre ein endloses Gespräch geworden, also komme ich lieber selbst.«

»Ist was mit Robby?«

»Ach wo, dem geht's gut. Er hat einen schicken Anzug für die Taufe bekommen, dunkelblau, mit einem Schlips. Er kann sich kaum von seinem Spiegelbild trennen. Jetzt habe ich das gute Stück aber weggeschlossen. Du kriegst ihn übernächsten Sonntag wieder und vorher nicht. Und warum nicht, fragte er. Weil du sonst die Knöpfe abgedreht hast oder ein Loch in der Hose. Aber nun die große Neuigkeit: Sein Fräulein Mutter kommt zur Taufe. Was sagt ihr dazu?«

»Sie kommt?« fragt Evelyn. »Woher weißt du das?«

»Sie hat ganz korrekt auf meine Einladung geantwortet. Sie bedanke sich für die Einladung, sie komme sehr gern, und ihre Mutter komme auch mit. Na, na? Was sagst du nun? Und wir möchten bitte zwei Zimmer in einem Hotel in Traunstein reservieren lassen. Voila.«

»Also hat sie Mama jetzt alles erzählt«, sagt Evelyn nachdenklich. »Wieso auf einmal? Nur wegen der Taufe?«

»Wie dieser Wandel zu erklären ist, weiß ich auch nicht.

*317*

Jedenfalls hat sich Frau Jablonski ohne Widerstand in die Omarolle gefügt.«

»Opa Jablonski hat sich aber nicht mit eingeladen?« fragt Klaus süffisant.

»Den haben sie offenbar in Prag gelassen. Wir werden ja nun wohl Näheres über seinen Lebenswandel erfahren«, sagt Eva-Maria und mustert das Angebot auf dem Tisch.

»Wir essen heute kalt, wie du siehst«, mischt sich Franz nun ein. »Aber ich habe noch von Mittag Hühnerfrikassee übrig, das kann ich dir warm machen.«

»Nein, danke, ist alles bestens, was auf dem Tisch steht. Schinken, Wurst, Käse, und eine geräucherte Renke ist auch noch da. Darf ich die haben?«

»Wir haben sie extra für dich aufgehoben«, sagt Klaus.

Evelyn bringt Teller, Besteck, ein Weinglas und eine Serviette. Eva-Maria blickt zu ihr auf, will etwas sagen, zögert.

»Ich esse dann mal«, verkündet sie. »Und dabei können wir ja über die Taufe sprechen.« Sie schmiert sich Butter auf ein Brot, holt sich die Renke auf den Teller.

»Was sollen wir da noch groß darüber reden?« fragt Klaus. »Wie ich dich kenne, ist alles bestens vorbereitet.«

»Schon. Aber da Angélique nun kommt, bedurfte es doch noch einiger Aufklärung. Meinen Eltern, meinen Brüdern und ihren Familien, ein paar Bekannten, die ich eingeladen habe, mußte ich die näheren Umstände erklären. Und dann mußte ich vor allem den Pfarrer sprechen. Der war über Land, und ich konnte ihn erst heute nachmittag treffen. Darum komme ich so spät. Aber ich mußte ihm das selber sagen. Nachdem wir die ganze Zeit Sorgen hatten wegen der fehlenden Mutter des Kindes. Er ist sehr erleichtert. Onkel Joseph übrigens auch. Er ist sehr gespannt auf Angélique, sagt er.«

»Man muß nur genügend Theater um sich selber machen, das sorgt für einen großen Empfang«, gibt Klaus eine Weisheit zum besten.

Ulrich hat die ganze Zeit kein Wort gesprochen. Er sieht das Unbehagen in Evelyns Gesicht. Das letzte Zusammentreffen mit ihrer Schwester ist nicht vergessen. Und die Taufe ist sowieso ein Albtraum für sie, das weiß er. Sie haben kürzlich darüber gesprochen.

»Was spiele ich für eine dämliche Rolle dabei?« hat sie gesagt. »Ich bin Frau Seebacher, ich komme mit meinem quasi Schwiegervater, mein Mann ist zwar tot, doch er ist der Vater des Kindes, ich bin nicht die Mutter, eine Mutter gibt es nicht. Ich bin Amerikanerin, der Junge hat auch die amerikanische Staatsbürgerschaft, denn er ist in den USA geboren. Und katholisch bin ich schon gar nicht. Ich weiß gar nicht, ob ich überhaupt getauft bin. Also sag selber, was soll ich eigentlich bei dem Zirkus?«

»Das dürfte Hochwürden nicht hören«, sagte Ulrich.

»Ach, du nimmst mich nicht ernst. Warum muß Eva-Maria so einen Aufwand treiben mit dieser Taufe? Ich versteh das nicht. Und ich wünschte, ich müßte da nicht hin.«

Nun, sie muß nicht hin. Das ergibt sich noch an diesem Abend.

Nachdem Eva-Maria mit gutem Appetit gespeist hat, auch die anderen das unterbrochene Essen beendet haben, kommt die zweite Neuigkeit.

»Ich wollte euch erst in Ruhe essen lassen«, erklärt Eva-Maria. »Es gibt noch einen anderen Grund, warum ich hergekommen bin.«

Sie sieht Evelyn an. »Harry.«

»Um Gottes willen! Ist er tot?«

»Unsinn. Sei nicht so dramatisch. Obwohl, passiert ist schon etwas. Und zwar mit Sarah. Sie hat einen Autounfall gehabt und liegt im Krankenhaus.«

»Was ist ihr denn passiert?«

»Ganz schlau bin ich nicht draus geworden. Er hat gestern angerufen und ziemlich wirr gesprochen. Sie muß einen Schwächeanfall am Steuer gehabt haben und ist gegen eine Mauer gefahren. Er war glücklicherweise nicht im Wagen. Sie scheint ziemlich schwer verletzt zu sein, aber nicht lebensgefährlich. Aber sie muß längere Zeit im Krankenhaus bleiben. Ein Rückenwirbel ist angebrochen, eine Kopfverletzung hat sie auch. So, nun weißt du Bescheid.«

»Ich muß sofort zu ihm«, sagt Evelyn.

»Ja, das mußt du wohl.« Eva-Maria sieht die Männer der Reihe nach an, zuletzt Ulrich Freese. »Das muß sie wohl.«

Wenig später, nachdem er schweigend dem Disput der anderen gelauscht hat, beschließt Ulrich zu gehen. Morgen, so Eva-Maria, müsse man sich mit einem Reisebüro in Verbindung setzen, herausfinden, wann sie am besten fliegen könne, ob es eine Direktverbindung nach Kalifornien gebe oder wo sie umsteigen müsse.

»Ein schrecklich langer Flug«, sagt Franz mißbilligend.

»Ich bin immer am liebsten mit der Swiss-Air geflogen«, sagt Klaus. »Dann müßtest du zuerst nach Zürich. Aber was die dort für Verbindungen haben, wissen wir nicht. Werden wir morgen klären.«

Evelyn bringt Ulrich hinaus, die anderen bleiben taktvoll im Zimmer.

Es regnet nicht, der Himmel ist klar, voller Sterne.

»Nun wird dir dein größter Wunsch erfüllt«, sagt Ulrich. »Du kannst weit, weit fort.«

»Es ist nicht mehr mein größter Wunsch«, erwidert sie leise. »Aber ich kann Harry nicht im Stich lassen. Was wäre aus mir geworden ohne ihn? Ich habe ihm soviel zu verdanken. Und ich wünschte, der Anlaß für das Wiedersehen wäre nicht so traurig.«

»Ich werde dich nie wiedersehen«, sagt er.

»Doch. Ich werde wiederkommen. Zu dir.«

Er küßt sie nicht, aber sie küßt ihn.

»Zwei Tage haben wir ja noch. Den Samstag und den Sonntag.«

»Ja, wie immer. Den letzten Samstag, den letzten Sonntag.«

»Sag das nicht. Und ein Gutes hat das Ganze immerhin. Ich muß nicht zu dieser Taufe.«

Nun lacht er leise und nimmt sie in die Arme.

»Es ist ein Jammer, daß du nicht zur Taufe kommen kannst«, sagt Eva-Maria kurz darauf, als sie oben in ihren Zimmern sind. »Aber ich habe mir überlegt, du könntest morgen mit mir nach Traunstein kommen.«

»O nein«, sagt Evelyn.

»Willst du denn nicht Robby wiedersehen? Und Onkel Joseph möchte dich endlich kennenlernen, nachdem ich schon so viel von dir erzählt habe.«

»Dafür bekommt er jetzt Angélique, das ist viel interessanter. Ich kann Ulrich morgen nicht allein lassen, es sind unsere letzten Tage.«

»Sehe ich ein. Möglicherweise wird es lange dauern, bis du wiederkommst.«

»Möglicherweise, ja.«

## Champagner

Am nächsten Vormittag, Eva-Maria ist schon abgefahren, bringt die Post für Evelyn einen Brief aus Berlin.

Angélique schreibt sehr höflich, entschuldigt sich für ihr Benehmen bei ihrem letzten Zusammentreffen, sie bittet um ein Gespräch mit Evelyn, und zwar vor der Taufe, mit ihr allein. Wir fahren am Dienstag mit dem Auto nach München, schreibt sie, Tatjanas Freund Jürgen fährt uns. Wir wohnen im Hotel Hilton Park. Jürgen arbeitet hier in Berlin beim Hilton und hat uns Zimmer bestellt. Vielleicht kannst du es Mittwoch oder Donnerstag einrichten, daß wir uns im Hotel in München treffen, Freitag möchte ich dann nach Traunstein fahren, denn ich muß mich ja mit Robby bekannt machen, ehe die Zeremonie stattfindet.

Zeremonie schreibt sie, und Klaus muß darüber grinsen.

»Vornehm, vornehm«, sagt er. »Deine kleine Schwester drückt sich sehr gewählt aus. Mit ihrem Sohn möchte sie sich bekannt machen, ehe die Zeremonie beginnt. Was sagst du nun?«

»Ich kann nur sagen, daß ich froh bin, da nicht dabeizusein. Arme Eva-Maria!«

»Ach, die schafft das schon. Was macht denn Tatjanas Freund beim Hilton in Berlin?«

»Weiß ich doch nicht. Ich nehme an, das ist der mit dem Mercedes. Warum will sie mit mir sprechen?« fragt Evelyn unlustig. »Was geht mich das noch an? Sie bekennt sich nun zu ihrem Kind, okay, und damit kann ich mich aus der ganzen Story zurückziehen.«

»Kannst du nicht. Du mußt dir schon anhören, was sie zu sagen hat.«

»Gut, dann am Mittwoch. Donnerstag muß ich spätestens fliegen. Harry braucht mich. Ich werde ihn heute anrufen und ihm mitteilen, daß ich komme.«

Klaus betrachtet sie besorgt, sie sieht zerquält und unglücklich aus, wie in den ersten Tagen ihres Hierseins.

»Ich werde mich heute nach den möglichen Flügen erkundigen. Und im Hilton wirst du eine Nachricht durchgeben, daß du Mittwoch nachmittag so gegen drei Uhr kommen kannst. Treffpunkt Halle. Ich werde dich in die Stadt fahren. Keine Bange, ich werde mich nicht einmischen. Ich möchte nur deine Schwester mal aus der Ferne sehen.«

»Was nennst du Ferne«, fragt Franz, der sich an dem Gespräch nicht beteiligt hat. Auch er sieht, wie unglücklich Evelyn dreinschaut. Sie tut ihm leid. Gerade war sie ein bißchen glücklich, nun wird alles wieder zerstört.

»Ich werde mich auch in die Hotelhalle setzen. Aber das Hotel nicht zusammen mit Evelyn betreten. Zufrieden?«

Franz hebt die Schultern. Ihm gefällt das alles nicht.

Pünktlich um drei Uhr am Mittwoch betritt Evelyn das Hilton Park, das am Rande des Englischen Gartens liegt. Angélique, die dort schon gewartet hat, steht auf und kommt ihr entgegen. Sie sieht sehr hübsch aus, gut zurechtgemacht, das blonde Haar tadellos frisiert, elegant gekleidet. Das alles sieht Klaus mit Erstaunen, der gleich nach Evelyn das Hotel betritt. Er hat sich dieses Mädchen, diese junge Frau, ganz anders vorgestellt, irgendwie naiv, unbedarft, doch so wirkt sie nicht.

Viel mehr bekommt er nicht zu sehen, denn Evelyn und Angélique setzen sich nicht, sie gehen zum Fahrstuhl. Und was nun? Er hat angenommen, es wird nicht lange dauern, sie wollen bald wieder zurückfahren, haben sie ausgemacht. Morgen fliegt sie weg, und sie muß früh nach München fahren.

»Ich danke dir, daß du gekommen bist«, sagt Angélique. »Ich weiß, ich habe mich blödsinnig benommen. Nicht nur als du in Berlin warst, sondern überhaupt. Die ganze Zeit. Laß uns hinaufgehen in mein Zimmer, da können wir ungestört sprechen. Ich habe uns eine Flasche Champagner hinaufbringen lassen.«

»Was hast du? Champagner?«

»Du wirst staunen, was ich dir zu berichten habe.«

»Ist Mama oben?«

»Nein, ich habe sie mit Tatjana und Jürgen zu einer Stadtbesichtigung geschickt. Jürgen kennt sich gut aus in München. Er hat früher in diesem Hotel gearbeitet.«

»So.« Sie sind im Lift. »Was macht denn Jürgen im Hilton?«

»Er ist Assistant Manager. So nennt sich das. Du wirst ihn nachher kennenlernen. Wir können heute abend zusammen essen.«

»Können wir nicht. Ich habe nicht soviel Zeit.«

»Schade. Na, wir sehen uns ja dann ausführlich bei der Taufe. Ich bin schon sehr gespannt auf Robby. Er wird mich gar nicht wiedererkennen.«

»Schon möglich.«

Im Zimmer steht wirklich ein Serviertisch mit einer Flasche Champagner im Kübel, zwei Gläser dazu. Auf dem Tisch liegt eine umfangreiche Mappe.

»Da ist der Schriftsatz drin«, erkärt Angélique eifrig. »Das kannst du lesen.«

»Warum soll ich das lesen?« fragt Evelyn widerwillig. Heute ist sie es, die abwehrend, unfreundlich ist.

»Ich kann es dir auch erzählen, mit meinen Worten, nicht mit juristischen. Das geht vermutlich schneller.«

Sie macht sich daran, mit geübten Fingern, die Flasche zu öffnen. Wo hat sie das nur gelernt?

Sie gibt die Antwort auf die unausgesprochene Frage sofort. »Das hat mir Jürgen beigebracht. Wir trinken öfter Champagner.«

324

»Aha.«

»Der Zimmerkellner vorhin konnte es gar nicht fassen, daß ich das selber machen will. Ich erwarte Besuch, habe ich ihm gesagt, darauf machte er eine schlaue Miene und sagte genau wie du eben Aha. Eigentlich nicht sehr korrekt. Oder wie findest du das?«

»Er hat wohl angenommen, du erwartest Herrenbesuch.«

Angélique lacht. »Eben. Dabei weiß er, daß ich mit Mama in diesem Zimmer wohne. Er hat uns gestern schon Champagner gebracht, als wir angekommen waren. Da waren natürlich Tatjana und Jürgen dabei. Es war eine ziemlich lange Fahrt.«

»Ich weiß.«

Angélique reicht Evelyn ein gefülltes Glas.

»Wollen wir Frieden schließen? Kannst du mir mein dämliches Benehmen verzeihen? Weißt du, es war alles nicht so einfach für mich. Zurückzukommen in Mamas bescheidene Bude, Berts gehässige Kommentare zu hören, und dann zu sagen, ich habe ein Kind, aber keinen Mann dazu. Den Mann hat meine Schwester. Kannst du dich nicht in meine Lage versetzen?«

»Und der Mann ist tot, das hättest du auch dazusagen müssen.«

»Eben«, sagt Angélique wieder. »Und da habe ich den Kopf in den Sand gesteckt. Es war feige, es war dumm, ich sehe es ein. Zu alledem war Robby ja auch nicht da.«

»Und was geschieht nun mit Robby?«

»Er kommt zu mir. Ich werde uns eine bessere Wohnung suchen, und Mama wird sich um ihn kümmern, wenn ich arbeite.«

»Sie weiß also von Robby.«

»Natürlich. Sonst könnte ich sie ja nicht mitnehmen zur Taufe, nicht? Und Bert weiß es inzwischen auch. Er ist vor Schreck verstummt.«

»Und wie bezahlst du das alles?« fragt Evelyn und macht

eine Handbewegung über das Zimmer und den Champagner hin, den sie noch nicht angerührt hat.

»Das Hotel ist nicht so teuer. Jürgen bekommt hier Sonderpreise. Und ich habe jetzt hunderttausend Dollar.«

Evelyn schweigt und betrachtet die kleine Schwester mit zweifelnder Miene. Spinnt sie nun total?

»Also prost«, sagt Angélique. »Trinken wir auf das Wohl von Robby. Du weißt, daß ich ihn geliebt habe.«

»Das ist lange her.«

»Eva-Maria hat ihn mir weggenommen. Und Georg mußte sterben, als du ihn auf die Reise geschickt hast, um das Kind zurückzuholen.«

Evelyn schluckt und führt das Glas an den Mund.

»Und was heißt das mit den hunderttausend Dollar?«

»Wenn man es genau nimmt, hat Georgie sie mir vererbt.«

»Das mußt du mir näher erklären.«

»Das will ich ja. Und darum habe ich dich gebeten, vor der Taufe mit mir zu sprechen. Du erinnerst dich an Jollybee?«

»Wie sollte ich nicht.«

»Erinnerst du dich an den Abend, als du uns alle aus dem Club hinausgeschmissen hast, mich, Georgie und Jollybee?«

»Wie sollte ich nicht«, wiederholt Evelyn. »Du hast eine filmreife Szene hingelegt.«

»Und das hat Jollybee sehr imponiert. Siehst du, manchmal ist es ganz gut, wenn man Terror macht.«

Unwillkürlich muß Evelyn an die DDR denken. Ihre Schwester ist dort aufgewachsen. Sie hat weder Champagner getrunken noch gewußt, wie man Terror macht.

»Und?«

»An diesem Abend, oder besser in dieser Nacht, hat sie von Robby erfahren. Ich stand da und heulte, Georgie war zunächst mal sprachlos, wie Männer so sind, und da habe ich ihr ins Gesicht geschrien, daß ich ein Kind von ihm habe und daß sie gefälligst die Finger von ihm lassen solle. Da war Robby gerade ein Jahr alt.«

»Und dann?«

»Sie war eigentlich sehr nett, sie tröstete mich, sagte, sie hätte keine Ahnung davon gehabt. Er sagte, hör dir doch diesen Unsinn nicht länger an. Sie sah ihn nur kurz von der Seite an und sagte, sie wolle das Kind sehen. Glauben Sie mir vielleicht nicht? schrie ich sie an. Auf deutsch wieder mal. Und plötzlich sprach sie auch deutsch, ein hartes, aber fehlerfreies Deutsch. Ich bin Ungarin, sagte sie. 1956 nach dem Aufstand geflohen, mein Mann war umgekommen, und ich erwartete ein Kind. Dann hatte sie eine Fehlgeburt und später nie mehr ein Kind bekommen, obwohl sie ja dann einen reichen Amerikaner geheiratet hatte.«

»Das erklärt manches«, sagt Evelyn.

»Nicht wahr? Sie kam dann wirklich mit und betrachtete den schlafenden Robby. Sie hatte Tränen in den Augen und umarmte mich. Aber ich dürfe das Kind nie in der Nacht allein lassen, das mußte ich ihr versprechen.«

»Das hast du mir nie erzählt.«

»Nein, ich war ja zu der Zeit schon ziemlich bockig gegen dich. Sie reiste dann weg, doch Georgie reiste ihr nach. Nur in ihrer Begleitung könne er gewinnen, das hat er immer gesagt. Und dann hat er wirklich mal gewonnen, das war nicht in Las Vegas, sondern in Atlanta, glaube ich, aber er gewann mit den Chips, die sie ihm gegeben hatte. Es waren siebenundfünfzigtausend Dollar, und die hat sie ihm weggenommen und auf ein Konto eingezahlt, auf meinen Namen. Das ist für deinen Sohn und seine Mutter. Sie hinterließ meinen Namen. Und später die Berliner Adresse. Sie hat sie erst kürzlich erfahren, von Johnny, dem Barkeeper. Sie kam wieder einmal nach Las Vegas und hörte von Georgies Tod. Ich war nicht mehr da, du warst nicht mehr da, Harry auch nicht, da hat sie eben Johnny gefragt. Der hat vorsorglich noch bei Harry angerufen, ob die Adresse noch stimmt.«

*327*

Angéliques Erzählung geht ziemlich durcheinander, die ganze Sache erregt sie sichtlich. Sie nimmt hastig einen großen Schluck aus ihrem Glas.

»Das ist ungeheuerlich«, sagt Evelyn.

»Ja, nicht wahr? Sie stockte die dreiundfünfzig auf hunderttausend Dollar auf und beauftragte einen Anwalt, mir das Geld zu überweisen. Der amerikanische Anwalt verständigte sich mit einem Anwalt in Berlin, mit dem er schon zusammengearbeitet hat in irgendeinem Fall, und der kam vorige Woche zu mir und verkündete, daß ich hunderttausend Dollar auf einer amerikanischen Bank habe. Er riet mir aber gleich, das Geld dort zu lassen, weil man ja nicht weiß, was mit dem Euro passiert. Und Zinsen kämen schließlich auch noch dazu. Was sagst du nun?«

»Es ist kaum zu glauben. Jollybee.«

»Richtig heißt sie Josefa Dublee. Und sie ist eine geborene Josefa Berenky. In Budapest geboren. Steht alles dort in den Papieren. Ihr Mann ist schon vor Jahren gestorben, und sie muß ziemlich viel geerbt haben. Und sie hat gespielt. Und meist gewonnen. Das hat ja Georgie immer gesagt. Es gewinnen nur Leute, die das Geld nicht nötig haben.«

»Das ist ja eine tolle Geschichte«, sagt Evelyn müde. Um die kleine Schwester braucht sie sich keine Sorgen mehr zu machen. Morgen geht ihr Flieger nach San Francisco. Der kranke Harry, die kranke Sarah. Abschied von Ulrich Freese. Gerade hatte ein neues Leben begonnen.

Sie spricht nicht davon. In Traunstein wird Angélique ja dann sehen, daß sie nicht da ist. Wenn sie es jetzt erzählen würde, müßte sie weinen.

»Und du denkst, du kannst bis ans Ende deines Lebens von hunderttausend Dollar leben?«

»Ich bin doch nicht doof. Ich kenne inzwischen die beste Schule für die Ausbildung zu einer Kosmetikerin. Das machen wir beide, Tatjana und ich. Und später haben wir dann ein eigenes Kosmetikstudio, aber schon ganz große Klasse.«

»Und woher bekommt Tatjana das Geld für die Ausbildung?«

»Von ihrem Vater, der hat Geld genug. Eigentlich sollte sie ja studieren, aber dazu hatte sie keine Lust. Ich hätte gern studiert, weißt du ja. Aber das macht mir jetzt auch Spaß. Der Anwalt hat mir erstmal zwanzigtausend vorgeschossen, einen Teil des Geldes lasse ich nach Berlin überweisen, ich brauche ja schließlich eine größere Wohnung für Mama, Robby und mich. Ich würde mich ja gern bei Jollybee bedanken. Wie mache ich das bloß?«

»Am besten über die Anwälte, die werden schon wissen, wie man sie erreicht.«

Evelyn steht auf.

»Meinen herzlichsten Glückwunsch. Und viel Erfolg für dein neues Leben.«

»Du willst wirklich nicht mit uns zu Abend essen«?

»Nein, ich habe noch was vor.«

»Da wird Mama enttäuscht sein. Na, wir sehen uns ja dann in Traunstein. Das ist die Heimat von Eva-Maria, nicht wahr?«

»Ja.« Sie kommt sich so verlogen vor, sie lügt, wie sie immer lügen muß. Aber sie kann jetzt die Wahrheit nicht über die Lippen bringen.

Morgen 11 Uhr 55 geht ihr Flieger, Direktflug nach San Francisco, zwölf Stunden lang. 15 Uhr Ortszeit wird sie dort ankommen. Das hat alles Klaus gemanagt.

»Und wie ist das nun in Prag?« fragt sie noch, obwohl es sie eigentlich gar nicht interessiert.

»Er wohnt wirklich in dem Haus, in dem er geboren worden ist. Das hatten im Krieg erst mal die Deutschen besetzt, also die Faschisten, nicht? Und später, als Vater dann manchmal in Prag war, hat er sich nicht hingetraut, nur vorbeigegangen ist er manchmal. Der Junge, mit dem er als Kind gespielt hat, der Sohn der Köchin, war ein strammer Genosse und hat dann seinerseits das Haus beschlagnahmt.

Heute haben sie dort auch keine Kommunisten mehr, aber er ist mit der ganzen Familie da wohnen geblieben. Der Flügel ist noch da, Papa hat seine Klarinette, und sie musizieren alle zusammen. Mama sind sie ziemlich auf die Nerven gegangen. Sie versteht ja auch kein Wort von dem, was sie sprechen. So schnell fährt sie da nicht mehr hin.«

Schweigend klettert Evelyn zu Klaus ins Auto, er sagt nichts, denn er sieht ihr an, wie erledigt sie ist.

Sie sind schon auf der Autobahn in Richtung Starnberg, da spricht sie endlich.

»Du wirst es vielleicht seltsam finden, aber ich habe nicht gesagt, daß ich morgen in die Staaten fliege. Und bei der Taufe nicht dabeisein werde.«

»Du wirst deine Gründe haben«, erwidert er vorsichtig.

»Keine. Ich habe nur einfach genug. Von allem und jedem. Und Sorgen brauche ich mir nicht mehr zu machen, es geht ihnen gut. Angélique hat eine Menge Geld geerbt.«

»Geerbt? Von wem denn?«

»Genaugenommen von Georgie.«

Klaus schüttelt den Kopf, als er alles gehört hat.

»Das ist ja unfaßbar.«

»Ja, etwas Ähnliches habe ich auch gesagt. Aber mir kann es nur lieb sein, ich kann mich zurückziehen. Und Ulrich kannst du sagen, daß ich ihn heiraten werde, wenn ich zurückkomme. Falls er dann noch will. Und du sagst es nicht gleich, erst wenn du merkst, daß er mich noch mag.«

Klaus wirft ihr einen kurzen Blick von der Seite zu.

»Sonst noch Wünsche?«

»Ich hoffe, daß sie es mit Robby gut machen.«

»Was verstehst du unter gut machen?«

»Ihn richtig behandeln. Ihn richtig erziehen.«

»Eva-Maria ist ja im Land. Die wird sich schon darum kümmern. Sie betrachtet Robby mehr oder weniger als ihre Angelegenheit.«

Er legt die Hand auf ihr Knie. »Mach nicht so ein unglückliches Gesicht. An sich ist es doch ganz beruhigend, was du erfahren hast. Weißt du was, wir trinken heute auch eine Flasche Champagner, zu deinem Abschied. Wir werden den Doktor dazu einladen. Vorher werden wir Eva-Maria anrufen und sie darüber aufklären, was für illustre Gäste sie zu erwarten hat. Viel zu packen hast du ja nicht.«

»So gut wie gar nichts. Ich habe genügend anzuziehen drüben.«

»Und es ist besser, du läßt deine Klamotten hier, damit du sie gleich hast, wenn du wiederkommst. Hoffentlich bald. Darauf werden wir heute abend trinken.«

»Ach!« macht Evelyn.

## *Abreise*

Eva-Maria ist entsprechend beeindruckt und beendet das lange Gespräch mit den Worten: »Das muß ich gleich Onkel Joseph erzählen. Vielleicht kann er für Robby Aktien kaufen, da wird das Geld von selber mehr.«

Evelyn wiederholt die letzten Worte, nachdem sie den Hörer aufgelegt hat.

Die Herren lachen. Klaus sagt: »Vielleicht sollten wir uns alle von Onkel Joseph beraten lassen.«

»Immerhin interessant, daß der Anwalt Angélique rät, das Geld im Hinblick auf den Euro lieber in Amerika zu lassen.«

Eine Weile reden sie über den Euro, das ist für diesen Abend ein unverfängliches Thema. Die Stimmung ist flau, da helfen weder der Champagner noch Angéliques Dollar.

Der Doktor ist bedrückt, Evelyn schweigsam.

Klaus sagt schließlich: »Wir werden so gegen neun Uhr fahren, damit wir rechtzeitig im Erdinger Moos sind.«

Doktor Freese sagt: »Ich habe Lindner gebeten, mich morgen vormittag zu vertreten, damit ich Evelyn begleiten kann.«

»Na schön«, beginnt Klaus, »da können wir...«

Ein warnender Blick von Franz unterbricht ihn. Er begreift. Man sollte das Liebespaar zum Abschied allein lassen.

»Da brauche ich ja eigentlich nicht mitzufahren«, verändert er seinen Satz. »Ich habe an sich morgen vormittag eine Verabredung mit Anita. Sie will morgen einen Experten in Höhenried treffen.«

Wer Anita ist und was für ein Buch sie plant, wissen sie inzwischen.

Das Liebespaar ist dennoch nicht allein, in letzter Minute trifft Eva-Maria auf dem Franz-Joseph-Strauß Flughafen ein. Evelyn und Ulrich stehen voreinander, er hat beide Hände auf ihre Schultern gelegt.

»Ich werde dich nie wiedersehen«, sagt er.

»Doch. Ich komme wieder«, antwortet sie.

»Fein, daß ich dich noch erwische«, platzt Eva-Maria in das traurige Duett. »Ich bin vielleicht mit einem Affenzahn hereingebraust. Tag, Doc, gut daß Sie da sind.«

»Er sagt, er wird mich nie wiedersehen«, wiederholte Evelyn seine Worte.

»Natürlich wird er dich wiedersehen. Weißt du, ich habe mir folgendes überlegt, du könntest die beiden ja mit herüberbringen.«

»Sprichst du von Sarah und Harry?«

»Klar. Hier ist schließlich ihre Heimat.«

»Es war ihre Heimat. Es ist zu spät.«

»Zu spät ist es nie, solange man lebt. Du mußt ja erst mal sehen, wie schwer Sarahs Verletzungen sind. Transportiert werden kann man auch im Rollstuhl, das ist heutzutage kein Problem.«

Das ist wieder einmal echt Eva-Maria. Ihr fällt immer etwas ein. Und sie nimmt den letzten Minuten die Melancholie. Sogar Freese muß lächeln.

»Doktor haben wir im Haus, nicht? Krankenhaus im Ort.«

»Du weißt ja gar nicht, ob Harry mit seinem Herzen noch fliegen darf.«

»Auch das wirst du ergründen. Und wenn er nicht fliegen darf, dann fahrt ihr eben mit einem Schiff.«

»Mit... mit was?«

»Na, mit einem Schiff. So sind die Leute seit Columbus' Zeit nach Amerika gekommen. Die alten Wikinger schon vorher. Und denk mal an die armen Sklaven, die sie da rübergeschippert haben.«

»Du bist total meschugge«, sagt Evelyn, und nun lacht sie sogar.

»Du hast mir selber erzählt, du bist damals mit deinem Vater per Schiff nach Amerika gekommen.«

»Wir sind am Pacific. Von dort fährt kein Schiff nach Europa.«

»Da fahrt ihr halt mit der Bahn an die Ostküste. Nun sei bloß nicht so phantasielos.«

Der dritte Aufruf.

»Ich muß gehen«, sagt Evelyn. Sie küßt Eva-Maria auf die Wange, Ulrich auf den Mund, er versucht, sie festzuhalten.

»Die ganze Zeitung ist voll mit diesen Kreuzfahrten. Ein Angebot nach dem anderen. Fahrt ihr halt mit so einem Kahn. Soll ja sehr unterhaltsam sein«, fällt Eva-Maria noch ein.

Evelyn geht durch die Kontrolle, muß ihre Handtasche, die große Umhängetasche, mit der sie schon angekommen ist, und ihr Beauty Case abgeben. Mehr Gepäck hat sie nicht.

Und dann ist sie verschwunden.

»Ich werde sie nie wiedersehen«, sagt Freese noch einmal.

»Mach mich nicht schwach, Doc. Wenn ich sage, sie kommt wieder, dann kommt sie wieder. Jetzt warten wir erst mal ab, was sie über Sarahs Verletzungen berichtet. Das werden wir dann besprechen, wir beide. Hunderttausend Dollar, das haben Sie gehört gestern. Wieviel wäre es Ihnen wert, wenn wir sie hier wieder abholen?«

»Viel, viel mehr als hunderttausend Dollar.«

»Eine Million Dollar?«

»Das wäre auch zuwenig.«

Eva-Maria seufzt.

»Evelyn ist zu beneiden. Und jetzt dürfen Sie mich zu einer Tasse Kaffee einladen, ich bin heute nicht einmal zum Frühstücken gekommen.«

»Das Dumme ist nur, ich habe sie nicht«, sagt er eine Weile später.

Eva-Maria beißt in ihr Croissant.

»Was haben Sie nicht?«

»Die Million Dollar. Um sie als Einsatz auf den Tisch zu legen, wenn ich mich mal in der Spielersprache ausdrücken darf.«

»Einsatz für was?«

»Dafür, daß sie wiederkommt. Zu mir.«

»Vergessen Sie mal die Million, Doc. Nehmen Sie ganz einfach Liebe. Das ist eine weitaus bessere Währung.«

**HEYNE BÜCHER**

# Utta Danella

Große Romane der beliebten deutschen Bestseller-Autorin.

01/13041

Eine Auswahl:

**Die Jungfrau im Lavendel**
01/6370

**Das verpaßte Schiff**
01/6845

**Der schwarze Spiegel**
01/6940

**Regina auf den Stufen**
01/8201

**Das Hotel im Park**
01/8284

**Der blaue Vogel**
01/9098

**Jacobs Frauen**
01/9389

**Niemandsland**
01/9701

**Die Unbesiegte**
01/9884

**Ein Bild von einem Mann**
01/10342

**Wolkentanz**
01/10419

**Die andere Eva**
01/13012

# HEYNE-TASCHENBÜCHER